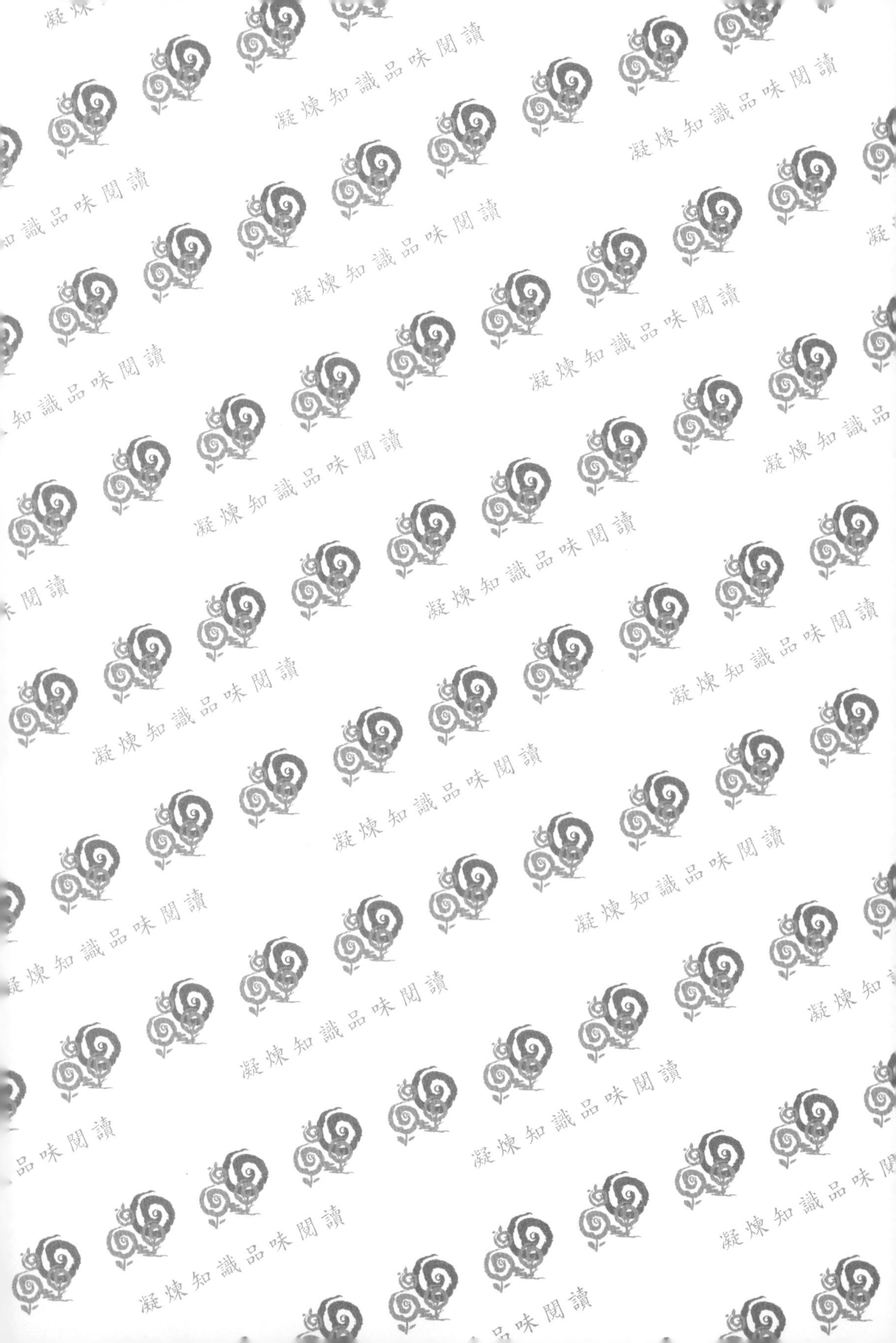

凝煉知識品味閱讀

圖解系列

- 一讀就懂的學校行政入門知識
- 文字敘述淺顯易懂、提綱挈領
- 圖表形式快速理解、加強記憶

**劉世閔** 主編

**劉世閔、焦熙昌、余豪傑** 著

讀文字

理解內容

觀看圖表

五南圖書出版公司 印行

# 序

本書書名爲《圖解學校行政》，顧名思義，我們希望能把學校行政的概念、定義與典故，以簡單文字與圖表結合加以闡釋。隨著時代變遷，過去適用的學校行政理論已經逐漸被調整或改革，因此，本書也針對近年來學校行政的重要理論與實務進行探討。

隨著世代推移，知識爆炸時代來臨，學校產生的訊息量也非過去知識或職前教育所能應對，加上近年來學校行政似乎已非教育人員的首選，人事的更迭對學校行政業務的推動也造成困境與人力短缺，而新世代的成員，閱讀習慣也與傳統迥異，因此本書採用圖解方式，讓有志於從事學校行政者可以迅速了解學校行政包含的重要內涵與概念，較容易進入狀況，成爲稱職的學校行政者。

本書分三個部分，由我、熙昌博士與豪傑校長分別主筆，第一部分希望從理論與學校行政重要概念進行探討，第二與第三部分，則由兩位校長從學校行政實務面切入，總計撰寫100單元圖與文，由於他們有豐富的學校行政經驗，這本書從初步的規劃學校行政主要的理論與內涵外，我們也希望能融入比較具體的實際作法，因此在內容上提供很多具體的實務操作。

本書還有一項特色是將近年來學校行政概念與理論圖解化，透過XMind與NVivo R. 1.7的概念圖或項目圖，希望本書提供有志於從事學校行政者理解學校行政實務，培育他們對學校行政的興趣與職能；其次，本書採取一文一圖方式，希望能夠提供學校行政者與欲從事者隨手翻閱以增強理解與靈感；第三是希望能爲學校行政事務的問題與困境提供迅速的解答。

劉世閔

書於高雄師大

# 本書目錄

## 第1篇 理論基礎與政策思維篇（劉世閔）

# 本書目錄

# 本書目錄

# 本書目錄

# 理論基礎與政策思維篇

章節體系架構

# Unit 1-1 360 度領導

## 壹、提倡者

360 度領導是由 John C. Maxwell 提出的，他認為 360 度領導意味著你要努力發展自己的影響力，並在組織中的任何地方為他人增加價值（Maxwell, 2006）。他的《360 度領導》提供有價值的見解，將幫助各級領導者向上、向內和向下領導（Purdham, 2008）。他深信只有 360 度領導者，在組織的任何層級都能影響人們，藉由幫助他人，也幫助了自己（鄭如雯，2008）。

## 貳、360 度領導概念

### 一、三大理念

林朝陽（2011）指出，360 度領導具有明顯的西方特色，廣泛應用於西方企業人力資源管理工作中，西方文化宣揚的是「平等」、「競爭」、「開放」的文化理念，這需要高度開放性和互動性文化氛圍與其適應。360 度領導強調思考改變，強調內部發展自己的領導力。

### 二、三高

360 度績效考評需要有三高的企業文化氛圍作基礎，所謂三高，即：高信任度、高活力、高參與度的企業文化。目的在於改善員工的績效、職業生涯發展服務或者為員工職位升降、薪資調整服務（林朝陽，2011）。

### 三、五特點

林朝陽（2011）指出，360 度績效考評五特點：

（一）全方位、多角度；
（二）引入勝任力模型；
（三）評分誤差小；
（四）匿名式考核；
（五）客戶導向理念。

組織的任何層級都能領導人們，不論對上、對同儕或對下屬都能展現領導力。Maxwell 指出，中層管理者有個更好的視角，360 度領導者充分利用這種視角，不僅可以向上和向下領導，還可跨越，領導者應該為其追隨者的需求服務，而不是期望追隨者為他們的需求服務（Purdham, 2008）。

360 度領導可謂是管理領域最顯著的全方位的創新與服務，破除只有上位者才能領導的迷思，不論任何階層也可領導，透過學習均可發揮影響力與潛能，透過 360 度領導評估不僅能捕捉到個人對自身領導能力的看法，還能捕捉到同事的觀點。

360 度領導可由中間階層產生，是種全方位、多角度的領導方式，秉持平等、競爭與開放的理念，不論在組織中所處的位置，均可發揮影響力，改善員工績效，創造高信任、高活力、高參與的組織文化。

# 360度領導

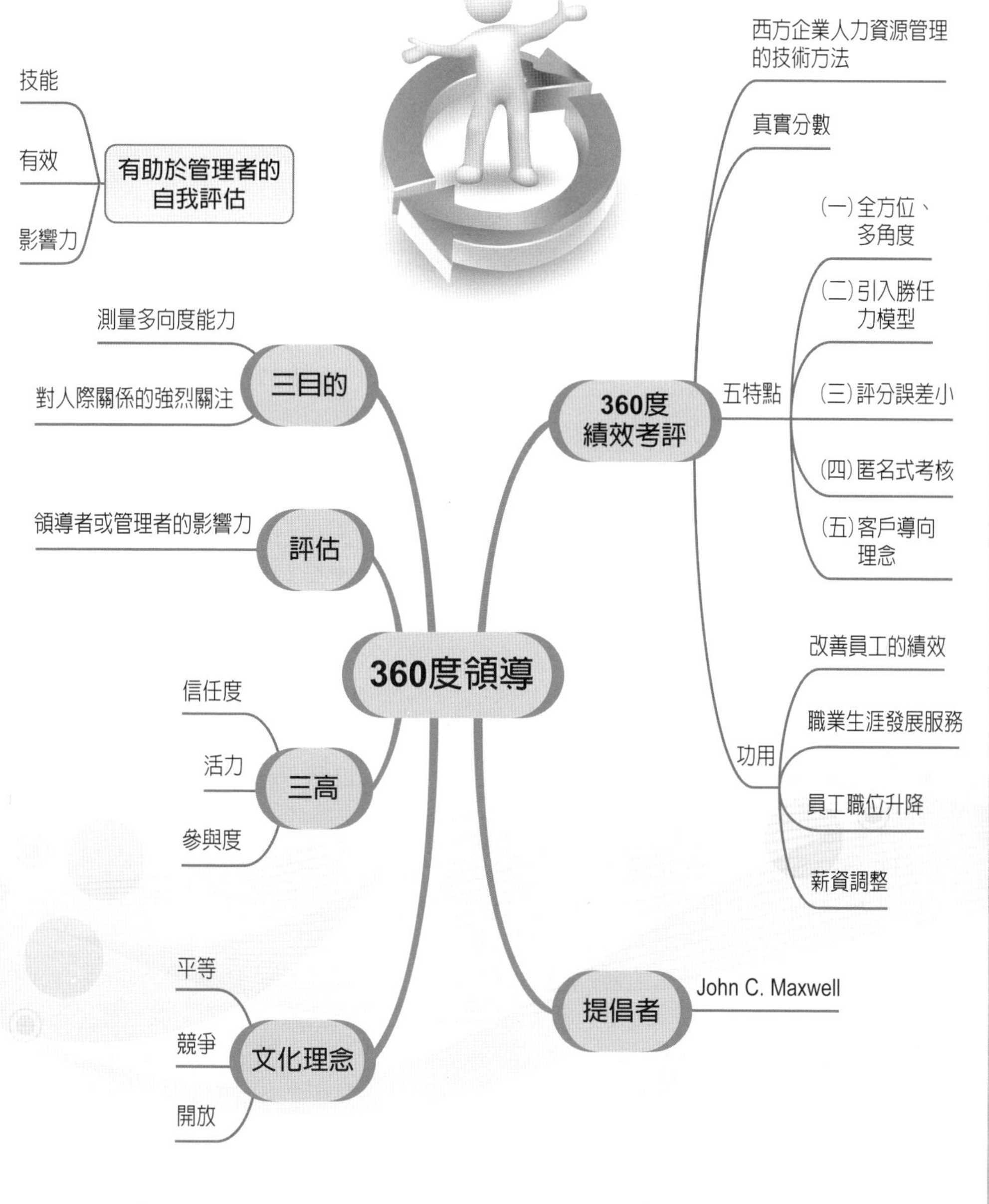

360度領導
有助於管理者的自我評估
技能
有效
影響力
三目的
測量多向度能力
對人際關係的強烈關注
評估
領導者或管理者的影響力
三高
信任度
活力
參與度
文化理念
平等
競爭
開放
360度績效考評
西方企業人力資源管理的技術方法
真實分數
五特點
(一)全方位、多角度
(二)引入勝任力模型
(三)評分誤差小
(四)匿名式考核
(五)客戶導向理念
功用
改善員工的績效
職業生涯發展服務
員工職位升降
薪資調整
提倡者
John C. Maxwell

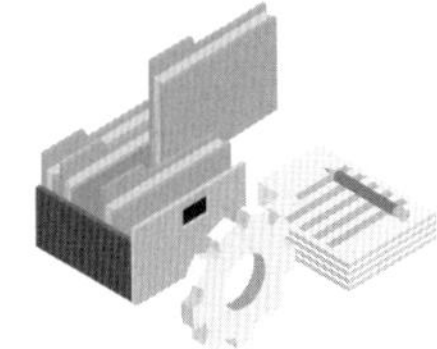

# Unit 1-2 STEAM

## 壹、什麼是 STEAM ？

綜合 Green 與 John（2020）與 Mejias 等人（2021）的解釋，STEAM 係由五個英文字首構成：

一、**S = Science（科學）**：有關天氣、太空、恐龍、化學等科學概念的玩具。

二、**T = Technology（科技）**：使用設備和機械的科學知識被稱為科技。

三、**E = Engineering（工程）**：包括機器、發動機、設計、結構和建築等技術。

四、**A = Art（藝術）**：強調設計和美學在工程、科學建模和科學調查中的作用。

五、**M = Mathematics（數學）**：研究將數字置於各種不同的公式（即代數、微積分、幾何和三角函數）中以產生結果。

## 貳、STEAM 與課程改革

STEM可追溯到1990年美國國家科學基金會（National Science Foundation, NSF）（Mejias et al., 2021）。歐巴馬政府時期希望STEM+A，把藝術融合STEM成為STEAM。STEAM課程拓展學生的學習內容，結合發散性和趨同性的思維過程，結合藝術和STEM主題的知識和技能。人工智慧時代的來臨，學生不再只是玩遊戲，且能設計遊戲，培養孩子不被AI所取代，自2007年美國人支持藝術——國家政策圓桌會議討論以來，美國K-12學校對將藝術融入STEM教育的興趣越來越大（Perignat & Katz-Buonincontro, 2018）。

STEAM 已成為國際發展趨勢，有助於學校課程的改革。透過課程開發，將 STEAM 與傳統工藝設計領域扣合，結合多學科教育教學、跨學科學習，跨領域整合的設計思考能力，傳達設計製作之創新與展示創意。隨著 STEAM 教育趨勢和 12 年基礎教育框架的實施，K-12 學校越來越重視跨學科與體驗教育（吳紹群，2020）。

## 參、五大精神

綜合孔令文（2020）與謝雪蝶、李炳煌（2018）的研究，STEAM 含五大精神：

一、**跨領域學習**：STEAM 是跨學科的思維方式的呈現。

二、**嘗試動手做**：經由動手實踐與製作，讓學生在真實情境中發展設計能力。

三、**應用於生活**：將所學的知識與日常生活聯繫，創造學生感興趣的生活情境。

四、**解決問題**：選擇特定專題學習方式規劃課程進行，以分組方式討論和合作，強調以問題解決為核心，培養學生解決問題的創新能力。

五、**五感學習**：透過「腦、口、眼、耳、手」的多元感官學習，產生記憶。

STEAM 旨在培養創新、動手做、多感官並結合藝術與關懷，期待成為全人的跨學科教育，面對未來挑戰時，在邏輯的基礎下，藉由多元感官建構工程來學習科學和技術的內涵，培養學生獨立思考與解決問題的綜合能力、態度與知識，學生們不僅是玩科技遊戲，更是能學習編碼、設計遊戲。

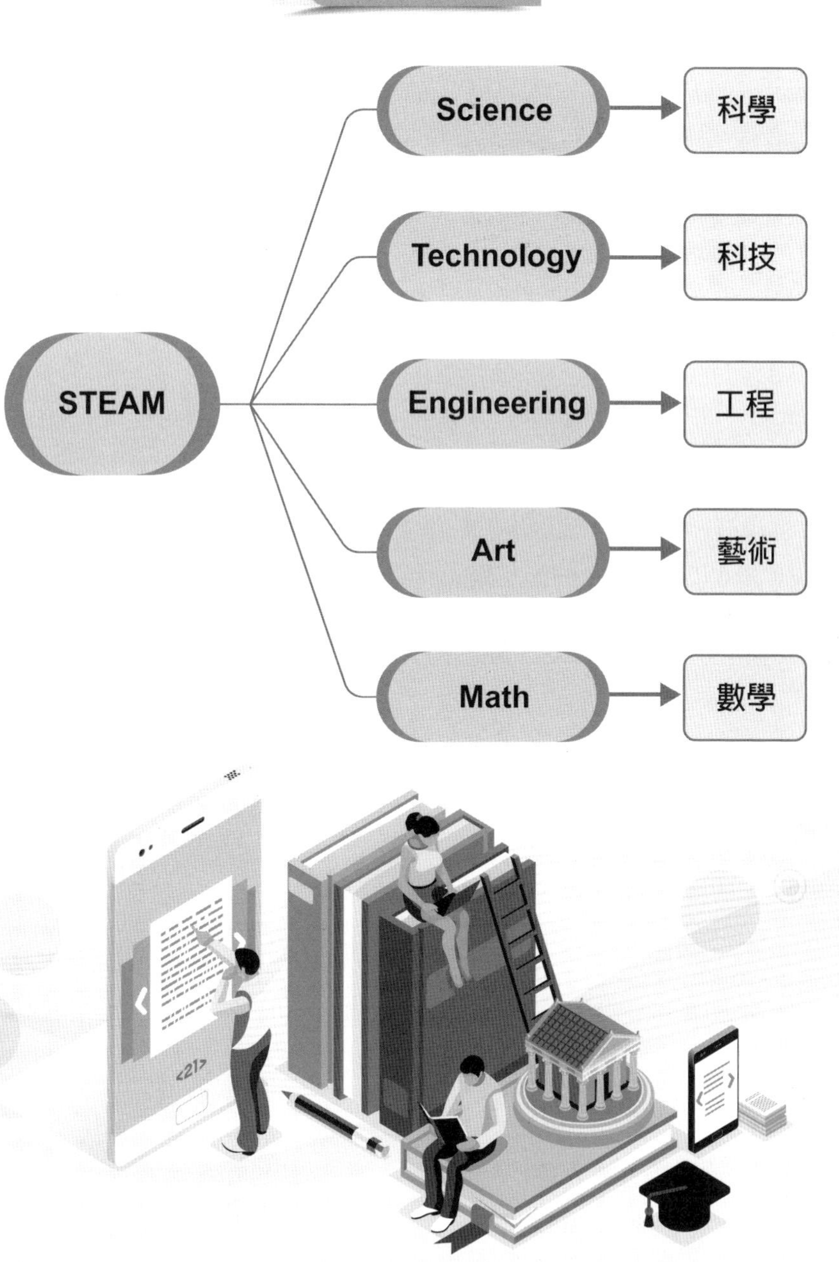
STEAM
STEAM
Science
科學
Technology
科技
Engineering
工程
Art
藝術
Math
數學
<21>

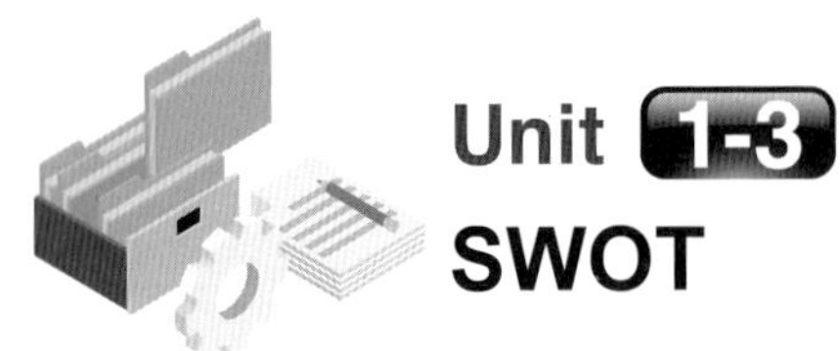

# Unit 1-3 SWOT

## 壹、內涵

SWOT（strengths, weaknesses, opportunities, and threats）是優勢、劣勢、機會與威脅的簡稱，用來評估組織或個體既簡單又有效益的工具，優勢是提高整體業績的因素；而劣勢則會影響效率、盈利能力和競爭優勢；機會是可增加進步的可能性，威脅是可能產生的問題。

SWOT 原來是 SOFT，表示：滿意（satisfactory）、機會（opportunity）、缺陷（fault）、威脅（threat）。1964 年 Urick 和 Orr 將 SOFT 中的「F」改為 W（weakness），SWOT 成為管理者用來確定策略的通用框架，透過此分析，檢視組織或個體考慮與執行相關的特定因素分析，使用組織管理研究方法。Stahl（2004）指出 SWOT 具備：

### 一、內部因素（優勢和劣勢）

#### （一）優勢

優勢是組織可以幫助其追求使命和實現績效目標的特徵，為組織或個體掌握關鍵資源、擅長與適合的部分。

#### （二）劣勢

劣勢是組織會造成漏洞，並抑制組織的執行能力，為組織或個體最不擅長與最不適合的部分。

### 二、外部因素（機會和威脅）

#### （一）機會

機會是外部環境的趨勢或變化，可以創造新的增長前景、提高績效或改善現有的競爭條件，為組織或個體尋求外在的利基與發展。

#### （二）威脅

威脅是外部環境中挑戰傳統經營方式、威脅增長前景或造成利潤壓力的趨勢或變化，為組織或個體是否被取代或惡化。

## 貳、目的

SWOT 可用於甄別組織內部優點與缺點，並辨識外在環境機會與威脅。協助企業或個體迅速找到市場競爭優勢，理解組織當前優劣（S, W）和未來機會與威脅（O, T），從中找到潛在的利益與障礙。

### 一、制定後續步驟策略

SWOT 分析提供一些關於加強優勢和最小化劣勢的見解，以幫助「跳出框框」，識別需要注意威脅和機會，以策略性地定位市場領域中發揮優勢（King, 2016）。

### 二、掌握環境變化

SWOT 是組織用來辨識、蒐集、控制、分析與綜合環境條件相關資料的工具，檢視本身經營條件，藉由討論過程，知己知彼，掌握局勢。

### 三、凝聚共識

社區營造的具體思維，作為未來發展規劃的思考，可能影響組織長遠發展。

## SWOT

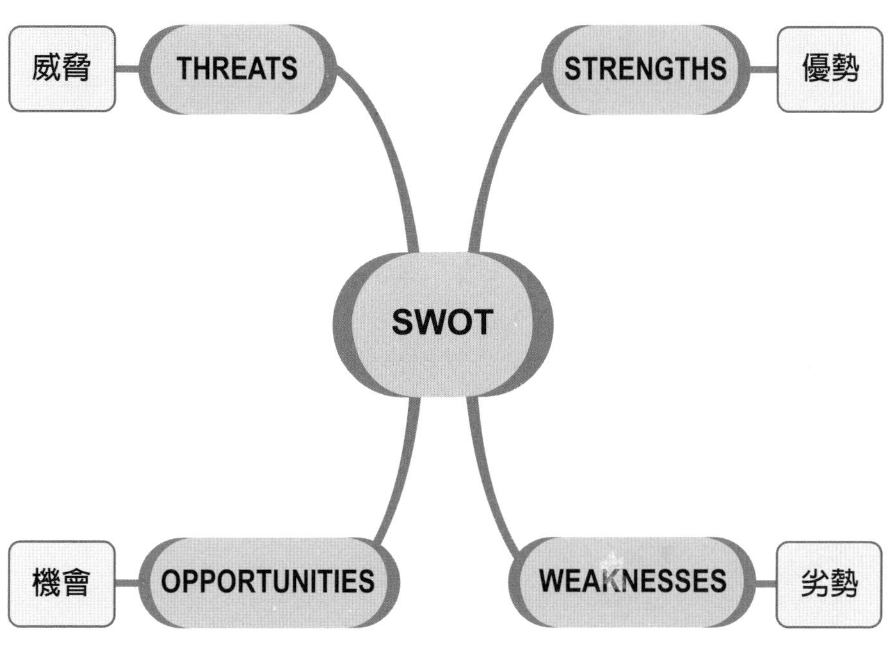
SWOT
THREATS
威脅
STRENGTHS
優勢
OPPORTUNITIES
機會
WEAKNESSES
劣勢

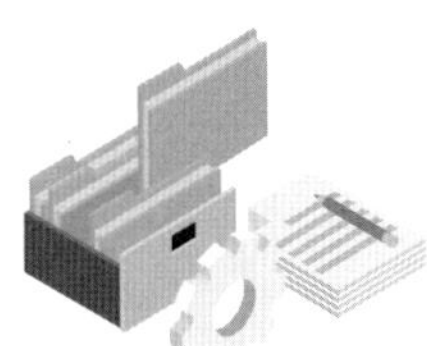

# Unit 1-4 中輟通報

## 壹、定義

輟（dropouts）字是停止的意思，例如：「弦歌不輟」。中輟自然指應到校而未到校的情況，它與未入學學生定義上並不相符。

中輟生是中途輟學生的簡稱，通報責任通常由學校註冊組負責，根據《國民小學與國民中學未入學或中途輟學學生通報及復學輔導辦法》第二條規定，中輟定義如下：

一、**未入學學生：**指新生未經請假或不明原因未就學。

二、**中途輟學學生（以下簡稱中輟生）：**指國民小學及國民中學學生有下列情形之一者：

（一）未經請假、請假未獲准或不明原因未到校上課連續達三日以上。

（二）轉學生因不明原因，自轉出之日起三日內未向轉入學校完成報到手續。

臺灣對中輟的定義是連續三日，但日本的中輟生是無故缺席日數一年達三十日以上之學童，兩地對中輟定義並不一致。

## 貳、中輟衍生的問題

根據 Cohen（1955）「社會緊張理論」（Social Strain Theories），中輟生往往是無法達到成功目標的少年，容易引發挫折反應，導致中途輟學生與犯罪行為的產生（謝秋珠，2003）。在一般教育體制中，中輟生無疑是被忽視或被歧視的一群，容易被貼上「壞學生」、「行為偏差」等標籤。隨著社會的快速變遷，人際的疏離和冷漠使社會倫常越趨模糊，導致青少年的價值觀混淆，各種情緒障礙、行為偏差、吸毒、傷害、犯罪或自殺等事件層出不窮。教師們可從日常學生們的行為表現觀察出哪些學生可能會出現中輟的前兆，預防勝於治療，營造友善健康的學習環境，或許是減低中輟的必要條件。

## 參、中輟生通報流程

當發現中輟之行為發生時，學校及教師應立即進行通報，而根據《國民小學與國民中學未入學或中途輟學學生通報及復學輔導辦法》，通報之流程須遵循以下規定：

一、教育部應建置主管教育行政機關通報系統（以下簡稱通報系統），供學生就讀學校、轉出學校或新生未就學學校（以下併稱學校）辦理通報及協尋。

二、學生有前條第一項各款情形之一者，其通報程序如下：

（一）學校應至通報系統辦理通報，並應將該學生檔案資料傳送通報系統列管，由通報系統交換至內政部警政署。

（二）學校應函送鄉（鎮、市、區）強迫入學委員會，執行強迫入學程序。內政部警政署接獲前項第一款學生檔案資料後，應傳送各地警察機關（單位），配合協尋。

（三）學生之通報、協尋及協助復學，至其滿 15 歲之該學年度結束為止。

# 中輟通報

- 中輟通報
  - 定義
    - 未入學學生：指新生未經請假或不明原因未就學。
    - 中途輟學學生
      - 未經請假、請假未獲准或不明原因未到校上課連續達三日以上。
      - 轉學生因不明原因，自轉出之日起三日內未向轉入學校完成報到手續。
    - 無故缺席
  - 主管教育行政機關通報系統
  - 「社會緊張理論」（SOCIAL STRAIN THEORIES）

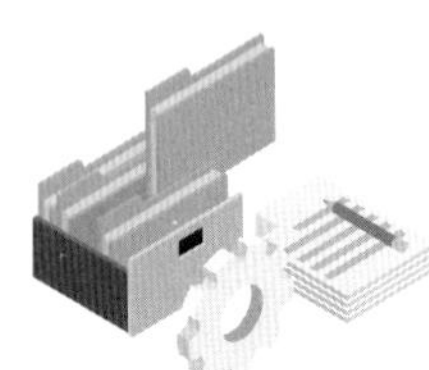

# Unit 1-5 世界咖啡館

## 壹、創始者

世界咖啡館是由美國 Juanita Brown 和 David Isaacs 於 1995 年在加州 Mill Valley 首推，它本質上是一種參與式工具，盡可能透過傾聽社區成員想法和意見來促進社區變革，旨在促進非正式對話而創建咖啡館氛圍，代表一個中立的公共空間，人們可自由地相互交流（Brown & Isaacs, 2005）。世界咖啡館適用大型和異類團體中探討主題，增加集體知識，採取行動的可能性，期許對話創造未來。

## 貳、定義

世界咖啡館是種廣泛用於社區發展和組織變革過程的參與式評估工具，作為額外的質性研究方法。世界咖啡館作為一大群參與者的參與式資料蒐集方法，與半結構化訪談和焦點小組相比，這些方法在質性研究中都是行之有效的。世界咖啡館作為一種研究方法，可補充其他方法的不足。當參與者多時，有助於引導主題的探索和驗證，此法是種廣泛用作公民參與和組織變革過程參與式方法的工具。

## 參、腦力激盪術

世界咖啡館有點類似 Osborn 所主張的腦力激盪術，旨在引領個人或小組嘗試獨立工作解決問題，然後分享解決方案，應該有助於培養有意義的參與，而忽略彼此地位差異（Osborn, 1963）。在提供訊息共享機會的同時，世界咖啡館會議還提供團隊建設經驗，例如：當會議以問題為導向時進行腦力激盪術。對話式教育方式的腦力激盪術表現出學習將透過實踐和互動來實現。

## 肆、核心概念

### 一、七大原則

世界咖啡館七大原則包含：

（一）說明脈絡；

（二）營造溫馨宜人空間；

（三）探索重要議題（例如：抽菸、健康、食物與社區等大家關注的議題）；

（四）鼓勵參與者貢獻；

（五）交叉傳播和連接不同觀點；

（六）一起傾聽模式、見解和更深層次的問題；

（七）收穫和分享集體發現（Brown & Isaacs, 2005, p. 40）。

### 二、四大主題

（一）組織：溝通與組織挑戰和機遇；

（二）領域：應對當前挑戰所需的科學領域的廣度；

（三）概念：科學中不斷變化的概念的性質和定義；

（四）方法：所需的新一代方法。

世界咖啡館提供成員智慧匯集，意見交流的平臺，在輕鬆宜人的氛圍中，彼此交換想法找到行動契機、腦力激盪與創意發想。

世界咖啡館

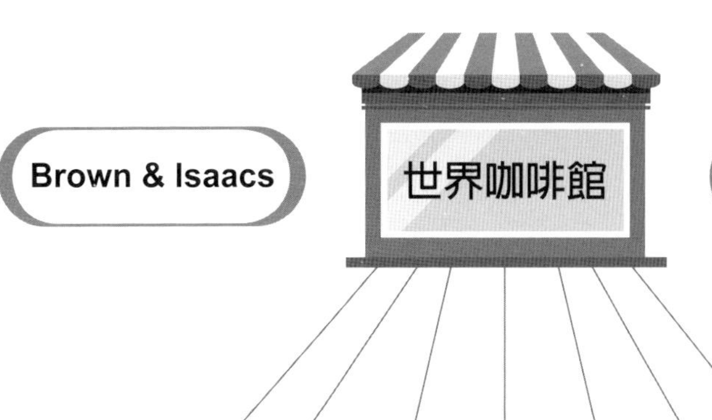
Brown & Isaacs
世界咖啡館
腦力激盪術之一
宜人環境
鼓勵貢獻
深入傾聽
說明脈絡
探討議題
連接異見
綜合分享

Coffee

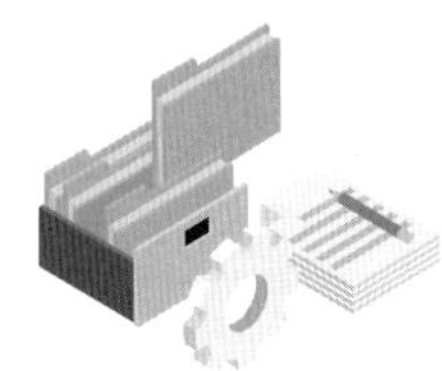

# Unit 1-6 生命教育

## 壹、五大素養

孫效智（2009）提出人生三問：人為何而活？應如何生活？如何才能活出應活出的生命？故有「生命三學」：「終極關懷與實踐」、「倫理思考與反省」、「人格統整與靈性發展」等三大領域（張淑美等人，2017）。十二年課綱中，是十九個議題之一，生命教育擴增為五大素養。

一、**哲學思考**：是深層、反向與批判的思考，進行理性反思，思辨人生價值。

二、**人學探索**：思考我是誰？對人與自我本質之跨領域探索而建構全人人性。

三、**終極關懷**：面對人生苦難與死亡，建立人生目標是生命教育的終極關懷。

四、**價值思辨**：釐清日常生活及公共事務中的價值迷思，並尋求解決之道。

五、**靈性修養**：靈性自覺包括人格修養、愛的深化與智慧提升（孫效智，2009）。

## 貳、內涵

生命教育肇始於 1903 年由 Elie Metchnikoff 提出死亡學（thanatology）一詞（張新仁等人，2006），也稱死亡教育、生死教育、人生哲學、生命哲學、價值哲學、倫理學、道德教育與終極關懷，1948 年《世界人權宣言》第三條：人人有權享有生命、自由和人身安全。1979 年澳洲雪梨成立「生命教育中心」（Life Educational Center, LEC），致力藥物濫用、暴力與愛滋防治的工作（楊鶉禎等人，2014）。

在國內生命教育相關科目如：中國傳統生命禮俗、生命與人、佛教的生命探索、死亡心理與諮商、宗教療癒、悲傷輔導、助人歷程、臨終關懷與社會工作、生命課題與諮商、死亡與善終社會工作、社會宗教與倫理、倫理學、佛教生死學、佛教身心治療學、自我探索與成長、悲傷輔導與臨終關懷、生命倫理等（張新仁等人，2006）。死亡教育將死亡融入生活，教孩子們傾聽和同情技能（Testoni et al., 2021）。生命教育在啟發生命智慧，深化價值、重視人文修養與生命關懷，培養正確、積極的人生價值觀。

## 參、從空白到正式課程

臺灣重理工，輕人文的社會風氣，生命教育原是學校的空白課程，生命教育是學校教育較欠缺的一環，學校教育在社會達爾文適者生存，不適者淘汰主義下，學生忙於考試，鮮少關心社會人情冷暖與生活百態，導致社會問題與衝突。臺灣的生命教育是從西方的死亡教育轉化的，1987 年教育當局指出校園中自我傷害與暴力事件頻傳，倡議生命教育，並經教育部及各級學校對生命教育理念的重視與支持（張淑美，2006a、2006b）。傅偉勳於 1993 年創「生死學」一詞，1997 年臺灣省教育廳宣布推展生命教育，委由臺中曉明女中規劃生命教育課程，國立高雄師範大學教育學系自2003年起創辦生命教育碩士學位回流專班，招收在職社會人士進修。國立臺灣大學於2008年成立生命教育研發育成中心（孫效智，2009）。2001年教育部宣布該年為生命教育年，列為綜合活動領域十大指定內涵，直到108年十二年國教新課綱，不僅融貫於總綱核心素養之中，更是普通高中必選修一學分、技術型與綜合型高中選修兩學分的課程（張淑美，2019）。生命教育目前採議題融入領域的方式來探討，提供學生思考與反省生命價值與倫理行為。

生命教育

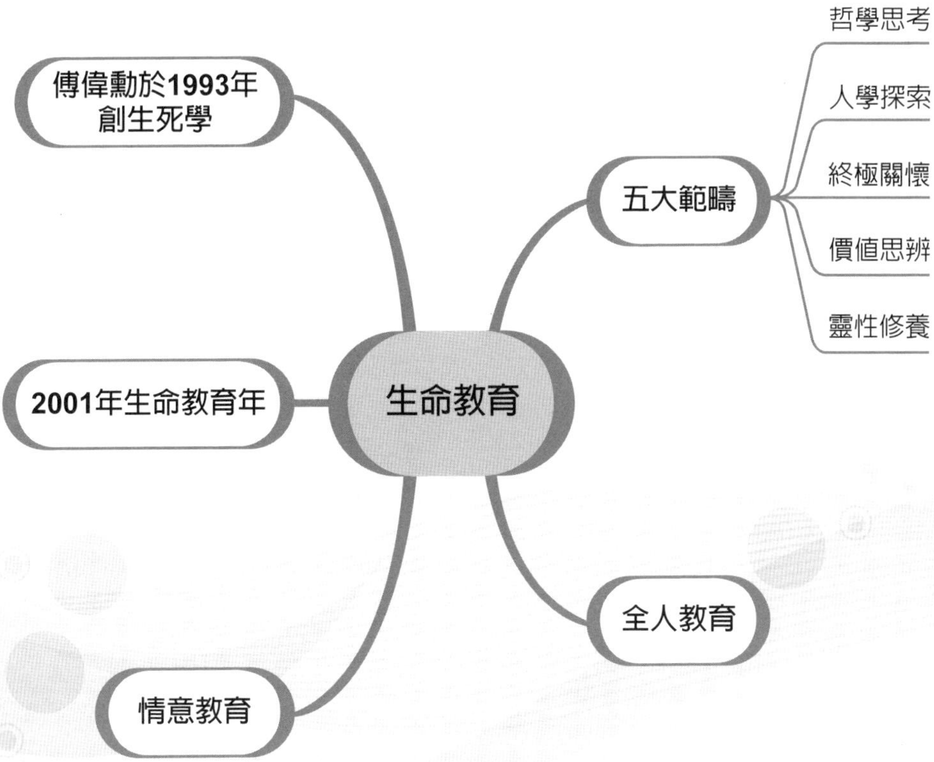

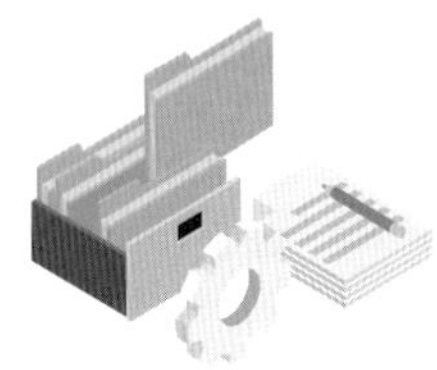

# Unit 1-7 全面品質管理

## 壹、創始者

1993 年 Mercadona 提出全面品質管理（Total Quality Management, TQM）模式，並透過高品質的產品、顧客忠誠度和最低價格，使 TQM 概念吸引新的顧客，全面品質管理（TQM）的創始人是 Walter Shewhart 和 Edwards Deming（Busu, 2019），強調全員品管、全程品管與全方位品管，以追求完美品質，充分滿足顧客需求的管理方式（謝文全，2003）。

## 貳、概念與屬性

TQM 是種經濟的現代工具，用於提高管理品質，成功關鍵取決於管理層的素質。劉世閔（2007）指出 TQM 包含顧客滿意、持續改善、廣博全面、全體參與、長期品管、系統管理、永續經營、強化創新、重視預防、事實決策與提供回饋。

TQM 過程中提高管理績效最重要的屬性是：綜合運營流程、政策和交易策略、綜合運營管理、公司社會責任、積極進取的勞動力、知識和能力（Busu, 2019），蕭奕志、陳漢陽（2004）指出，TQM 可運用：一、對外 3C：對外採競爭（competition）、互補（complimentary）、合作（collaboration），活化組織的動力。二、對內 6C：對內採文化（culture）、共識（consensus）、承諾（commitment）、能力（competence）、溝通（communication）和協調（coordination），塑造有活力的團隊（頁 33），用以改進業務架構，實現組織自動化。TQM 是企業促使組織持續改善與提升品質的一套管理模式，運用在學校就是加強層級聯繫，不斷精進團隊工作，營造學校品質文化，激發成員組織承諾，與全面管理行政流程。

## 參、三個基本方向

Joseph M. Juran 在 1951 年出版《品質控制手冊》（*the Control Handbook volume*），當中提到品質三部曲，三個基本方向指的是程式、控制和品質改進，控制就是應用 TQM 技術，品質改進的重點是糾正和消除缺陷（Busu, 2019）。

## 肆、八種方法

TQM 的八種主要方法：

一、**及時交貨**：指的是在需要之前，按需要量交付材料的系統。

二、**品質迴圈**：管理者利用品質控制程式更好地干預作業過程，用來幫助員工解決問題的管理技術。運用統計程式控制，用於監控控制過程的品質控制方法。Deming 提出迴圈品質（probabilistic model for managerial processes），幫助管理層找出解決工作相關問題的真正辦法。

三、**全面品質控制**：將品質管制的原則應用於所有業務領域。

**四、流程架構**：從零開始重建員工隊伍，以提高品質。

**五、流程改進**：透過分析流程來改進業務架構。

**六、流程部署自動化：**工作流程透過組織實現自動化。

**七、流程執行自動化：**將常規流程在整個組織中實現自動化。

**八、全面預防性維護：**透過系統化的處理對設備進行科學預防（Busu & Nedelcu, 2017, pp. 8-9）。



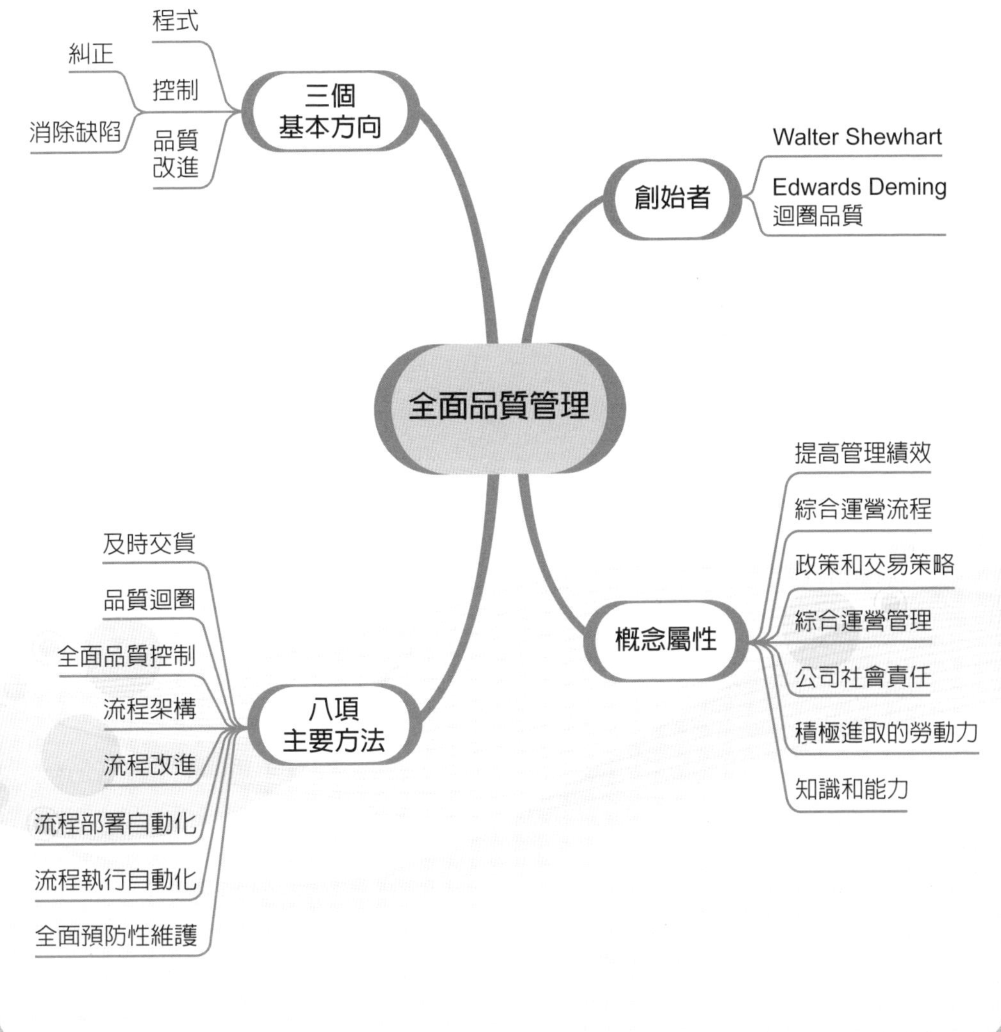

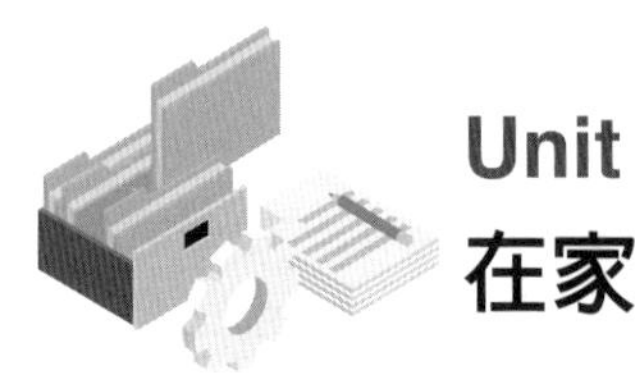

# Unit 1-8 在家自學





## 壹、起源

在家自學運動起源於 1960 和 1970 年代，主要由 John Holt 等反體制思想家推動，他從兒童權利的角度倡導在家自學（非學校或反學校教育），對教育專家不信任，批評學校制度過於強制、限制創造力、讓孩子承受壓力且未考慮到孩子個性。從 1980 年代起，美國保守的福音派開始採在家自學（Permoser & Stoeckl, 2021）。特別美英兩國，這方式一直擴大，所有年齡段的兒童可選擇不上學，學生不進入學校系統，在家庭情境中進行有計畫的教學，旨在培養學習獨立性，由家長或監護人擔任教學活動的教導或督導者。臺灣受到上述思維影響，在家自學的法源為《高級中等以下教育階段非學校型態實驗教育實施條例》，其中實驗教育可採個人實驗教育：指為學生個人，在家庭或其他場所實施之實驗方式。

## 貳、大疫的推波助瀾

疫情期間，受影響地區實施嚴格隔離方案，允許父母遠距辦公並在家教育，當前全球疫情大流行，英國和各地的父母和監護人都被政府要求讓孩子在家自學，政府和學校則須提供大量資源與支持來幫助家庭解決此問題。

## 參、世界人權宣言

《世界人權宣言》第二十六條第三款：父母對其子女所應受教育的種類，有優先選擇權利。這則法令說明國家教育權不該凌駕人民教育權之上，說明接受教育是一種人民的學習權而非強迫的受教權。

## 肆、ADF 與 HSLDA

捍衛自由聯盟（Alliance Defending Freedom, ADF）倡導人們有自由踐行信仰權利，將律師、政府領袖、牧師和志同道合組織聯合起來，以保護在家自學，公約締約國絕大多數承認在家自學是項人權，家長可根據自己子女的學習程度、方式，要求學校的教學符合其子女的最佳福祉，或採取拒絕上學。在家自學被視為優化兒童學習方式，孩子學習應符合他們的需求而非學校的需求。

家庭學校聯盟防禦協會（Home School Legal Defense Association, HSLDA）是美國非營利組織，成立於 1983 年是美國最重要在家自學組織，旨在促進美國在家自學合法化，並為面臨起訴的在家自學家庭提供法律支持。HSLDA 已成為跨國組織，其國際活動包括接受國際會員資格並發布有關多個國家在家自學情況，幫助組織全球會議，為面臨起訴的國際在家學習者提供法律支持（Renzulli et al., 2020）。

## 伍、德國伍德里奇（Wunderlich）案

德國 Dirk 和 Petra Wunderlich 夫婦為爭取讓他們的孩子在家自學。自 2006 年起不斷與國家鬥爭。2006 年德國政府對 Wunderlich 一家課以數百歐元罰款，他們被迫離開德國到法國，由於長期找不到

工作，六年後又回到德國，同年 10 月，地方法院將兒童的監護權移轉給社福機構，2014 年 9 月 Wunderlich 恢復在家自學，2019 年地方法院才將監護權還給該家族。ADF 和 HSLDA 兩組織的緊密聯繫及在跨國在家自學教育倡導聯盟中起關鍵作用（Permoser & Stoeckl, 2021）。

## 在家自學

- 在家自學
  - 代表人物：John Holt
  - 《世界人權宣言》：家長優先為其子女選擇教育權
  - 家庭學校聯盟防禦協會（Home School Legal Defense Association, HSLDA）：促進美國在家自學合法化
  - 德國伍德里奇（Wunderlich）案：在家自學合法
  - 臺灣實驗三法
    - (一) 個人實驗教育
    - (二) 團體實驗教育
    - (三) 機構實驗教育

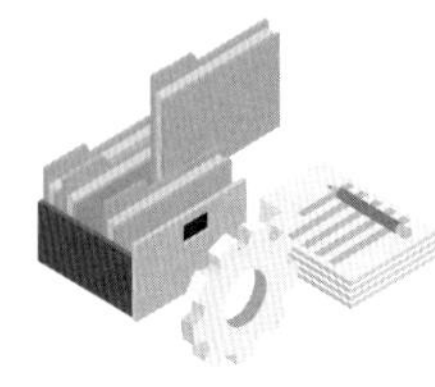

# Unit 1-9 行動者網絡理論



## 壹、代表人物

行動者網絡理論（Actor-Network Theory, ANT）由 Michel Callon、Bruno Latour 及 John Law 所提出（洪榮志、蔡志豪，2011），亦稱轉譯社會學，是種方法學架構，用於研究各種不同的組織變化（Meisner, 2021）。

## 貳、異質建構論

ANT 是一系列不同的物質（半導體工具、感覺、分析方法），將社會和自然界視為其所在關係網不斷產生的效果（Law, 2008）。它提供反思去理解人類和非人類行為者間的關係。ANT 是種包含人與非人的異質建構網絡（heterogeneous constructivism）（洪榮志、蔡志豪，2011），有賴於行動者網絡的支持，此技術所構建的社會聯盟是由其所創造的人工製品共建（Sovacool & Hess, 2017）。ANT 是種實證哲學，認為物質元素是行動重要媒介，既能取代人類行動，又能限制和塑造其他人類行動（Latour, 1992）。ANT 在教育研究中是種未被充分使用的社會學／哲學方法，社會技術網絡包含科學和技術，被用來探索各領域研究技術與理論。

## 參、互動世界觀

楊弘任（2017）指出，ANT 將一些非人、事、物用行動者觀念加以延展，以重新連結人們在自然與社會間的相互建構。ANT 認為眾多行為者間存在不斷開放互動，為研究人員提供實用的、基於實地工作的方向，強調對實踐中參與者間關係的詳細描述（Beard et al., 2016）。ANT 對政治、社會和文化生活物體、思想、過程，提供靈活而豐富的解釋架構，強調現象或事物本身的關聯，重視社會與技術同時交織，人類／非人類行動者延伸網絡創造與維護方法。

## 肆、重視

### 一、物體

ANT 是種理解實踐和學習的社會物質方法，重視物體、空間和技術以及人類的努力（Bearman & Ajjawi, 2018），主張社會包含非人的物體及任何其他相關因素，在創造社會環境時與人類同等重要。

### 二、空間

ANT 捕捉時間和空間性質，將代碼性能視為其所在的關係網的持續生成效果（Law, 2008）。提供明顯超越代表性的方法來研究世界，說明空間混亂、複雜和非線性的實踐現實（Bearman & Ajjawi, 2018; Chitanana, 2021）。

### 三、轉換

ANT 是種複雜結構，空間、機構被視為人類和非人類聯繫而形成不穩定整體結構，可進行轉換。

### 四、技術

人類技術活動包含科學研究、專業技術或設計規劃等，可區分四種過渡途徑：（一）技術替代；（二）轉型；（三）重構；（四）交易和重新調整（Sovacool & Hess, 2017）。行動者把他人的問題用自己的語言轉譯，結構越複雜，功能越強大，行動者才能組合成行動者網絡。

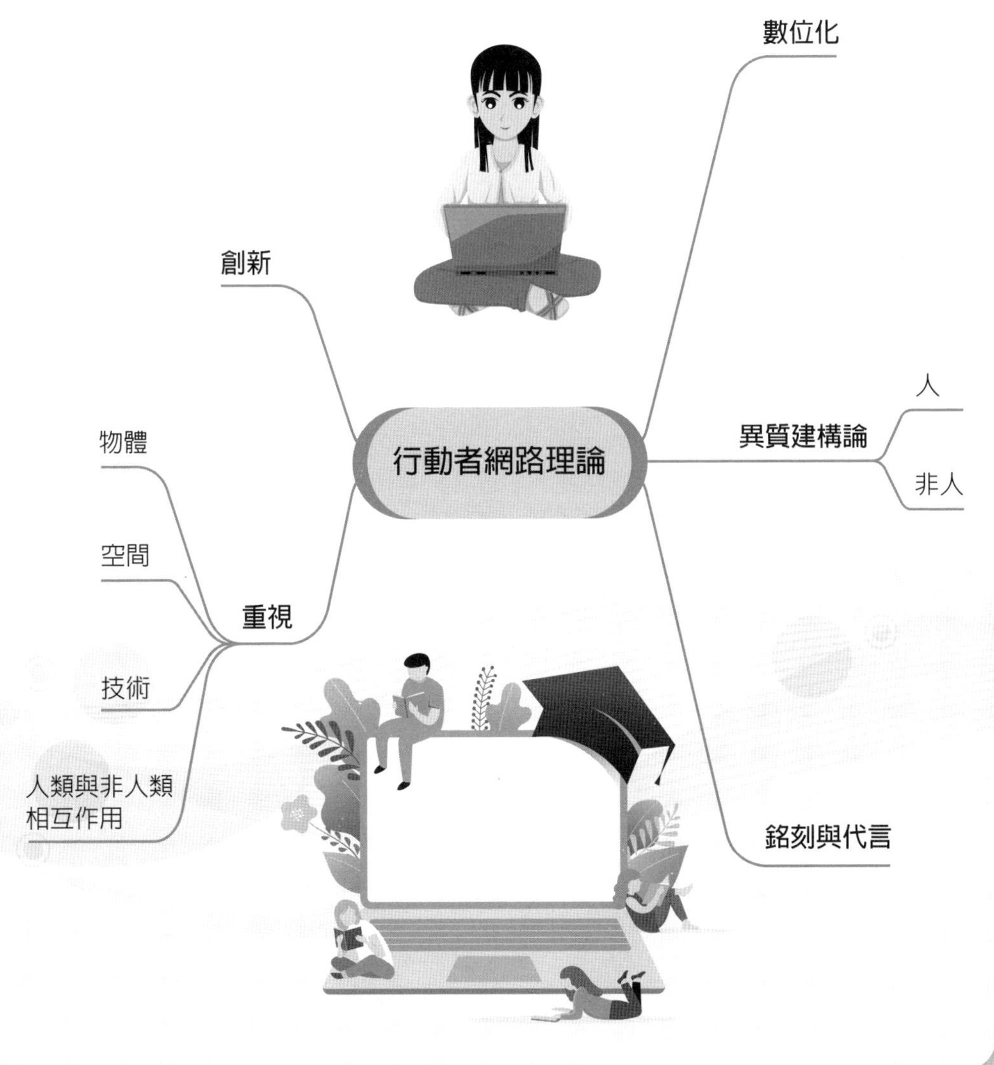

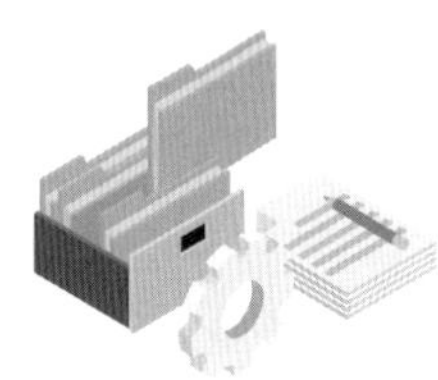

# Unit 1-10 行動研究

## 壹、發想與代表人物

K. Lewin 主張研究要有所行動，行動要有所研究。行動研究採取實務工作者即研究者的概念，說明他們是研究改善職場與實務反省之重要人物，行動研究乃有意義的行動，旨在促進職場或社區的專業發展，而非追求放諸四海皆準的法則（如右頁上圖）。代表人物有美國的 John Collier、Kurt Lewin 與 Stephen M. Corey，英國的 Lawrence Stenhouse 與 John Elliott，澳洲的 Shirley Grundy 與 Stephen Kemmis 等。

## 貳、理念

行動研究的理念興起於批判解放運動，強化實務知識的重要，現場專業工作者的賦權增能，促進理論與實務間的對話與合作。

## 參、特性

一、**以實務問題本位之導向：**以實務現場產生的問題為研究，以解決實際的問題為目標。

二、**基於實務工作者的興趣：**行動研究基於實務工作者的興趣。

三、**研究者就是結果運用者：**行動研究者會運用研究結果，徹底有效去解決此時此地特定的問題。

四、**實務工作場所即研究情境：**行動研究以研究者所處的情境當研究現場。

五、**研究問題或參與者具情境特定性：**行動研究是研究者針對個人實際工作中所面臨的問題進行行動與改善，因此強調問題與研究參與者通常是具特定性的，選取的情境具有特定性，未必具有代表性。

六、**研究過程重視合作：**行動研究強調專業人員與實務工作者共同研究，因此實務工作者可以往外尋求專家協助。

七、**強調立即解決問題的重要性：**以解決職場中立即性的問題，強調即時運用與實用可行的策略。

八、**研究計畫有彈性：**行動研究的方法與策略，較具彈性，可視情況而調整。

九、**行動歷程強調循環性：**行動研究的歷程是種反覆的螺旋循環架構。

## 肆、實施步驟

綜合 Lewin（1946）與鈕文英（2021）的觀點，行動研究的歷程可以歸納為：一、發現情境的問題；二、界定並分析問題；三、草擬並實施計畫；四、修正研究計畫；五、觀察與協同行動；六、反省與再行動（如右頁下圖）。

對教師而言，行動研究結合行動與研究，教師即研究者，針對教師己身專業上的需要，為行動而研究而非為研究而行動，以教育實際情境為研究場域，引領教師思考如何運用策略，改善教學瓶頸與現況的模式，賦權增能教師自我專業發展的循環歷程。

## Lewin的行動研究歷程

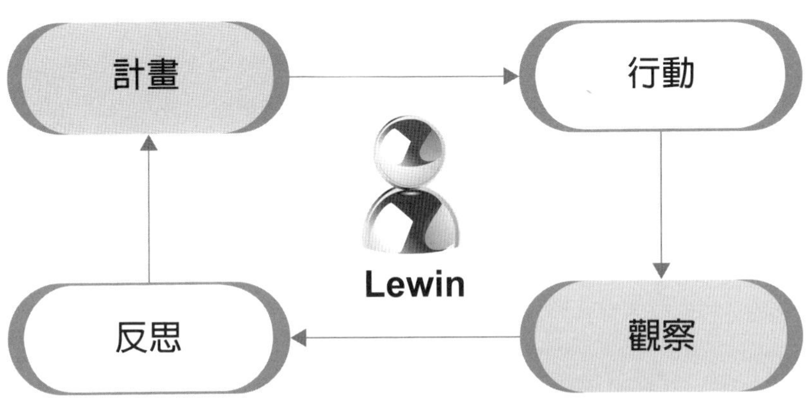


## 鈕文英的行動研究歷程

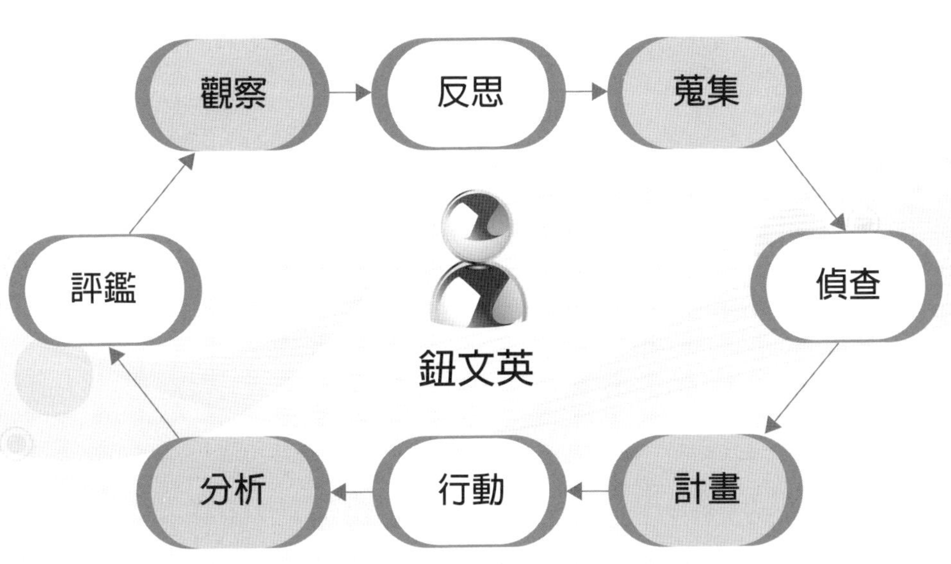

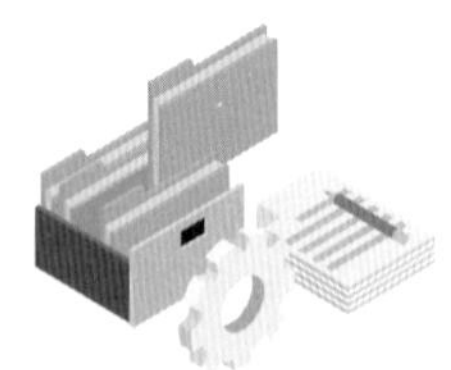

# Unit 1-11 垃圾桶模式

## 壹、代表人物

垃圾桶模式（garbage can model）是決定模式之一，由 Michael Cohen、James March 和 Johan Olson 等提出，指過程、問題、解決方案、機會和決策者在有組織彼此獨立地盤旋，當組織的偏好、問題、技術不明確及參與不暢時，即組織混亂狀態（Nitta, 2007）政策之窗剛好打開，導致因果關係與決策過程模糊（Boone, 2006）的非理性決策模式。Cohen 等人（1972）用此模式解釋這種趨勢，據此，以不同非理性形式知識為前提，根據各自認為正常的解決方案，對問題定義產生衝突（Messner et al., 2008）。垃圾桶決策過程常出現在他們所謂的有組織的無政府狀態中（organized anarchy）（Sawaragi et al., 2016），例如：教育機構，故而決定情境具高度不確定性。

## 貳、四股力量

王如哲（1999）與Sawaragi等人（2016）指出，此模式由四項獨立因素互動：

### 一、問題

垃圾桶模式用來描述組織中的決策過程，假設組織目標是有問題或不明確的。

### 二、解決方案

垃圾桶模式用來解釋為何在某些組織中不存在的問題提供解決方案，為何做出無法解決問題的選擇及為何實際上沒有解決問題。

### 三、參與人員

參與者和問題都被扔進垃圾桶為模式的選擇機會中，當投入垃圾桶的能量總量超過解決扔進垃圾桶中問題所需的能量時，選擇機會被認為已解決，然後參與人員可能因流動而從組織中消失了。

### 四、決策機會

垃圾桶模式的決策模式是機會所形成，當問題、解決方案、參與者都出現交集，而政策之窗剛巧打開之時，垃圾桶決策機會就會大增。

## 參、三種特性

Cohen 等人（1972）指出組織行為的無政府狀態具有三種特性：

### 一、目標不明確

垃圾桶模式用來解釋為何在某些組織中為不存在的問題提供解決方案，為何做出無法解決問題的選擇及為何實際上沒有解決的問題（Boone, 2006），只因答案迎合問題。

### 二、技術不確定

組織參與者在時間投入及努力的程度具有很大差異，使得組織的界線變得模糊，沒有任何個人或團體可以控制組織中所有決定的範疇，投入決定過程的資源會隨著時間改變，因此，增加組織的變動與複雜性（Nitta, 2007）。

三、流動式參與

組織決定高度不確定，大致是鬆散意念結合，過程參與者具獨立與流動性。

## 肆、非理性決策

韋伯區分兩種類型的社會行動：理性和非理性。而垃圾桶模式是解釋決策的非理性（non-rational）決策模式（Bendor et al., 2001）。此模式主張解決方案迎合問題的想法或供應推動方法（Sturdy, 2018）。Cohen 等人（1972）指出：雖然決策是解決問題的過程，但往往並非如此。問題是在某種選擇背景下處理的，但只有當問題、解決方案和決策者不斷變化的組合碰巧使行動成為可能時，才會做出選擇。

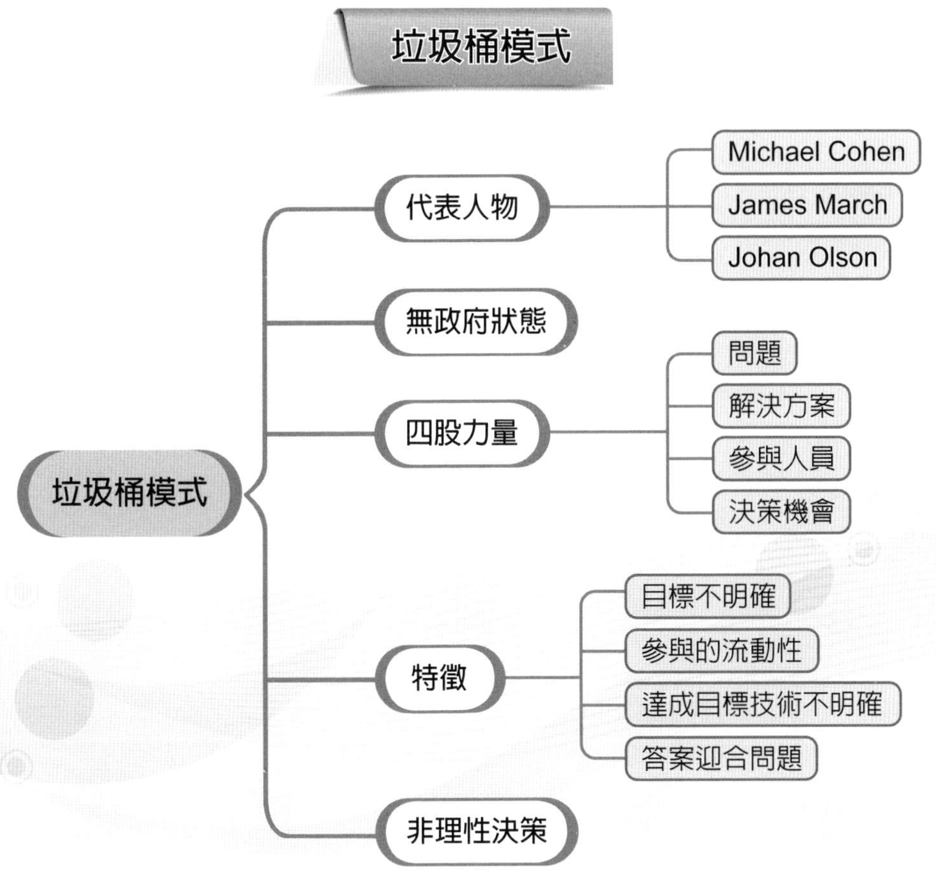

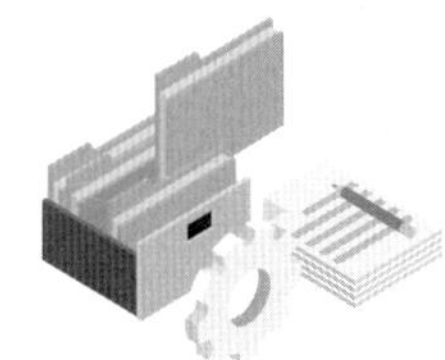

# Unit 1-12 服務領導





## 壹、倡導人

服務領導（servant leadership）可譯為僕人領導，代表人物為 Robert K. Greenleaf 與 Larry C. Spears 等。Greenleaf（1977）描述服務領導在理解追隨者的需求和願望，幫助他們以符合道德和對社會負責實現其願望。他在 AT&T 擔任執行長時，發表 12 篇有關服務領導專論，1996 年後，Spears 更將其發揚光大，在商業、政治、社會或宗教組織（如 Mother Teresa）的魅力領袖身上得到體現（Sosik, 2001）。

## 貳、概念

服務領導是有意識選擇服務他人，服務領導者關注可持續的績效（Eva et al., 2019）。當追隨者的幸福和成長被優先考慮時，他們反過來會更加投入和有效地工作。服務領導者將自己視為組織管家（van Dierendonck, 2010），尋求增加委託給他們的財務和其他資源（Eva et al., 2019）。根據 Greenleaf，服務領導者承認自己不完美，並認為領導是個自我和其他發展的終生旅程（Sosik, 2001）。Greenleaf（1977）經常被引用的一段話：服務領導者首先是僕人……始於一個人想要服務，然後有意識的選擇會讓人渴望成為領導者（Eva et al., 2019）。

服務領導首先尋求在領導者的利他主義和道德取向的基礎上培養追隨者（Greenleaf, 1977）。服務領導具有的三特徵：動機、方式和心態。正如最初的 Greenleaf 服務優先暗示的那樣，服務領導的動機並非源於領導者內部而是外部。Greenleaf 的重要觀點是：「作為領導者的僕人」，而非「作為僕人的領導者」。故服務領導的是承擔領導責任的潛在個人動機。這種對他人的定位反映領導者的決心或信念（Liao et al., 2020）。

## 參、視己為僕

耶穌透過十二門徒時的中心哲學就是服務領導，讓基督教成為全世界最大信仰人口的宗教。《聖經馬可福音 10 章》提及：「……但凡在你們中間為先的，必須作眾人的僕人。因為人子來，不是要受人服侍，乃是要服侍人。」服務領導者秉基督精神，領導始於服務，服務先於領導，服務他人優於利益，如同耶穌以謙卑奉獻的精神為信徒洗腳。Greenleaf（1977）指出，服務領導行為是指將追隨者利益置於領導者自身利益之上的行為，旨在發展追隨者的最大潛力。他們用宗教典籍表達價值觀，如誠實、信任、愛、謙卑和親情。Greenleaf 認為領導者不需要被指派、甚至不需要被認可，就能產生巨大影響力（Ensley et al., 2006）。

## 肆、特徵

van Dierendonck（2010）提出服務領導六特徵：一、賦權和發展人；二、謙遜：優先考慮他人利益；三、真實性：領導者的外部行為和內部感受的一致性；四、人際接納：理解他人感受，避免在其他情境下表現出負面情緒；五、提供合適的建議和方向；六、管家精神：承擔滿足和服務下屬需求的責任。Mittal 與

Dorfman（2012）的研究則指出，服務領導表現在五個方面，即平等主義、道德誠信、授權、同理心和謙遜。Spears是Greenleaf服務領導中心的前主任，透過多年研究Greenleaf的作品，Spears指出服務領導具十要素：傾聽、同理心、治癒、意識、說服、概念化、遠見、管理、致力於人的成長和建立社區的承諾（Posner, 2014; Spears, 2010; Torres, 2016; van Dierendonck, 2010）。他將Greenleaf的想法轉化，這些特徵被普遍應用為服務領導的基本要素。

服務領導是種將追隨者的利益置於領導者自身利益之上的行為，旨在充分發揮追隨者的潛力（Liao et al., 2020）。校長可採僕人角色，影響學校每個人。服務領導來自基督宗教聖經，有意識服務他人重於領導他人，強調利他的精神，重視追隨者的福祉與需求，Gardner與Cleavenger（1998）發現，對領導者祈求的評價（如，淡化自己能力或尋求幫助）與對個人體貼行為的評價（例如：讓每位追隨者感到被重視）和追隨者滿意度呈正相關。這種謙遜是服務領導的重要方面，它關注的是他人、真理或問題，而非領導者（Greenleaf, 1977）。僕人式領導是為了避免個人崇拜，而非被追隨者理想化（Sosik, 2001）。根據Liden等人（2008），服務領導與傳統領導方式不同，強調個人誠信，注重與員工、客戶和社區形成牢固的長期關係（Mabey et al., 2017）。Greenleaf的僕人領導，強調服務和滿足他人的需要和利益，關心下屬、重視下屬的個人需求和發展，而非自我利益。如聖經所言：誰願為首，就必作眾人僕人，服務領導是指校長之服務領導應以身作則，真正權威來自內心的信念，秉持侍奉觀，付出時間帶頭犧牲，先做示範以明確標示學校的核心價值，與組織相關的參與者服務，使追隨者形成一種積極主動和自我約束的態度，以符合道德和社會責任的方式幫助他們實現願望，強調領導與部屬關係，謀求部屬發展而不是個人榮耀，此舉可以鼓舞人心，從而促進其個人成長。

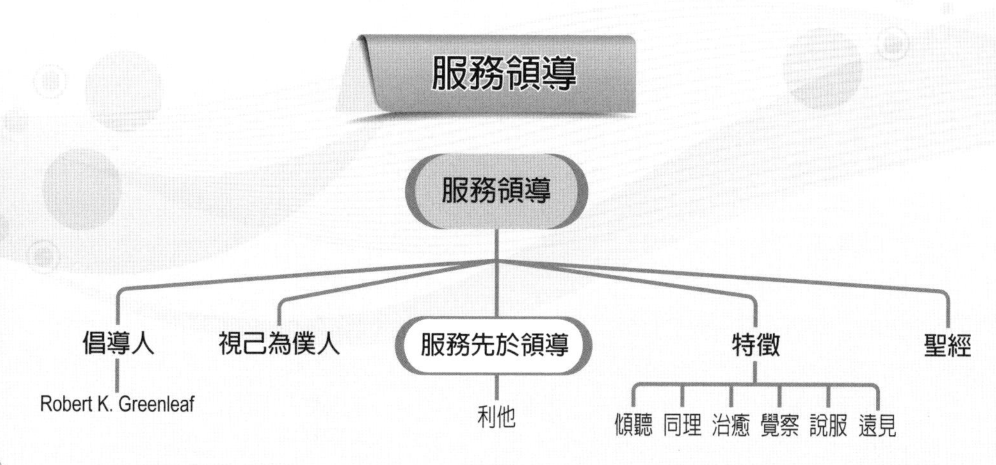

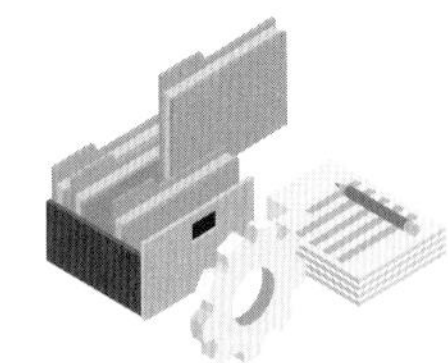

# Unit 1-13 厚資料

## 壹、厚資料與厚數據

所謂資料，其內涵不限於數字型資料（numerical data），影音媒體的崛起，舉凡透過探索、描述加上詮釋所蒐集的聲音、影像、圖片等多媒體、社交媒體資料，如 Kozinets（2019）的網路民族誌（netnography）研究，故透過書目管理軟體所擷取的資料庫，網路筆記本（OneNote 或 Evernote）所記錄資料或雲端蒐集的統計資料（SurveyMonkey, Qualtrics, Power BI 或 Python……）。

厚資料（thick data）一詞在 2013 到 2014 年間被創造出來，Adler-Nissen 等人（2021）指出，厚資料由文化人類學家 Clifford Geertz 於 1990 年代提出，「厚」的核心內涵被稱為厚實描述（thick description），目前的「厚」資料則是針對「大」數據而來，從厚描述到厚資料間，則因多元媒體與網路興起而逐漸形成了風潮。厚資料也稱厚數據，是根據它們與研究主題相關性以及與參與者觀點的一致性來確定的（Lin et al., 2015）。就知識論與方法論而言，不論是巨觀或微觀，厚資料分析研究可謂是對多元資料挖掘、分析後產生探勘資料意義的歷程。厚資料屬民族誌（netnography）的一種獨特向度，以數據作為要研究的關鍵文本的中心性，大多數民族誌研究透過文化行為、書面、表演文本、音樂或戲劇等來處理人類和人類資料。由於以人為中介的數據是研究的對象，因此需要開發一種與主要來源相關的數據表示形式，這種新形式也被稱為厚資料（Moore, 2016）。

## 貳、破除大數據三盲

厚資料的興起旨在深入探索人類活動在社會脈絡的深層意義，其優勢在於它能夠建立關於人們行為方式的假設，它難以回答「多少」的問題，只能回答「為什麼」（Rasmussen & Hansen, 2015）。厚資料由其脈絡複雜性定義，這使研究人員能夠反思人們如何以及為什麼做他們所做的事情（Bornakke & Due, 2018）。因此，厚資料希望破除大數據的三盲：一、盲目追求統計數據顯著性，二、忽視大數據操控數值背後的潛藏意義，三、忽略去脈絡化後所造成的危機。

## 參、代表人物

厚資料利用人類學質性研究法來闡釋資料，用以呈現具體的情感、故事、場景和意義。民族誌對參與社區、記錄生活模式、探索意義網絡，以及產生豐富的厚資料感興趣（Geertz, 2008）。厚資料是由其社會脈絡複雜性定義的，這使研究人員能夠反思人們如何以及為什麼做他們所做的事情。厚資料可以透過質性方法提供，也可透過大、厚混合，提供給人種學蒐集的厚觀察資料的混合（Bornakke & Due, 2018）。社交媒體數據，從 Big Data 到 Thick Data 就是爬蟲學（Python）到網路民族誌的距離。

## 肆、四特性

Clifford Geertz 提出厚資料一詞，基於社交媒體搜尋（Trace-based Social Media Research）與電子資料庫等方式，並擷取視頻／照片觀察，實地記錄和訪談等大量資料，以探索這些用途的特殊性、動機和對主題的意義，它運用電腦自動編碼和網絡爬蟲等技術，強化脈絡文化性（highly contextualized thick data）、洋蔥結構（layers）與數位粒度（granularity）的厚資料，有助於大數據「知其然卻不知其所以然」的問題。Big-Thick 混合方法是可能成為教育研究的未來主流，具有四大特性。

一、**黏**：厚資料強調在地性，要扎根在本土意識上，具備高度脈絡化。

二、**慢**：厚資料的資料蒐集歷程往往涉及龐雜的文化脈絡，資料是需要積累的，因此蒐集資料強調慢的功夫。

三、**厚**：厚資料是奠基在厚實文化底蘊的脈絡，強調厚實描述。

**四、深**：厚資料強調歷史的縱深，強調沉浸式，重視資料的結構與層次。

## 伍、厚資料與混合研究

厚資料趨勢是吸引一群眾包（crowdsources，群眾資料來源）。除了通常的資料來源之外，眾包技術還產生具有巨大增長趨勢手動生成的資料來源（Wolfengagen et al., 2016）。活動受歡迎程度，即有多少用戶眾包者註冊，增加了眾包資源池（庫），眾包活動越受歡迎。換句話說，激勵機制（即眾包方的可信度）對眾包成功的影響，可以透過任務的受歡迎程度的仲介效應產生（Xu et al., 2022）。

混合大數據和厚資料材料來源時具有分析互補性（Bornakke & Due, 2018），厚資料具有豐富脈絡、細節和敘事品質，研究時，可以採多種互補的視角（大數據和厚資料）來探索學科知識之間的聯繫，見證多元認識論在探索性研究中的價值。厚資料是由其脈絡複雜性定義，人類行為交互作用而產生的厚資料的蒐集和分析。因此，Bornakke 與 Due 主張採用民族挖礦（ethnomining）的方法，這是種大數據和厚資料的獨特性的混合方法，研究者透過軟體使用大批量資料來尋找模式或規則，將原始資料變成有用資訊的過程。

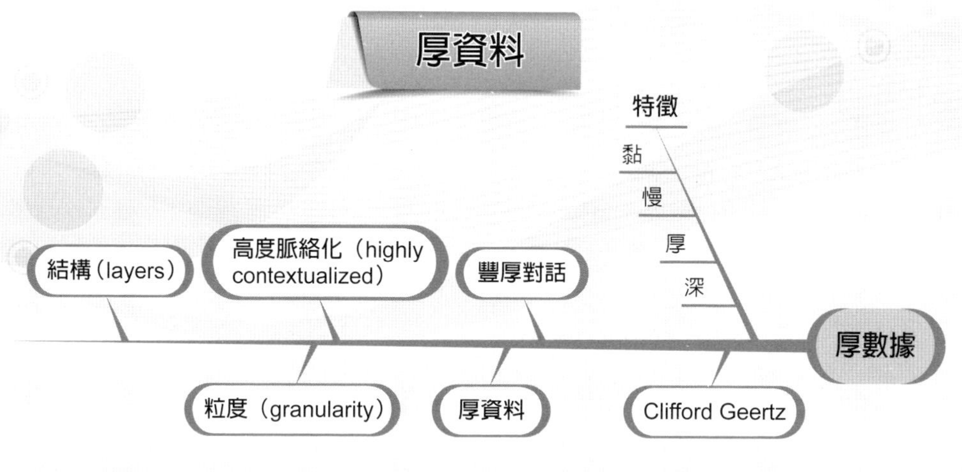

# Unit 1-14 科技領導

## 壹、概念

科技領導是促進學校有效使用訊息技術的組織、政策或行動的決策（Anderson & Dexter, 2000）的領導方式，是教育技術整合成功關鍵（Raman & Thannimalai, 2019），校長須具備科技領導力，以因應變化莫測的未來社會，有效引導教學讓學生使用數位化學習知能（Wachira & Keengwe, 2011）。Senge（1990）指出，校長需富想像力和勇氣才能成為科技領導者，其對於提高教師課堂技術素養和整合至關重要（Chang, 2012）。

## 貳、結合策略與領導技術

Chin（2010）認為科技領導不同於傳統領導，它不關注領導者的特徵或行為，而強調領導者應在不同組織運作中開發、引導、管理和應用技術，以提高組織績效。Killen（2005）指出，科技領導是科技和一般領導技術的結合，但它更側重科技，尤其與工具相關技術。Gibson（2002）認為，學校技術整合成功最重要問題之一是校長科技領導的有效性，其直接影響教師利用資訊通訊科技（Information and Communication Technology, ICT）。Ghavifekr 與 Wong（2022）的研究指出，校長科技領導角色對教師有效利用 ICT 的影響間存在顯著正相關。採用科技領導的校長應在組織中建立清晰的 ICT 願景，同時確保學校技術驅動學習文化（Noor et al., 2021）。Noor 等人（2021）指出，科技領導者應專注於為教師提供最好服務，提供足夠 ICT 訊息，以便所使用技術能推動學校課程，提供組織成員各種資訊技術。

## 參、科技領導的五大結構

一、**遠見領導力：**領導者要有遠見，能啟發和領導技術集成的開發和實施。

二、**數位時代學習文化：**教育管理者應形塑數位時代學習文化，為所有學生提供引人入勝的教育，塑造應用科技的有利環境和強化學校組織文化。

三、**卓越的專業實踐：**促進專業學習和創新，使教育工作者能夠透過技術和數位資源加強學生的學習，營造與改變組織成員專業成長環境。

**四、系統改進：**透過系統思考與改善，有效利用訊息和技術資源不斷改進組織。

**五、數位公民：**發展數位文化相關的社會、道德和法律問題和責任的理解（Raman & Thannimalai, 2019）。了解數位時代的權利義務、守法與遵守數位倫理，提升數位公民素養。

## 肆、資訊通訊科技 ICT

校長的科技領導角色（願景、規劃和管理、員工發展和培訓、技術和基礎設施支持、評估和研究、人際交往和溝通技巧）對教師的 ICT 使用和學生的學業產生了重大影響（Ghavifekr & Wong, 2022）。校長培訓和計畫應強調使用 21 世紀知識教學技能和領導風格，如科技領導力，以加強 ICT 的實施，實現更有效的課堂教學

（Raman et al., 2019）。校長透過科技領導，賦予學生優質學習環境，促進學生學習，發現探索能力。提高科技領導，校長要承擔支持教師和學生有效使用技術的教學和學習過程的責任，既是提高學校技術變革的領導者，也是科技領導力的專家（Januszewski & Molenda, 2008）。

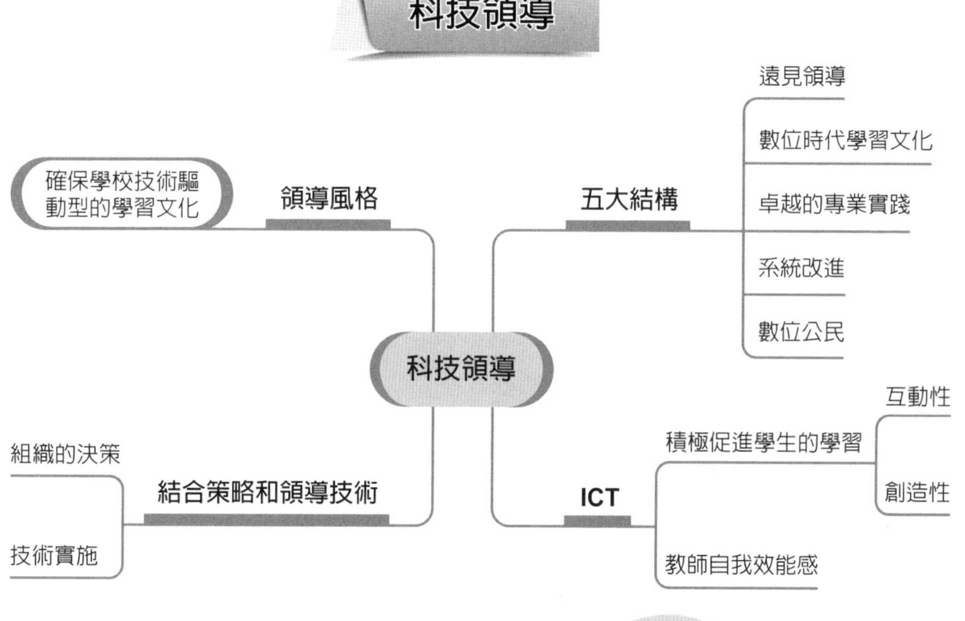

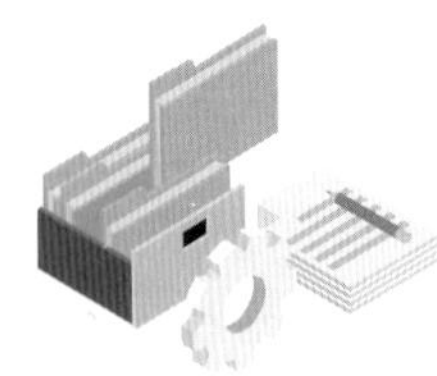

# Unit 1-15 個別化教育計畫





## 壹、法源基礎

聯合國於 1976 年 12 月 16 日通過 31-123 號決議案，希望身心障礙者有完全參與及機會均等權利（黃旐濤，1996），此理念始進入國際殿堂，獲各國重視。1990 年《美國人身心障礙法》（Americans with Disabilities Act, ADA）嚴禁對於身心障礙者歧視與分類（Public Law 101-336, 1990），繼而拓展至他們的就學機會上。

個別化教育計畫（individualized educational program, IEP）重視診療教學的應用，採取彈性的教育安置及教學方式，以適應身心殘障兒童個別差異的特殊需要。1975 年美國國會頒布《所有身心障礙兒童教育法》（All Handicapped Children Act），除確保身心障礙學生獲得免費適性的公立教育的機制，更要求每位身心障礙學生在最小限制的環境中（林晨華，2015）。1990 年身心障礙者教育法（Individuals with Disabilities Education Act, IDEA）是部為美國符合身心障礙兒童條件者提供免費適當的公共教育的法律，並確保這些兒童獲得特殊教育和相關服務。布希總統更於 2004 年 12 月 3 日簽署「2004 身心障礙者教育法案修正案」，希望身心障礙兒童能夠得到符合其獨特需求與為其將來的繼續教育、就業與獨立生活而儲備的各項相關服務與免費適性的公立教育。加強家長參與，以及減少教師、州和地方學區的文書工作負擔，幫助兒童更好地學習。

臺灣在 1997 年《特殊教育法》修訂後，正式將 IEP 納入法條，隔年公布《特殊教育法施行細則》，詳列 IEP 應包含的內容及實施方式（林晨華，2015），包括五項：一、學生能力現況、家庭狀況及需求評估；二、學生所需特殊教育、服務及支持策略；三、學年與學期教育目標及評量方式、日期及標準；四、具情緒與行為問題學生所需之行為功能介入方案及行政支援；五、學生轉銜輔導及服務內容。

## 貳、IEP 的概念與問題

IEP 視同為書面的法律文件，詳細說明公立學校為身心障礙學生提供的個別化特殊教育和相關服務。若學生確有身心障礙，並有資格獲得特殊教育和相關服務，就必須為他們制定 IEP。聯邦法律規定，在學生接受服務之前必須制定 IEP，它為學校工作人員和家長提供有關學生目前教育表現水準（優勢和劣勢）的資訊，闡明如何在教育上解決這些獨特需求（Herr, 2005）。IEP 的服務從家庭到社會，由家長與教師、治療師與心理師一起早期介入，讓父母參與計畫擬定，確定其任務與角色，討論家庭作息，有助於計畫推展。目前遭遇的問題有：一、教師編寫能力不足；二、家長參與程度不高；三、增加教師教學額外工作。

## 參、六項重點

IEP 是針對特殊學生需要，由教師、專業人員和家長共同擬定的特殊教育和相關服務（孟瑛如等，2014；Doshier et al., 2015）。此概念符合學生需要而調整，著重於行為介入方案、轉銜輔導及服務內容、身心障礙學生校內各項考試之評量調整、相關支持服務項目，保障他們的教育權益（林晨華，2015）。劉錦昌等人（2020）建議：教師撰寫 IEP 有六項重點——IEP 個案管理工作內容歸納為建立個案資料檔案、擬定 IEP、連結校內外資源、教學與評量、召開個案會議及心理評量工作。

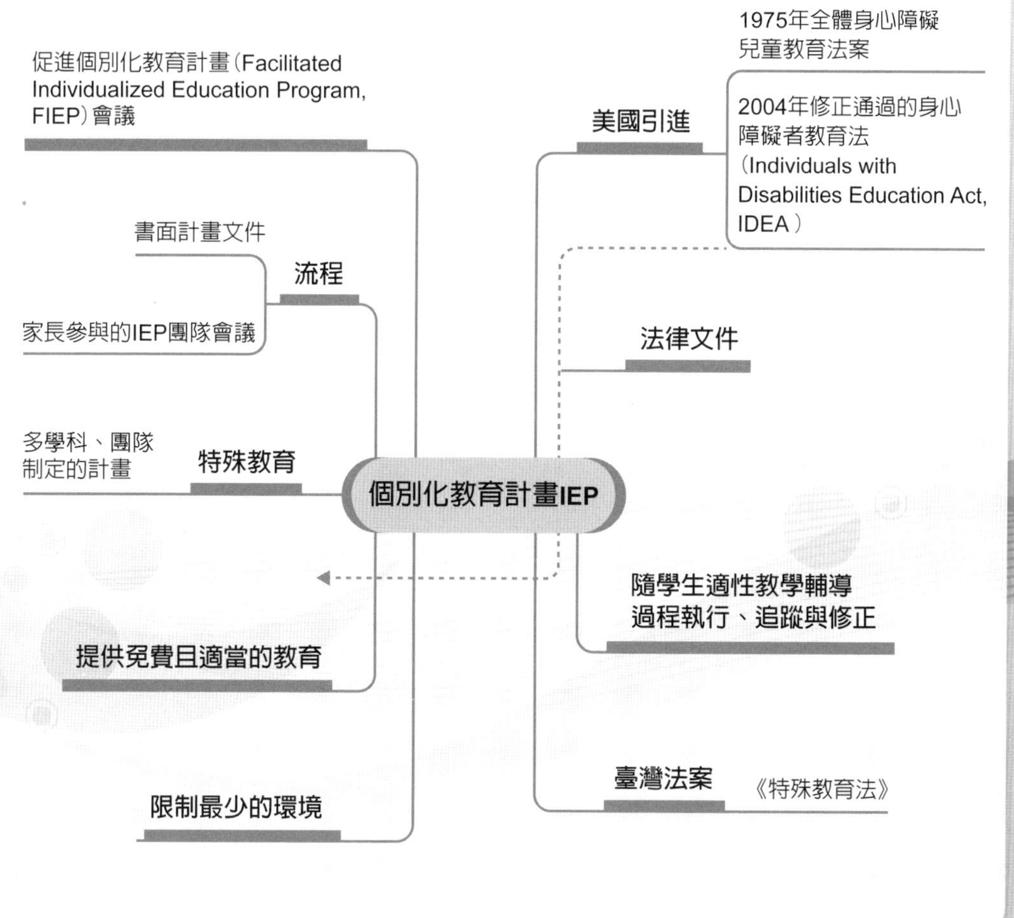

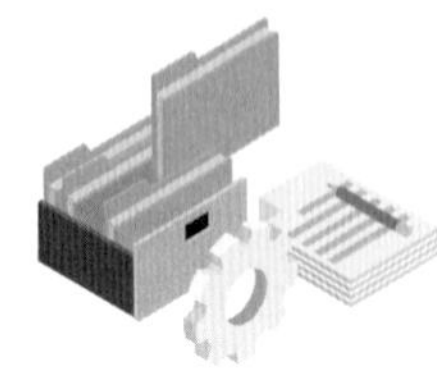

# Unit 1-16 家長參與

## 壹、定義

學校改革的關鍵之一是家長，可以是父母、養父母或監護人。臺灣《教育基本法》明定家長為其子女擁有選擇與參與權，可見家長參與非任何一種學區或任何特定種族／民族所獨有的，是指家長對孩子在學校教育生活的支持活動，並與教師針對孩子所遇到的問題進行交流討論（徐千惠等人，2021）。

## 貳、內涵

自《教育基本法》通過後，家長對其子女的教育不再被當作被動客戶，而是積極參與者。家長參與是協助其子女發展的重要資訊來源，可以促進學校、家庭和社區合作關係，提高學生的學習成績、自尊心、入學率和社會行為（Davids, 2020）。早期家長的參與仍然僅限於幫助教師，Joyce Epstein 的六種家長參與模式：養育子女、溝通、志願服務、在家學習、決策和與社區合作（English, 2006）。Fullan 與 Stiegelbauer（1991）指出，家長參與內涵分為教學及非教學參與。根據研究，只有 10% 的父母積極參與他們的孩子的教育，且僅限於帶子女去郊遊，參與運動會、畢業日、捐蛋糕，但不參與課程規劃、輔導或教學（Majzub & Salim, 2011）。這過程中，要讓家長和教師經歷相互支持和滿意不是件容易的事。

### 一、功能

綜合江旻芳（2022）、Marmoah 與 Poerwanti（2022）研究發現，家長參與可增加家庭和學校互動七項功能：（一）維護學生學習權；（二）激發學生正向學習態度；（三）增進家長教養知能；（四）提升學校的教育品質；（五）豐富教師教學資源；（六）分擔兒童的社會、情感、身體和學術發展；（七）由家庭、學校、社會和社區組織共同承擔責任。

### 二、影響因素

家長參與本身是一種社會資本，在其親子或親師間的關係結構中，隱藏著互惠規範、期待所望、資訊交流等資源，有助於幸福感與學業成就之提升（黃毅志、林慧敏，2016）。家長之條件會影響其參與：

**（一）社經地位**：Lareau（2003）、Majzub 與 Salim（2011）的研究，社經地位和父母參與之間有顯著關係。

**（二）網路與技術**：許多家長本身對線上學習、使用技術和線上平臺經驗有限，疫情時會影響參與。

**（三）參與或干預**：家長參與是種權利，亦是義務，但若參與不當可能製造問題：

**1. 直升機家長**：Ginott 在 1969 年提出直升機家長（helicopter parents），係指過度參與的父母，他們圍著孩子轉，阻礙他們的獨立和自主，這些子女自我效能感低，成年後還依賴父母，對他們適應大學環境的能力產生負面影響。直升機父母最近被媒體描述為「掃雪機父母」（Lunde et al., 2021）。掃雪機父母類似清除積雪的掃雪機，幫孩子們掃除障礙，不讓其遭遇挫折。

**2. 怪獸家長：**怪獸家長（monster parents），在日本也稱為恐龍家長，家長經常向老師和保育員無理抱怨或投訴（Seki et al., 2017）。

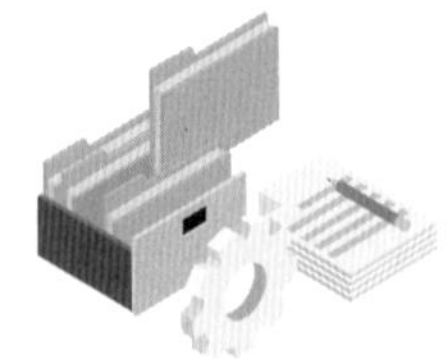

# Unit 1-17 校長公開授課





## 壹、緣由

日本佐藤學的「學習共同體」之學課研究（Lesson Study），透過共同備課、公開授課與課後研討來提升專業知能（歐用生，2012）。2014 年教育部訂定校長及教師每學年應至少進行一次公開授課（教育部，2017）。2019 年，國前署訂有「國民中學與國民小學實施校長及教師公開授課參考原則」及「高級中等學校校長及教師公開授課實施原則」，規範公開授課原則。吳麗君（2017）指出授課者在共同備課後，打開教室的門進行說課、觀課及專業回饋（備課、觀課、議課）。只是校長慣於行政，若兼顧每學年至少一次的公開授課之義務，引發諸多爭議。

## 貳、目的

公開授課有助於專業成長。劉世雄（2017）解釋：公開授課旨在發展教師學科教材知識、培養教學專業能力及提升學生學習成效。歐用生（2017）認為校長公開授課具五項意義：象徵性意義、課程教學改革的領頭羊、專業文化的建構者、實踐智慧（知識）的生產者、覺醒課程教學領導者。

## 參、正反意見

一、**反對理由：**1. 行政事務繁瑣；2. 課務需協調；3. 久任行政，疏於任教學科知識；4. 花費時間且流於形式；5. 校長公開授課後，若教學表現不如教師，是否影響其領導效能？

二、**支持理由：**1. 察納雅言：分享授課技巧；2. 提供示範，引領教師重視課程實施；3. 透過相互觀摩提升教學效能，促進專業對話，激發教學熱忱，如右頁表格。

## 肆、省思

吳清山等人（2019）指出，公開授課並非完成一場教學精彩的課程或做秀表演，而是透過公開授課，引領教師重視課程實施，關注並了解學生上課學習狀況。校長公開授課之重點在教學領導，讓全校朝向共同學習的專業成長邁進。雖說校長公開授課與以往教學觀摩不同，但於忙碌校園中進行，是否有足夠資源、時間與人力？公開授課是把校長視為首席教師、課程／教學領導者，可見校長在公開授課的意義與價值被期許成為以身作則的身分，這波改革讓校長身分重新被定義，當然也有些人質疑此舉形式大於實質？重返教室的校長教學品質能否勝任？打開教室大門的校長是例行表演一場秀？或進行教學領導？

### 校長公開授課正反意見表

| 支持 | 反對 |
| --- | --- |
| 以身作則 | 校長綜理校務，其法職權不包括授課 |
| 直接接觸教學核心 | 象徵意義大於實質 |
| 改善校長偏重行政印象 | 校長「借課」公開授課，影響教學正常化 |
| 作為教學領導的一部分 | 校長可善用巡堂進行教學領導 |

資料來源：張民杰、賴光真（2020）。校長以公開授課進行教學領導之探討。*臺灣教育評論月刊*，**9**(4)，頁 64。

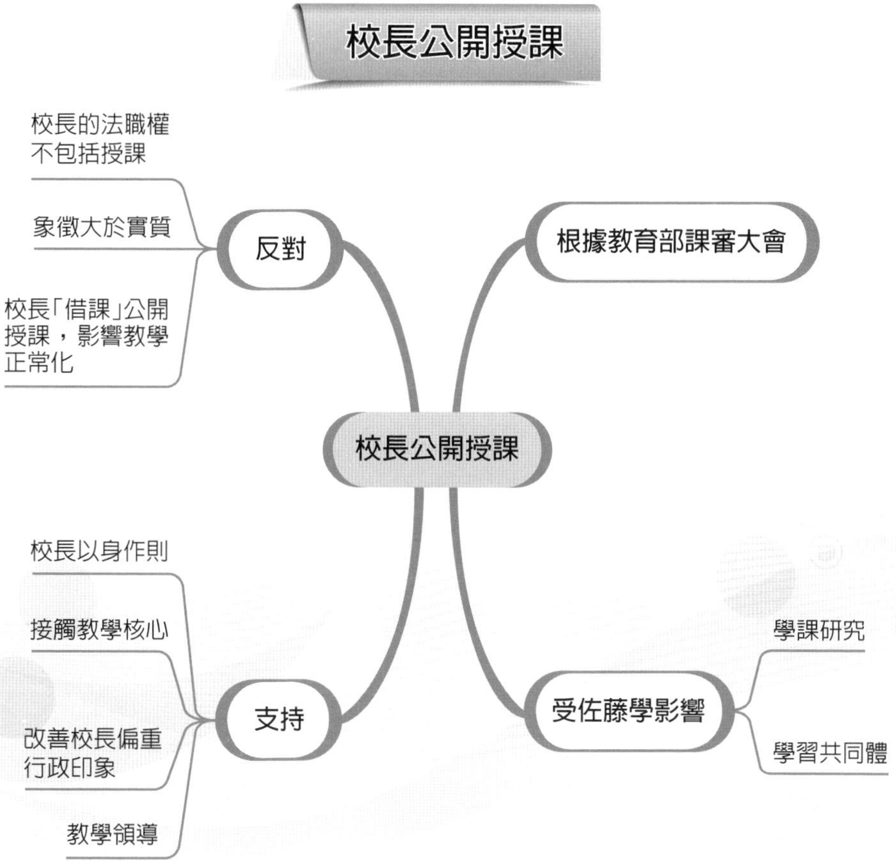

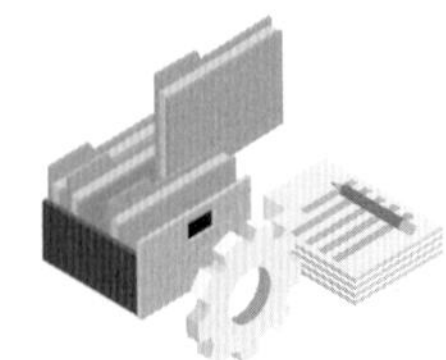

# Unit 1-18 校訂課程

## 壹、定義

十二年課綱將課程類型區分為「部定課程」與「校訂課程」，部定課程由教育部統一規劃。校訂課程由學校安排，提供跨領域、多元、生活化課程功能：形塑學校願景，提供學生適性發展機會，針對統整性主題／專題／議題探究課程、特殊需求、社團活動技藝課程與其他類課程，校訂課程強調由下而上的草根性發展模式，因地制宜，增加學校彈性學習時間，解構制式化的正式課程，展現地方特色，發展教師專業發展課程，提供學生多元學習。





## 貳、根據

一、**學校願景：**校訂課程要符應學校願景，盤點現有課程資源，透過教師專業社群共同規劃，結合社區資源，運用在地元素及特色，為師生學習提供方向。

二、**學生未來圖像：**以學校願景來制定的學生圖像，考量學習需求，統整學習養成核心素養。

## 參、五階段

校訂課程在國民小學到高級中學分為五階段（如右頁表格）。

## 肆、四類課程

一、**統整性課程：**跨領域課程，強化知能與生活運用能力。

二、**特殊需求課程：**特殊教育或特殊類型班級學生的學習需求，應盡可能維持特殊教育學生在校訂課程各領域／科目的學習節數／學分數，如各種學生加深、加廣或扶助教學，尊重每位學生多元文化與族群差異性。

三、**社團活動與技藝課程：**學生可依興趣、性向及能力分組自由選修。技藝課程通常採抽離式辦理。校訂課程可規劃為社團活動設計相關的主題課程。這是種選修課程，使學生得依照個人喜好選擇喜歡的社團，技藝課程統合手眼身心等，以實際操作課程為主。

四、**其他：**包含本土語文／新住民語文、服務學習、戶外教育、班際或校際交流、自治活動、班級輔導、學生自主學習、領域補救教學等（108 課綱資訊網，2022）。

## 伍、目的

一、**跨領域探究：**由於學習資源日益多元，校訂課程讓學生有機會進行跨領域學習、跨領域課程整合，以多元化與生活化的課程為主軸，在特定主題下，作全盤性的規劃，以主題的方式進行教學，學生可習得該主題完整且深入的知識、技能及態度。

二、**自主學習：**校訂課程由學校本位出發，賦予學校課程自主，透過集體討論，凝聚學校發展共識，形塑校本特色，辦理統整性主題／專題／議題探究課程、技藝課程、特殊需求領域課程、社團活動、服務學習、戶外教育，以及自主學習課程，使學生有更多適性學習的空間。校訂課程可根據學生身心發展，協助學生能處理生活問題。

三、**適性學習，扶弱拔尖：**校訂課程象徵知識的鬆綁，由學校安排，以形塑學校教育願景及強化學生適性發展，激發學生學習興趣，新課綱的實施讓每個學生的課表都不盡相同，用意在讓學生們可以適性發展，學校課程越趨多元，增加選修，減少必修，讓知識的供需不再是中央廚房提供的定食，而是因地制宜的自助餐。

**四、發展學校特色：**學校可以形塑學校教育願景，運用校訂課程來發展學校課程特色，促進課程在地化。特色課程是由在地性、草根性及自主性的校本課程發展而來（林志成等，2011），學校特色課程讓學校有空間發展在地特色。校訂課程可運用在學校發展方向與社區特性需求。



**五階段校訂課程**

| 五階段 | 適用年級 | 節數 |
|---|---|---|
| 第一階段 | 國小一至二年級 | 2-4 |
| 第二階段 | 國小三至四年級 | 3-6 |
| 第三階段 | 國小五至六年級 | 4-7 |
| 第四階段 | 國中七到九年級 | 3-6 |
| 第五階段 | 高級中學 | 學分 |

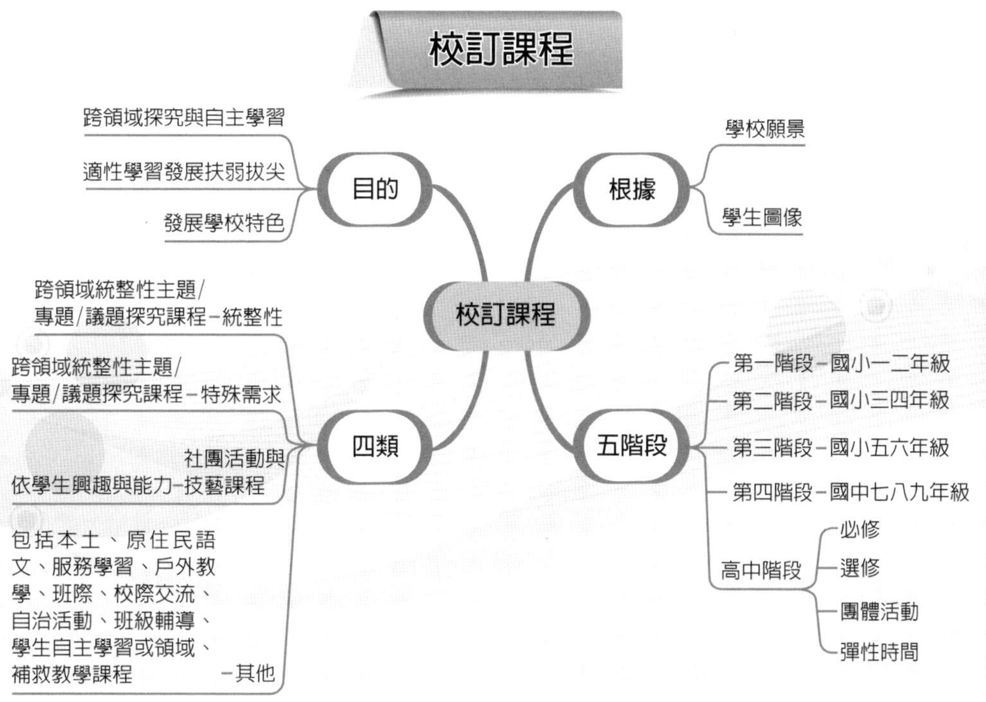

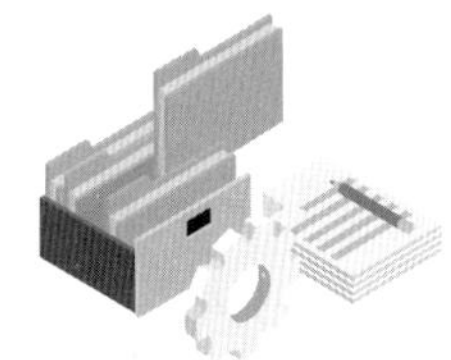

# Unit 1-19 校園霸凌

近年來，國內外影劇例如：美國的《霸凌》、南韓的《熔爐》、日本漫畫《哆啦 A 夢》、日劇《GTO 麻辣教師》與《聲之形》、臺灣的《共犯》與《無聲》，均可看到校園霸凌的痕跡。2011 年 1 月，桃園八德國中發生校園霸凌事件，引發全國關注，促成《學生輔導法》的通過。《教育基本法》第八條第二項「學生不受任何體罰及霸凌行為，造成身心之侵害。」臺灣自此明文立法禁止學校體罰學生，《教師法》明文規定：教師如果體罰或霸凌學生，造成其身心嚴重侵害，應予解聘，且終身不得聘任為教師。教育部在 2020 年發布《校園霸凌防制準則》，師生關係是種權力不平等的體現，但如果解構這樣的關係，校園霸凌事件就能消失？

## 壹、霸凌定義

霸凌是指由行為人施予受害人的傷害行為，是一種重複性的負面行動模式（劉世閔、陳素貞，2010）。校園霸凌是加凌者施予受凌者重複地欺負或騷擾，且造成身心傷害、憤怒、痛苦、羞恥、尷尬、恐懼及憂鬱等行為。

## 貳、霸凌的種類

霸凌的種類粗分六種（如右頁圖），通常不會只出現單一型態，有時同時具備多種類型：

一、**肢體霸凌：**霸凌者在受凌者肢體上留下傷痕，兩者生理或心理能力不對等。

二、**言語霸凌：**透過語言來刺傷或嘲笑別人，這種方式很容易使人心理受傷，既快又刺中要害。

三、**關係霸凌：**透過說服同儕排擠某人，使其被排拒在團體之外。

**四、性霸凌：**性霸凌指透過語言（波霸、飛機場、矮冬瓜）、肢體或其他暴力（阿魯巴），對於他人之性別特徵、性別特質、性傾向或性別認同進行貶抑、攻擊或威脅之行為。性霸凌指有關性、性別、性別氣質、性取向或性徵或身體部位的嘲諷玩笑、評論、譏笑或侵犯，且非屬性騷擾者。

五、**網路霸凌：**速度快、管道多、殺傷力強，加凌者在網路世界中的隱匿性與優勢性，讓看不見的拳頭不知從何而來。

六、**反擊型霸凌：**受凌者為了保護自己甚至為了報復，長期遭受欺壓之後的反擊行為或者去欺負比其更弱勢之人。

## 參、旁觀者效應

旁觀者效應（bystander effect）是指旁觀者越多，伸出援手的可能性越低或速度越慢；旁觀者扮演催化劑或默許角色，如此的回饋可能增強霸凌行為的產生。聚觀群眾越多，伸出援手者越少，這種觀眾抑制現象說明個體利他行為會因圍觀者越多而減少。

## 校園霸凌種類

霸凌種類

- 肢體
- 言語
- 關係
- 反擊
- 網路
- 性

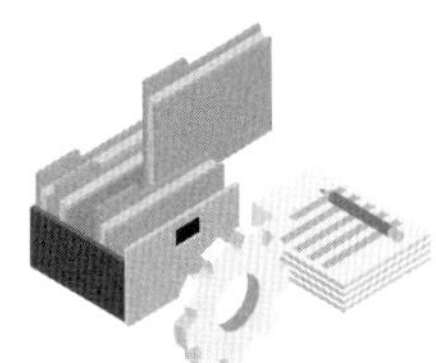

# Unit 1-20 專業學習社群

## 壹、定義

專業學習社群（professional learning communities, PLC），成為一種流行戰略，PLC 可讓教師共同分析和改善課堂實踐，促進團隊深度學習。PLC 是指為了學習者的利益而在教育背景下共同工作的特定群體，包括管理和領導人員、教師、助理和行政人員，有時也包括合作夥伴和家長（Hands, 2010; Silins & Mulford, 2004）。

## 貳、五特性

### 一、共享性

PLC 是種教師分享，當教師們一起工作、分享知識、貢獻想法並制定計畫以達到教育目標時，他們透過合作學習，分享教學經驗，以改善學生學習成效。

### 二、支持性

PLC 以教學為中心，消除教師的組織障礙，提升教師們教室內的現有技術。

### 三、合作性

PLC 是可合作、有意義對話和分享實踐的。合作性是透過努力、想法和活動組成的系統化、共享和協同的過程，避免教師孤立，促進教師間的知識分享。

### 四、信任性

同事間的信任和集體效能。同事和學校領導之間建立信任關係，這樣的集體效能讓群體對其組織和執行行動過程產生共同信念，促進成就水準。

### 五、規範性

PLC 存在關注學生學習、有效利用教學資源、參與者間的積極溝通規範。

## 參、三要素

### 一、共享願景

PLC 注重共同的願景和價值觀，促進合作和發展。

### 二、相互學習

PLC 讓教師獲得了相互學習的機會，教師們在合作的反省對話中共同成長。

### 三、分享責任

教師對學生的學業成敗承擔集體責任。

## 肆、學習型組織

PLC 可形塑學習型組織氛圍，積極幫助教師教學經驗的成熟，學校應該是關於學習的場所，學習型組織是種擴張思維模式，人們不斷學習如何共同學習，故學習型組織也是學校 PLC 的代稱。

## 伍、PLC 的優點

PLC 是由專業工作者所籌組的學習成長團體，透過分享交流，情感支持，提升彼此的知識、技能與情誼。在學校裡，就是由學校教師自主所籌組的 PLC，例如：學校課程發展委員會、領域小組教學研究會或工作坊等，透過同儕互學，增進教師專業成長能力、促進學生學習氣氛，改變學校組織文化，符合教師領導，激發教師們的組織承諾。

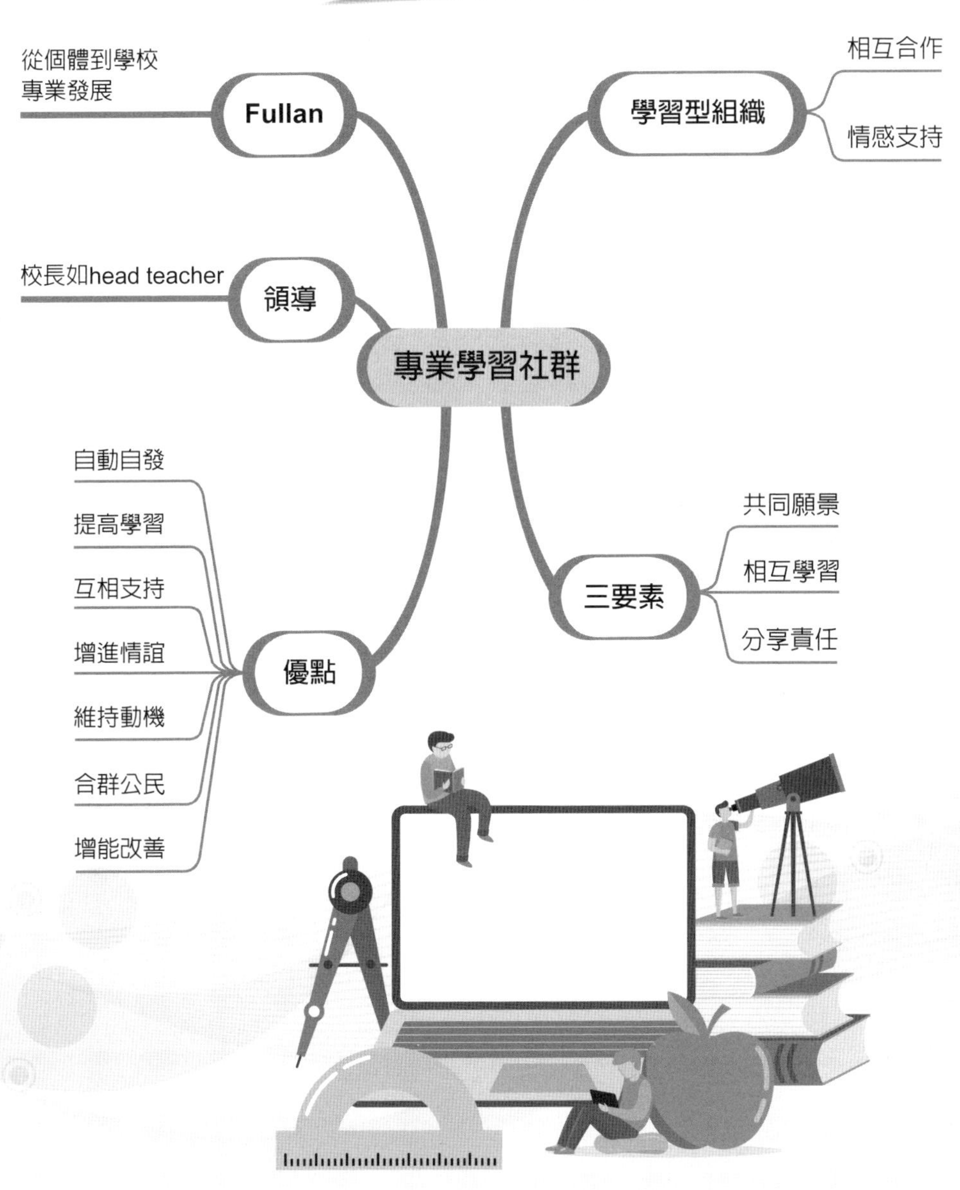
專業學習社群
從個體到學校
專業發展
Fullan
學習型組織
相互合作
情感支持
校長如head teacher
領導
專業學習社群
自動自發
提高學習
互相支持
增進情誼
維持動機
合群公民
增能改善
優點
三要素
共同願景
相互學習
分享責任

# Unit 1-21 教師領導





## 壹、定義

如何促進有效的教師領導（teacher leadership）？教師領導研究肇始於 20 世紀 80 年代美國的教育改革運動，其核心要義是教師具有較高的專業權威和必備的素質，以正式或非正式的身分在教室內外發揮領導影響，透過專業學習共同體引領其他教師改進教育教學實踐，積極參與學校決策，進而促進同伴專業發展和學校效能提升（范士紅、熊梅，2021）。

## 貳、要素

教師領導具有四要素：

一、**分享專業知識：**實施教師領導可促進教師分享專業知識，改善學校。

二、**共享領導：**教師領導是種共享式領導，人人均領導，分享責任。

三、**超前實踐者：**教師領導是種分布領導，可改善教學，教師可扮演影響他人改進教育實踐的角色。

四、**校長選擇：**校長是教師領導的催化角色。

## 參、理念

教師領導的理念宣導讓每一個教師都成為領導者，那麼，教師領導者的角色和職責有哪些？

### 一、提升專業能力、改善教學

教師領導力是教師的核心素養之一，是影響教育教學品質的重要變數（孫杰、程晉寬，2020）。教師領導者也是「引領學習者」（lead learners），在持續改進自己的教學實踐的過程中，通過小組探究、專業學習、示範性教學、一對一輔導，以及課堂實踐反思等活動，引領其他教師提高教學能力，共同改善學校的教學（范士紅、熊梅，2021）。

### 二、賦予教師以領導的身分

教師領導提出了共享領導、協作領導、重構領導的觀念（孫杰、程晉寬，2020）。強調角色扮演、行為改變、能力素質與集體責任的合作文化。

## 肆、七維度

教師領導力的七個維度：一、注重發展；二、與同事合作；三、被認可；四、積極的環境；五、自主性；六、開放的溝通與七、參與（孫杰、程晉寬，2020）。

## 伍、省思

教師領導突破過去校園科層體制，這項源於美、加的教育理念，有點類似目前的分散領導或民主領導等概念。常年以來，教師被養成為課程的執行者，而非課程的發展者，教師領導開啟教師主動參與發展教學活動與計畫，為學校提供正向學校組織文化的改變，教師間透過同儕而專業發展，最後為校長領導提供新的省思方向。

# 教師領導

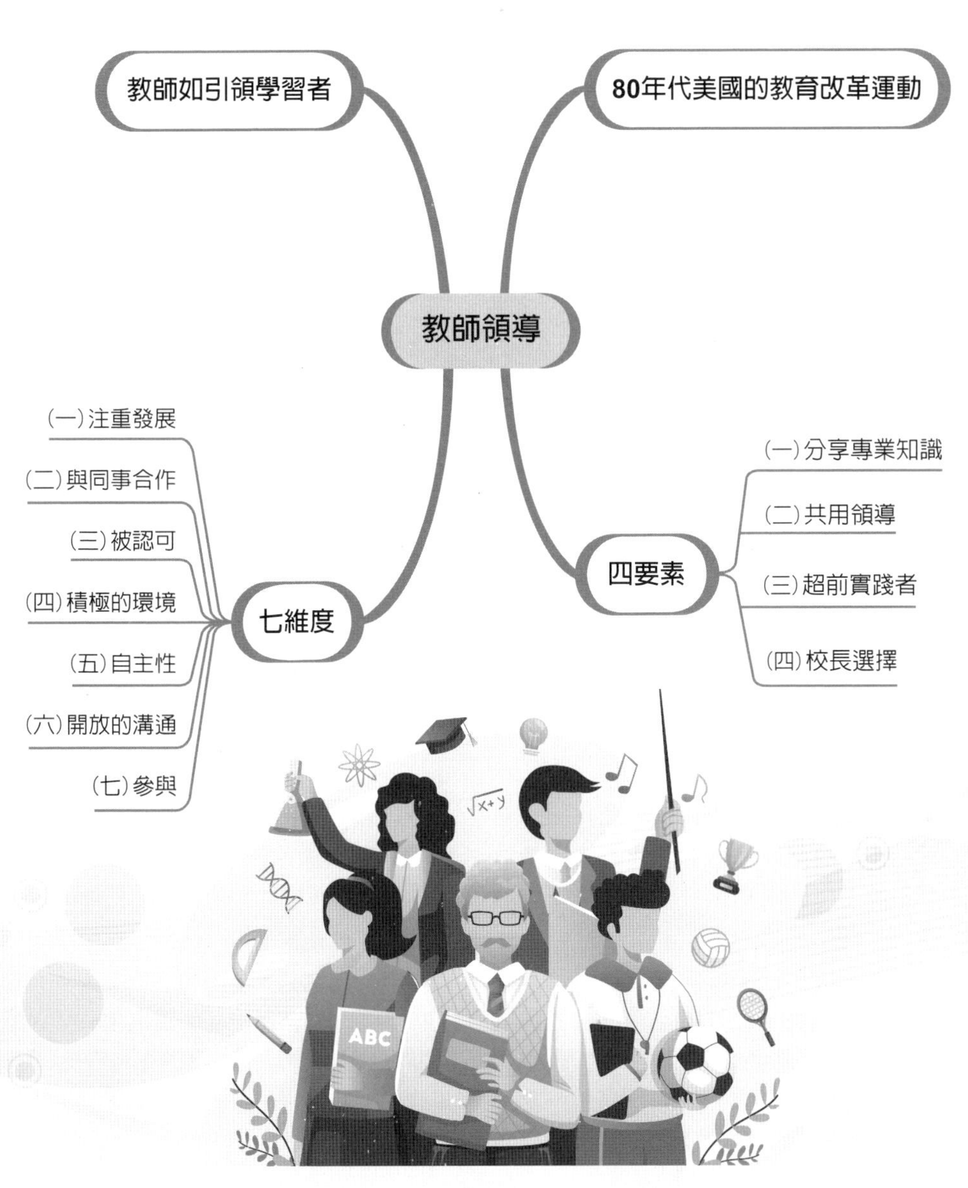
教師領導
教師如引領學習者
80年代美國的教育改革運動
七維度
(一)注重發展
(二)與同事合作
(三)被認可
(四)積極的環境
(五)自主性
(六)開放的溝通
(七)參與
四要素
(一)分享專業知識
(二)共用領導
(三)超前實踐者
(四)校長選擇
ABC

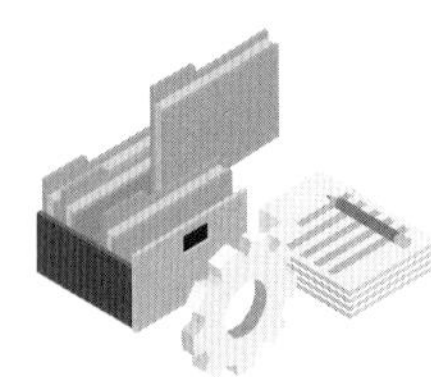

# Unit 1-22 教學領導

## 壹、定義

教學領導（instructional leadership）沒有統一的定義，它與課程領導（Hallinger, 2005）或分布式領導相關（Wan et al., 2020）。教學領導是種新的領導模式或風格。成功的學校領導被認為是直接影響教育設計和品質的教學領導，這種風格在英國和義大利獲得高度認同（Aburizaizah et al., 2016; Knapp, 2020）。

張德銳（1995）指出教學領導應是校長透過直接或間接的領導行為，制定和溝通學校目標，然後協調學校的課程並建立學生的學習期望；且利用視導來加以評鑑教師的教學、增進學生的學習機會以及提升教師專業成長。黃乃熒（1996）認為教學領導指利用行政領導的原理原則，引導與激勵教師能致力於提升學生學習成就與上課意願。

## 貳、校長的教學領導

校長公開授課的意義，具有起到領頭、帶動的作用，制定合理的工作量計畫，並在學校內提供教學領導。學校領導角色轉向教學領導，更直接地關注學校成果。校長行使教學領導能力及教師之間的社會凝聚力方面，資料仍然相當稀少（Aburizaizah et al., 2016）。Ail 等人（2015）指出，校長教學領導力和教師承諾存在較高的相關性，校長的教學領導有助於建立教師之間的凝聚力。

## 參、目的

校長教學領導源自於柯爾曼（Coleman）報告書（楊振昇，1999）。成功的學校領導被認為是直接影響教育設計和教學領導的因素（Boyce & Bowers, 2018; Hallinger, 2005）。校長教學領導有兩項目的：

### 一、提高教師教學效能

校長教學領導力與教師自我效能感之間存在正相關關係（Wilhelm et al., 2021）。

### 二、提升學生學習

教學領導有助於課程持續發展與改進，提升學生學習成就（江滿堂，2007）。

## 肆、三維度

校長教學領導通常從三個維度來描述：願景設定、教學管理和促進學習氣氛（Ail et al., 2015; Hallinger, 2005）。Wilhelm 等人（2021）指出，出色的學校領導是強有力的教學領導者和組織管理者，而不是以犧牲教學領導為代價的組織管理者，可見教學領導是校長對教學的關注。Pak 等人（2020）指出，教學領導者提供示範、提供教學方法指南和成立專業學習社群。因此，教學領導是學校校長為了提高教師教學品質與學生學習效果所進行的各項有效能的措施。

# 教學領導

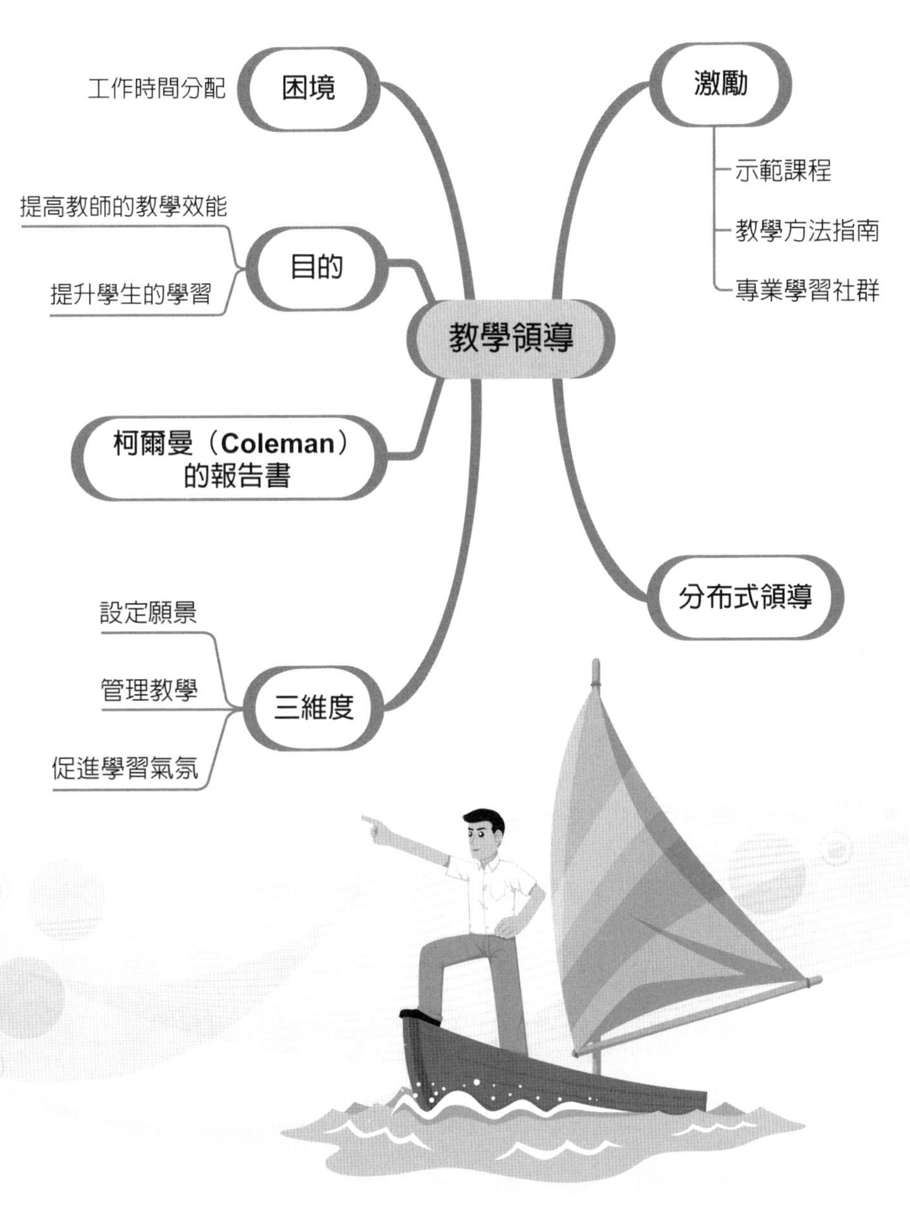
教學領導
困境
工作時間分配
目的
提高教師的教學效能
提升學生的學習
柯爾曼（Coleman）的報告書
三維度
設定願景
管理教學
促進學習氣氛
激勵
示範課程
教學方法指南
專業學習社群
分布式領導

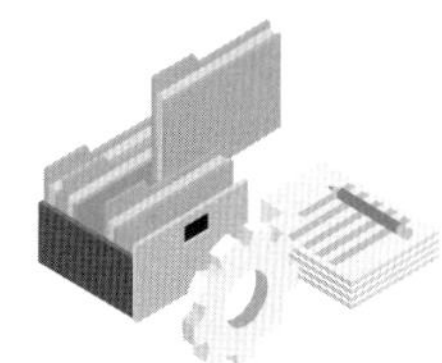

# Unit 1-23 混沌理論

## 壹、代表人物

法國數學家 Henri Poincaré 在 19 世紀末發展混沌理論（chaos theory），他試圖創建模型來預測太陽系內物體運動。科學家們利用 Poincaré 的洞察力，發現其他類似的可用微分方程描述現象。Edward Lorenz 是該領域的先驅，他在 1961 年分析天氣資料，並注意到所產生模式，以前歸因於隨機性或簡單錯誤，可用這樣的方程來描述對條件的微妙初始的敏感差異，但 Lorenz 注意到天氣波動包含潛在秩序（Blount, 2006）。

## 貳、蝴蝶效應

1961 年 Lorenz 研究一個不超過十二個參數構成的天氣系統模型時，意外地發現這個原理。他希望對某組結果進行審查，於是從列印的檔案中手動重新輸入這些參數值，並在中途再次啟動模擬。但電腦做出的新預測與生成第一個系列有很大的不同。在排除機械故障後，透過重新輸入參數起始值，他將小數點從五位截斷到三位，Lorenz 認為在一組方程式輸入的小差異會導致同樣小差異結果，但在一個複雜或混亂的運動系統中，初始條件極小變化會導致巨大差異的結果，此特性被稱為「蝴蝶效應」（butterfly effect）（Judkins, 2006）。Lorenz 原本在研討會上用海鷗說明上述現象，但主持人認為海鷗太大，建議改用蝴蝶，這種非線性動力學行為，既不規則又振盪（Brown, 2004），此效應說明初始條件的敏感依賴和相位偏移（phase shift）的現象（Morrell, 2005）。一隻蝴蝶在地球一側拍打翅膀可能導致另一側發生大風暴（Chesters, 2005），雖然有點匪夷所思，畢竟一事件和另一事件間之關係是非線性和不可預測的，但它們間的聯繫是因為兩者都具有潛在秩序系統的一部分（Blount, 2006）。

## 參、新興管理理論

混沌理論（chaos theory）是關於極簡事物如何產生極複雜結果，這些結果僅看部分是無法猜到的。混沌理論指出事件很少被控制，但在這些現存的事件中卻隱藏著行為模式，這些模式是可預測性的最不穩定系統（劉世閔，2021）。混沌理論探索簡單系統或實體，如何在動態相互關係和社會系統內產生複雜的非線性行為。Priscilla Murphy 發表文章〈混沌理論作為管理問題和危機的模型〉，推測混沌對那些不可預測公共關係領域的影響（McKie, 2005）。

## 肆、特徵

一、**偶然性：**Lorenz 偶然發現混沌理論描述某些動態、非線性系統在特定條件下的運動（Judkins, 2006）。混沌理論描述存在於一些看似隨機事件中的潛在秩序的數學概念，已被教育領導學者們用作理解學校社會狀況的隱喻或模型。有時也被稱為「確定性混沌」，混沌理論探討用微分方程描述看似簡單的現象是如何產生複雜的、不可預知的行為（Blount, 2006）。

二、**複雜性：**混沌理論探討簡單系統或實體，如何產生複雜的非線性行為。複雜性理論考慮複雜現象或實體，如何產生明顯的簡單行為。當大量實體開始共同運作，形成自組織系統時，複雜性理論就開始發揮作用（Blount, 2006）。混沌理論指出非線性系統以複雜方式對回饋作出反應。這種對初始條件的極端敏感性被稱為蝴蝶效應（亞洲的蝴蝶搧動翅膀可能最終改變佛羅里達州的颶風走向）。混沌理論為對整體或系統分析感興趣的評估人員，提供了一個理論框架。複雜的回饋過程取代了事件的線性因果鏈，強調對社會系統內利益相關者和實踐之間的動態相互關係的考察（Freeman, 2005）。從 1987 年物理學家 James Gleick 和 1993 年 Lorenz 的作品來看，混沌理論奠定後現代管理科學的基礎，這種科學是模棱兩可難測的，為關於非常簡單事情如何產生非常複雜的結果（Barbour, 2006）。

三、**不確定性：**混沌理論最重要的貢獻是拓展理論論述的範圍，將不可預測性和非線性與潛在秩序結合起來（Blount, 2006）。關於不可預測性的混沌理論，同時也是關於即使在最不穩定的系統中的可預測性（Barbour, 2006）。混沌理論指的是一種具有非線性動態的行為，既不規則又具有振盪性。它在數學上與某些非線性確定性動態模型相遇，在這些模型中，無論模型持續運行多長時間，超時行為的模式都不會重複（Brown, 2004）。

## 伍、運用

Judkins（2006）指出，雖然混沌理論被描述為實驗數學的分支，但它對許多其他研究領域具有重要意義。所謂的蝴蝶效應是指微小差異引起巨大變化的研究，從生物學、物理學到商業和社會學，它在視覺上證明了 Lorenz 的圖是蝴蝶的形狀，實則電腦可以生成能夠為經驗研究提供訊息的虛擬研究（McKie, 2005）。混沌理論所描述某些現象的最終不可預測性意味著學校領導必須放棄對學校環境完全控制的嘗試，而是尋求更好地理解和接受其固有的不可預測性。混沌理論是一種隱喻，它促進對百年歷史教育領導領域的新理解（Blount, 2006）。正是因為混沌理論的研究領域通常以複雜的非線性系統為特徵，所以社會科學可以從混沌理論中受益匪淺。

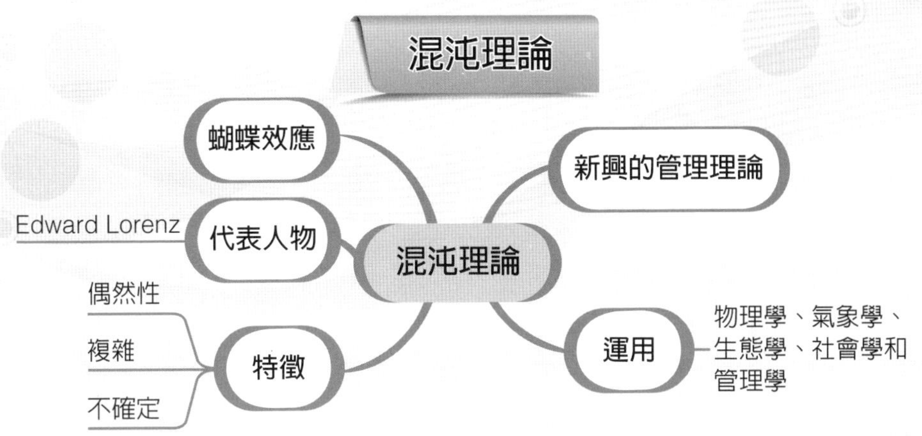

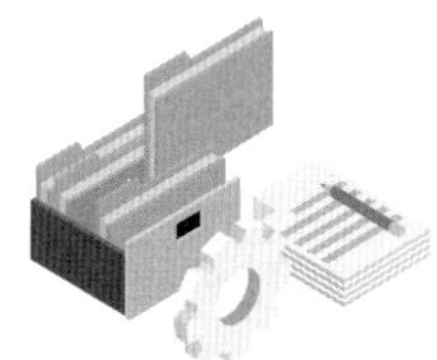

# Unit 1-24 組織文化

## 壹、代表人物

Schein 在《組織文化與領導》(*Organizational Culture and Leadership*)一書，將組織文化描述成團隊在解決外部適應和內部整合問題時學到共享基本假設的模式。Schein 是組織文化的代表人物之一，主張改變現有文化必須創建新文化才需要正式領導。文化是動態歷程，由其他人互動產生，並由領導行為推動，包含一套指導和約束行為的結構、慣例、規則和規範(Schein, 1985; Schein, 2004)。組織文化是特定群體處理外部適應和內部整合問題中發現或發展的基本假設模式。它表達受外部環境影響的組織價值觀，但也是個獨立的文化系統(Dauber et al., 2012)。

## 貳、意義

人有人格，如同組織有組織文化，組織文化是組織所有成員反映共享信仰、假設、價值觀、規範、藝術品、符號、行動和語言模式的集合，有助於其成員理解組織運作。文化是一種獲得的知識體系，對它的解釋和理解提供了組織特性和成員之間的共同認同感。組織文化影響著人的行為、動機、知識轉移、團隊工作、協作和組織領導，有助於其成員理解組織運作，為其成員提供方向。傳達信仰、價值觀和規範的文化表明群體成員受到尊重和公平對待，會影響這些成員的特定態度和行為，包括幫助行為和表現及降低缺勤率。

組織文化是組織成員為他們提供組織內行為規範的共享價值觀、信仰模式和規範(Deshpandé & Webster, 1989; Dodek et al., 2010; O'Reilly et al., 2014)。它存在於組織內部、普遍持有、相對穩定的信念、態度和價值觀(Williams et al., 1993)。組織文化是組織的心理資產，被視為整體，由歷史決定、社會構建且難以改變。一個組織文化可以是強勢的、弱勢的、功能的或是障礙的。在一個具有悠久歷史的組織中，故事和英雄可能更強烈地反映其價值觀(Encyclopedia Britannica, n.d.)。

## 參、三要素

一、**人工製品：**是文化的視覺和有形表層，包括標識、品牌和機構的物理設置(Joseph & Kibera, 2019)。Schein(2004)主張人工製品包括服裝、組織結構和儀式。信念和價值觀是有意識的，並透過影響組織有效性的管理實踐來體現。Schein(1985)認為信奉的價值觀會影響人工製品，反之亦然。

二、**擁護的信念和價值觀：**文化起源可在組織領導人的基本性格的價值觀和個性中找到(Schein, 1985)。組織文化被視為組織規範的共識，這些信奉的價值和信仰，透過信念、價值、故事、符號、傳說、規範、傳奇、儀式、期望、口號、軼聞等傳輸給組織成員。價值觀是社會構建指導行為的原則，透過口頭和聲音的目標、理念和策略反映出來(Joseph & Kibera, 2019)。

三、**潛在假設：**組織文化是創新成功和組織績效的關鍵，但假設是無法直接觀察到的，它們是文化的大腦層面，假設是管理者和員工用來理解環境的心理模式(Harris, 1998)。潛在假設也稱基本假設，是組織成員共享基本假設和信念，Schein 聲稱領導者所做唯一重要的事就是創造和管理文化（O' Reilly et al., 2014）。組織文化的假設是種潛在的、難以觀察，卻理所當然的存在的信念。

## 組織文化

### 組織文化（一）

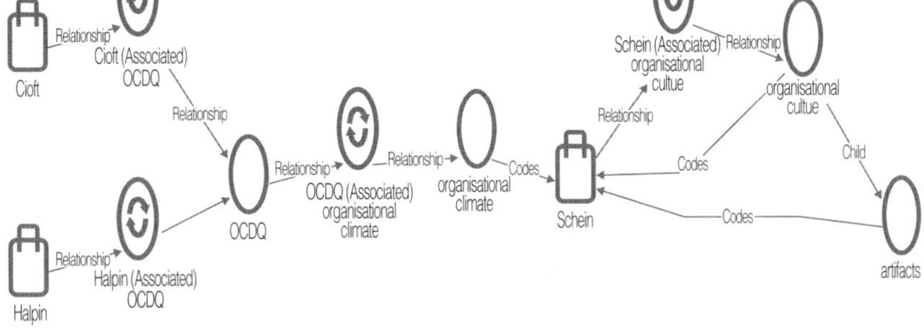

Cioft
Relationship
Cioft (Associated) OCDQ
Relationship
Halpin
Relationship
Halpin (Associated) OCDQ
OCDQ
Relationship
OCDQ (Associated) organisational climate
Relationship
organisational climate
Codes
Schein
Relationship
Schein (Associated) organisational cultue
Relationship
organisational cultue
Codes
Child
artifacts
Codes

### 組織文化（二）

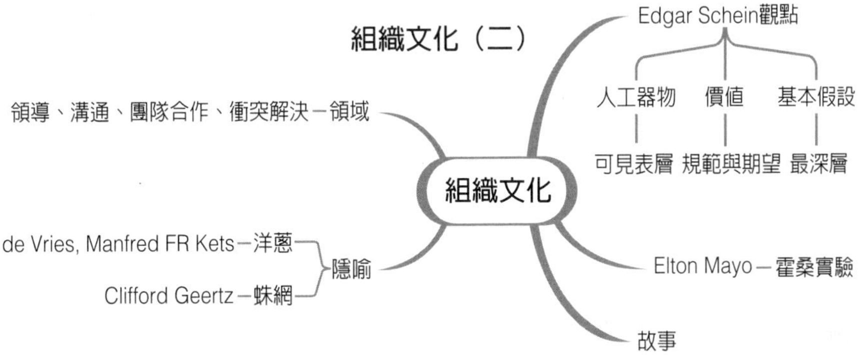

組織文化
Edgar Schein觀點
人工器物
價值
基本假設
可見表層
規範與期望
最深層
領導、溝通、團隊合作、衝突解決－領域
de Vries, Manfred FR Kets－洋蔥
Clifford Geertz－蛛網
隱喻
Elton Mayo－霍桑實驗
故事

### 組織文化（三）

組織文化
領導者要創造和管理文化
代表人物Schein
潛在的假設
無意識的思想
信念
期望
理論
擁護的信念和價值觀
正式的組織實踐
戰略
目標
政策
非正式的實踐－隱含的規範
人工製品
故事
儀式
安排
語言

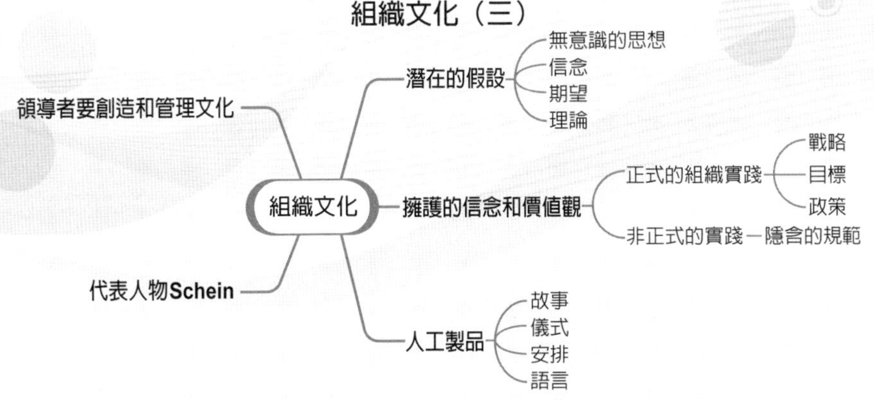

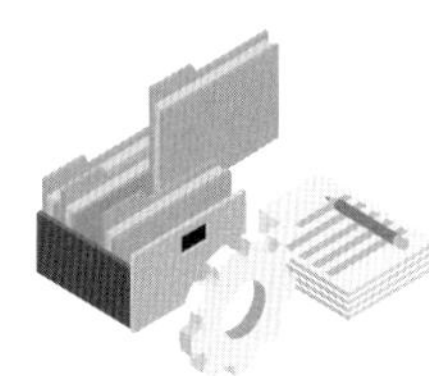

# Unit 1-25 視訊教學





視訊教學是教學方式之一，隨著疫情越來越嚴重，視訊教學方式也益受重視，其產生的優缺點，也因各國、各校的因應，對校園師生產生莫大衝擊。

## 壹、COVID-19 帶來的衝擊

COVID-19 疫情時代，產生不確定的未來，為避免人群群聚，各國紛紛採取視訊教學，此方式突破固有教室疆域，超越時空限制，也引發資安與數位落差問題。

## 貳、視訊教學的方式

自 2020 年起，為了避免人群間相互感染，疫情改變傳統上課方式，很多學校管制上課活動、停課或關閉，但停課可能造成學校裁員。因此線上授課成為必要，視訊教學也稱為線上學習、數位學習（e-learning）、電腦學習、網際網路學習、基於網絡的學習等，結合電子媒體、資訊通訊科技（Information and Communication Technology, ICT），和網際網路的教育方法（Beniczky et al., 2020）。疫情下，各校大致採取實體、完全線上（fully online）和混合（hybrid）等教學方式（劉世閔，2021），使用視訊教學時，老師須同時兼顧電腦畫面、麥克風與簡報，學校除要有硬體設備外，學校行政與師生們的心態是視訊教學成功關鍵。它改變傳統教學生態，使電腦成為另類教室，網路成為教學媒介，無遠弗屆的網路讓視訊教學無所不在。

## 參、視訊教學的優缺點

劉世閔（2021）指出，視訊教學的優點在於就近學習、教學成本因建置後逐步降低、可產學合作並在家學習。其缺點因資安、數位足跡也可能洩漏數位隱私，及頻寬、軟硬體設備造成城鄉差距。也就是說，視訊教學改變傳統實體授課方式，師生也須因應疫情下的改變。

## 肆、視訊教學常見的平臺

由於疫情越趨嚴峻，許多國家均用數位平臺供學校參考，例如：Cisco、Duo、Facetime、Hangout、Line、Meet、Teams、Webex 和 Zoom 等（如右頁圖），它們的速率、頻寬及人數上限有不同的規定，也因各國的處置，造成學習習慣的差異，進而造成師生角色的徹底改變，師生宜具備視訊學習素養，轉化數位教材能力，才不會在漫長的疫期中，淹沒在數位學習的潮流中。

## 伍、視訊教學的問題與省思

視訊教學方式由於是透過線上進行的，鏡頭下師生究竟從事何種活動，可能影響學習的效用。視訊教學常有下列情況：

一、**藏鏡人：**只有聲音不見影像。

二、**忘關麥克風：**出現不該出現的聲音。

三、**影在人不在：**只現大頭貼，不見人在線。

**四、教師點名後最常見的三情況：**「老師請重複您的題目」，剛剛去上廁所與網路不穩定。

科技帶來便利，特別是疫情嚴峻下，視訊教學成為「停課不停學」的最佳寫照，這樣的教學方式突破時空的限制，改變教學的行為，但這樣的方式，也擴大城鄉差距，造成更嚴峻的數位落差。

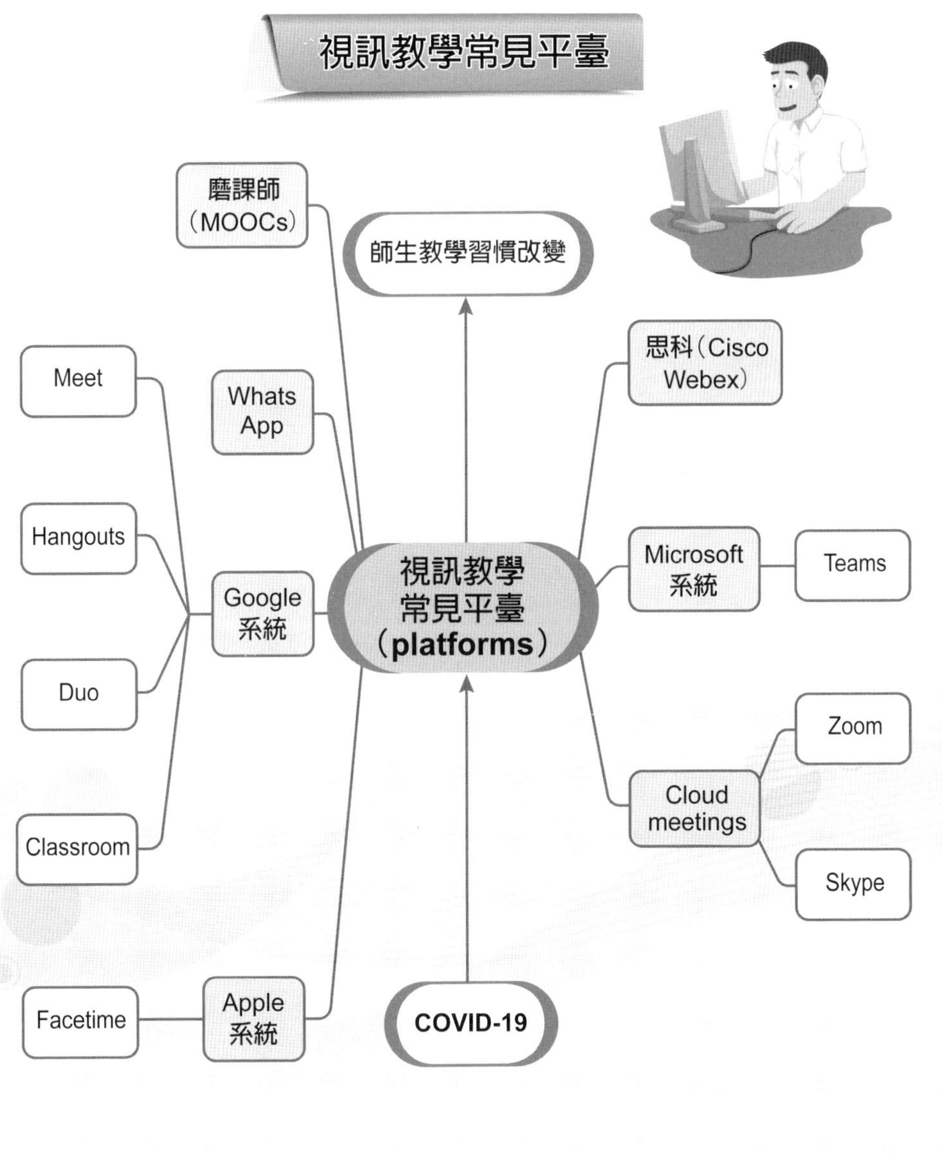

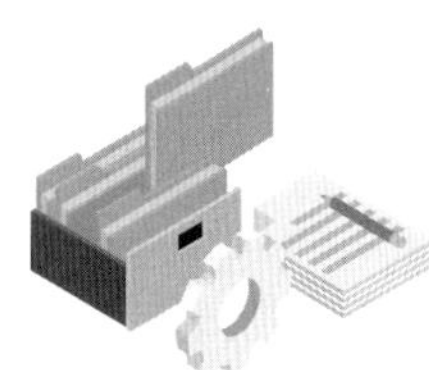

# Unit 1-26 腦力激盪術

## 壹、創始人

腦力激盪術也稱為頭腦風暴術，可激發創意、強化思考而設計出來的方法。由美國一間廣告公司創始者 Osborn 於 1937 年所創。

## 貳、定義

腦力激盪術可被視為產生概念和想法最簡單和流行的技術之一，它雖是種古老方法，卻是團隊探索解決問題或項目新方法最廣泛採用的技術，被視為一種用於產生多元想法和概念，以便為特定問題提供解決方案的策略（Hassan, 2019）。

## 參、五大特性

### 一、不受限制

突破性研討會，透過不受限制的心理狀態，蒐集意見，從不同角度探索。

### 二、集體創造

腦力激盪和創造力，利用集體思考相互討論的方式，激盪思考創意，強化思考力。腦力激盪涉及分離的想法和剛性想法選擇與組合部分（Osborn, 1953）。以小組或個人為基礎進行討論。

### 三、微觀情境

微觀發想，腦力激盪術透過小組聚會的集思廣益，鼓勵小組進行腦力激盪和識別過程之後，整個小組將各小組列表合併並確定了優先級，焦點小組成員提出了自己的觀點和建議，以逐步調整評估框架，作為創造力領域重要技術。

### 四、流暢思考

腦力激盪具有流暢性、靈活性和獨創性，是培養學生增進流暢思考的方法，產生的多元主意。許多關於發散思維和腦力激盪的實證工作都集中在流暢性或想法的數量上，作為評估想法產生的主要方法（Rogelberg, 2007）。

### 五、評估創意

由參與會員自己評估這些創意發想，並從中挑選出解決問題的方法。

## 肆、六頂思考帽

與腦力激盪術類似的還有六頂思考帽，這種技術由 Edward de Bono 所創，是指六種不同顏色帽子，每種具有不同的思考任務，用以解決毫無頭緒地胡思亂想的困擾。一、白色（客觀）：象徵客觀的事實與數據。二、紅色（直覺）：代表情緒的感覺、直覺和預感。三、黃色（正面）：代表樂觀、希望與正面想法。四、黑色（負面）：考量事物的負面因素。五、綠色（創意）：代表創意與創造性新的想法。六、藍色（統整）：代表思維過程的控制與組織。

## 伍、四原則

Miller 等人（2011）指出，腦力激盪可透過遵循下列規則來克服障礙：

一、**延遲判斷：**歡迎所有想法，在產生想法時避免評估想法。

二、**力求數量：**想出各式解決問題的所有常用方法，然後推動考慮新選擇。

三、**尋求瘋狂和不尋常的想法：**想法越瘋狂，選擇的機會就越大。

四、**建立在其他想法基礎上：**想法可能會引發其他構建、組合和改進想法。

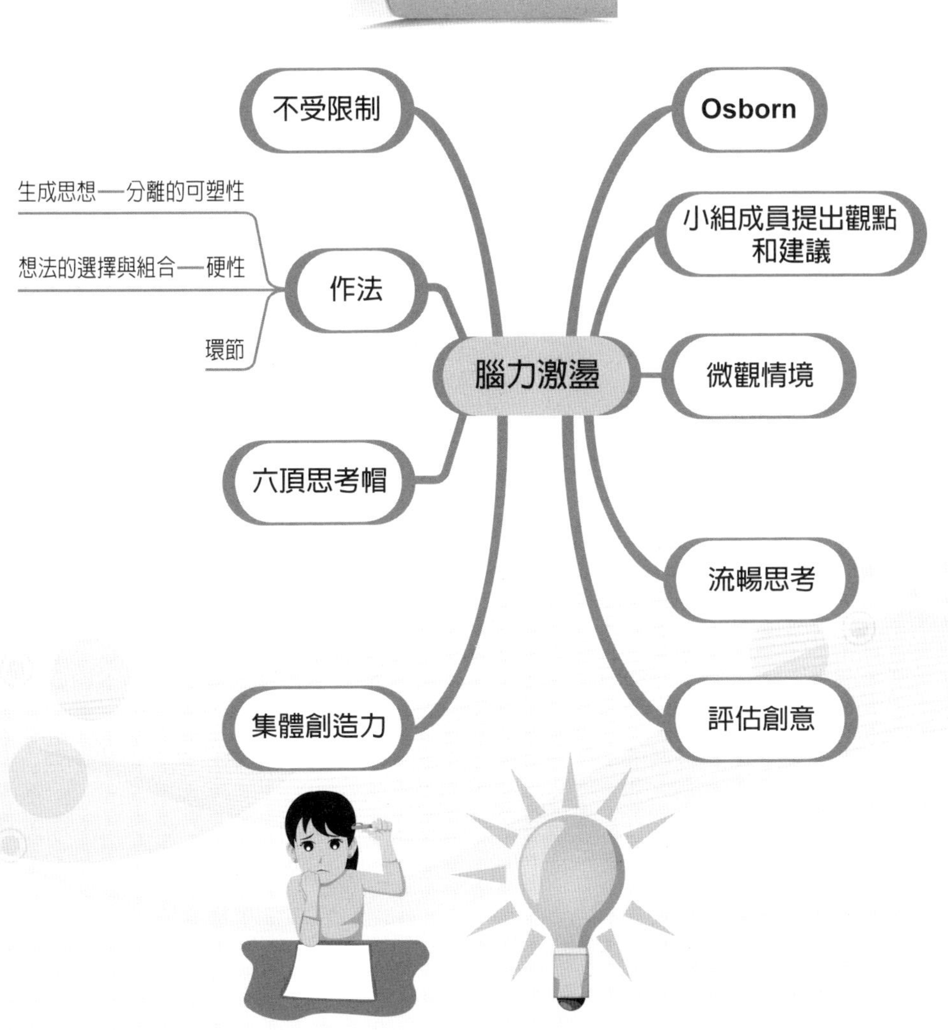

# Unit 1-27 實驗教育

## 壹、家長選擇權

未成年者的教育權利應歸屬何者？1948 年巴黎通過《世界人權宣言》第二十六條第三項：父母對其子女所應接受的教育，有優先選擇權。若學校只有公、私立，這樣二擇一的選項是限制性的。學校若無法提供家長最佳選擇，起碼能根據其自主意識的選擇，如此權利在美國稱為選校權（school choice），在英國則稱為家長選擇權（parental choice）。

## 貳、新右思潮

1988 年後，新右（New Right）思潮興起，學校由政府公辦或規劃開始鬆綁，英、美紛紛賦予學校更大彈性，以市場化激化教育品質，具體措施如教育券、開放註冊、家長選擇權等，促使學校人事、經費、課程與管理更自主。

## 參、國際實驗學校類型

一、**磁石學校**：以特殊（例如：STEAM）及加強課程（音樂、戲劇等）為號召，不受學區限制，吸引跨學區的家長或學生。

二、**美國特許（契約）學校**：可運用政府經費獨立辦學，可不受地方教育行政例行性規範，擁有較大教學自主空間與人事任用權，類似公辦民營學校。

三、**英國的撥款支助學校**：是英國 1988 年由柴契爾政府通過設置的，接受中央教育部（Department for Education, DfE）補助，不必受地方教育局的管轄，後期轉型為學院（academics）與地方支助學校（maintained schools），擁有自聘教職員與自負招生之責。

四、**蒙特梭利學校**：由義大利女醫師蒙特梭利所創，幼兒在三歲後學習閱讀，重視混齡教學，適用幼兒教育階段。

五、**華德福學校**：Rudolf Steiner 是華德福教育創始者，他於 1919 年在德國一家香菸工廠創辦，學校重視身心靈的人智學（Anthroposophy）為教育終極目標。

六、**探索體驗學校**：強調學習者經過一系列戶外設計活動，讓學習者體驗與冒險，促發其自信心。

## 肆、臺灣實驗學校現況

源自英國夏山學校的森林小學，算是臺灣實驗教育的濫觴，自實驗三法通過後，實驗學校的現況可粗分八類：

一、**蒙特梭利**：如新北市瑞芳區猴硐蒙特梭利實驗小學。

二、**華德福**：宜蘭慈心華德福小學。

三、**生態教育**：臺南虎山實驗小學。

四、**民主學校**：新北市烏來區信賢種籽親子實驗小學。

五、**原住民學校**：臺中市博屋瑪（泰雅族）國小。

六、**探索體驗學校**：嘉義市南興國中。

七、**國際教育**：臺東縣富山國際教育實驗小學。

八、**其他**：臺東縣桃源 KIST 理念實驗小學、初鹿夢想家實驗中學。

# 實驗教育

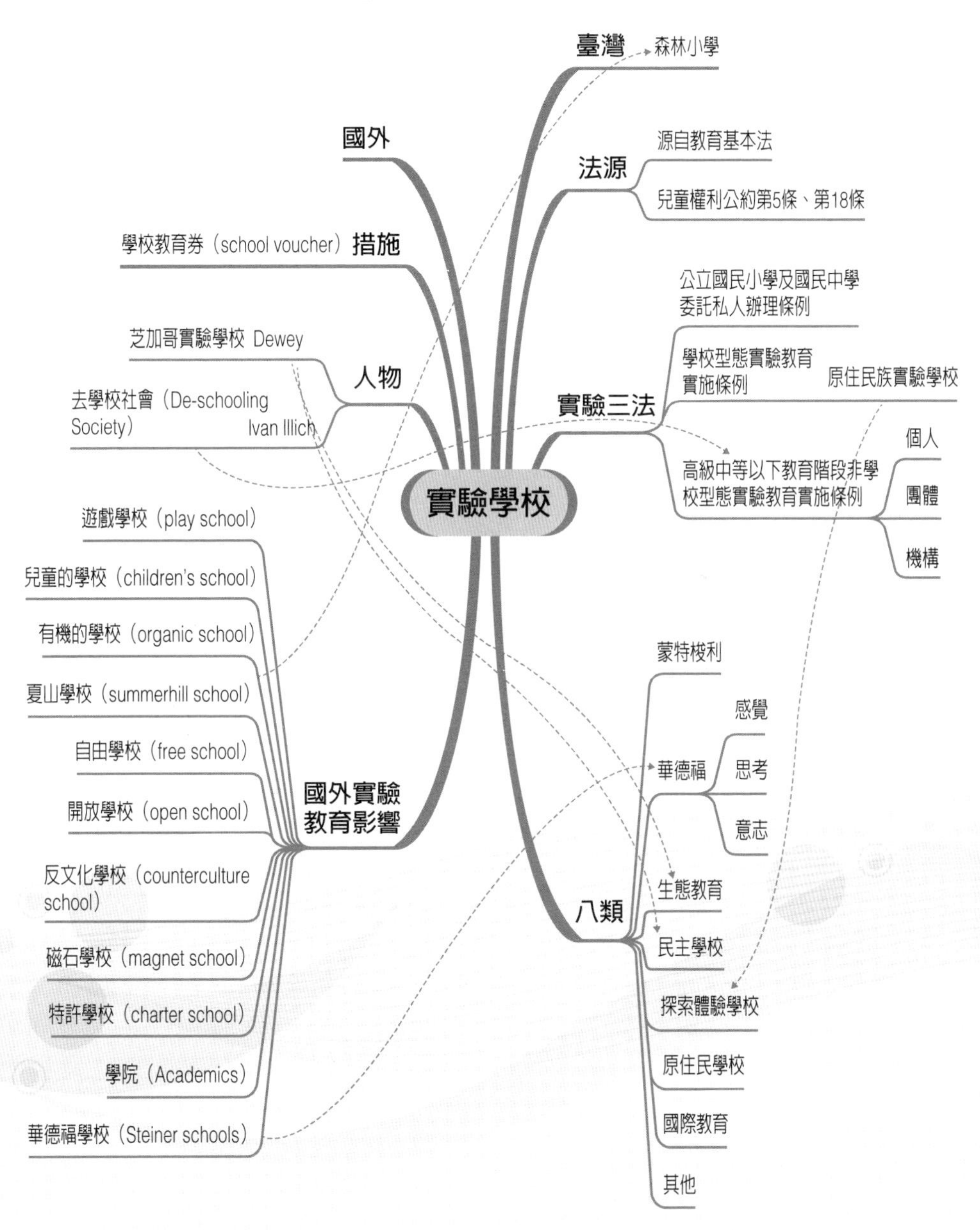
實驗學校
臺灣
森林小學
國外
法源
源自教育基本法
兒童權利公約第5條、第18條
措施
學校教育券（school voucher）
人物
芝加哥實驗學校 Dewey
去學校社會（De-schooling Society）
Ivan Illich
實驗三法
公立國民小學及國民中學委託私人辦理條例
學校型態實驗教育實施條例
原住民族實驗學校
高級中等以下教育階段非學校型態實驗教育實施條例
個人
團體
機構
國外實驗教育影響
遊戲學校（play school）
兒童的學校（children's school）
有機的學校（organic school）
夏山學校（summerhill school）
自由學校（free school）
開放學校（open school）
反文化學校（counterculture school）
磁石學校（magnet school）
特許學校（charter school）
學院（Academics）
華德福學校（Steiner schools）
八類
蒙特梭利
華德福
感覺
思考
意志
生態教育
民主學校
探索體驗學校
原住民學校
國際教育
其他

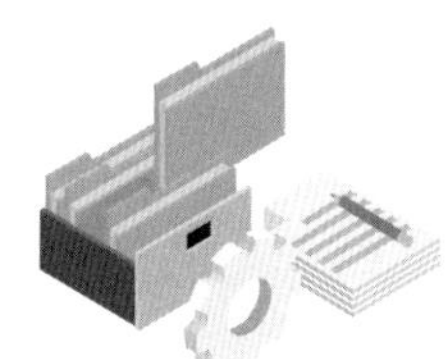

# Unit 1-28 課程領導





臺灣自1990年之後，教育改革著重課程發展與學校本位管理，課程領導成為校長領導內涵的重點。傳統的課程領導觀點將校長視為負責開發和改進學校課程的獨特人員。而課程領導的新理解採用了分布領導視角，認為教師和其他學校人員應參與課程設計的決策過程。

## 壹、代表人物

課程領導的代表人物首推美國 Leo H. Bradley、Linda Lambert、Allan Glatthorn 等人。Bradley 曾出版《課程領導，超越樣板標準》（*Curriculum Leadership, Beyond Boilerplate Standards*）、Linda Lambert 著有《培養學校的領導能力》（*Building Leadership Capacity in Schools*）、Allan Glatthorn 著有《課程領導：發展和實施的策略》（*Curriculum Leadership: Strategies for Development and Implementation*），他們運用領導理論完成課程的任務，認為課程領導強調分享權力、民主參與，領導者與參與者各自發揮自主性。

## 貳、定義

課程領導（curriculum leadership）係指在課程發展過程中，對於教學方法、課程設計、課程實施和課程評鑑提供支持與引導，以幫助教師有效教學和提升學生學習效果（吳清山、林天祐，2001）。課程領導被定義為對創新課程工作的規範理論立場的實際解釋、論證、指導和展示（du Preez, 2020; Henderson, 2010）。傳統校長是行政領導者，現代課程領導視校長為「課程／教學領導者」，他們運用行政資源，針對學校教學方法、課程發展、實施和評鑑提供支持與引導，改善課程和教學，提升教師效能及學生學習成果。

課程領導凸顯學校的自主權和創造性，通過賦予學校一定的許可權和責任來創造性地進行課程改革和課程實施。如此學校就由課程的被動管理者和實施者轉變為課程的主動領導者和創造者，盡可能彰顯教育智慧和實踐能力，最大限度地提高學校課程的品質和水準。從課程管理到課程領導，意在凸顯課程主體在課程實施中的積極能動作用，更新觀念、整合資源、自主創造，進而實現課程的再創新和再發展。

## 參、課程領導與教學領導

課程領導模型有時與教學領導互換使用（Lee & Dimmock, 1999; Ylimaki, 2012），課程領導需要關注正在發生什麼，但更重要的是要關注應該發生什麼（du Preez, 2020），旨在確保學生學習品質，促進教師專業發展，強化教學行為效果提升。課程領導可打破校園科層體制，賦予教師課程領導的權力，教師自身得到改進，貢獻己身知識。教師身分是課程的編制者、創造者、行動研究者與課程實踐教學者。校長則是課程領導者，直接或間接提升教師專業團隊水準。校長需要配合課程綱要，激勵教師課程發展，引導學校課程創新。學校領導者是否理解教學只是課程工作的一個基礎，關於課程領導的問題需要更複雜的、相互關聯的理解（Henderson, 2010）。教學領導的關鍵向度之一是專注於開發和協調有效的學校課程。

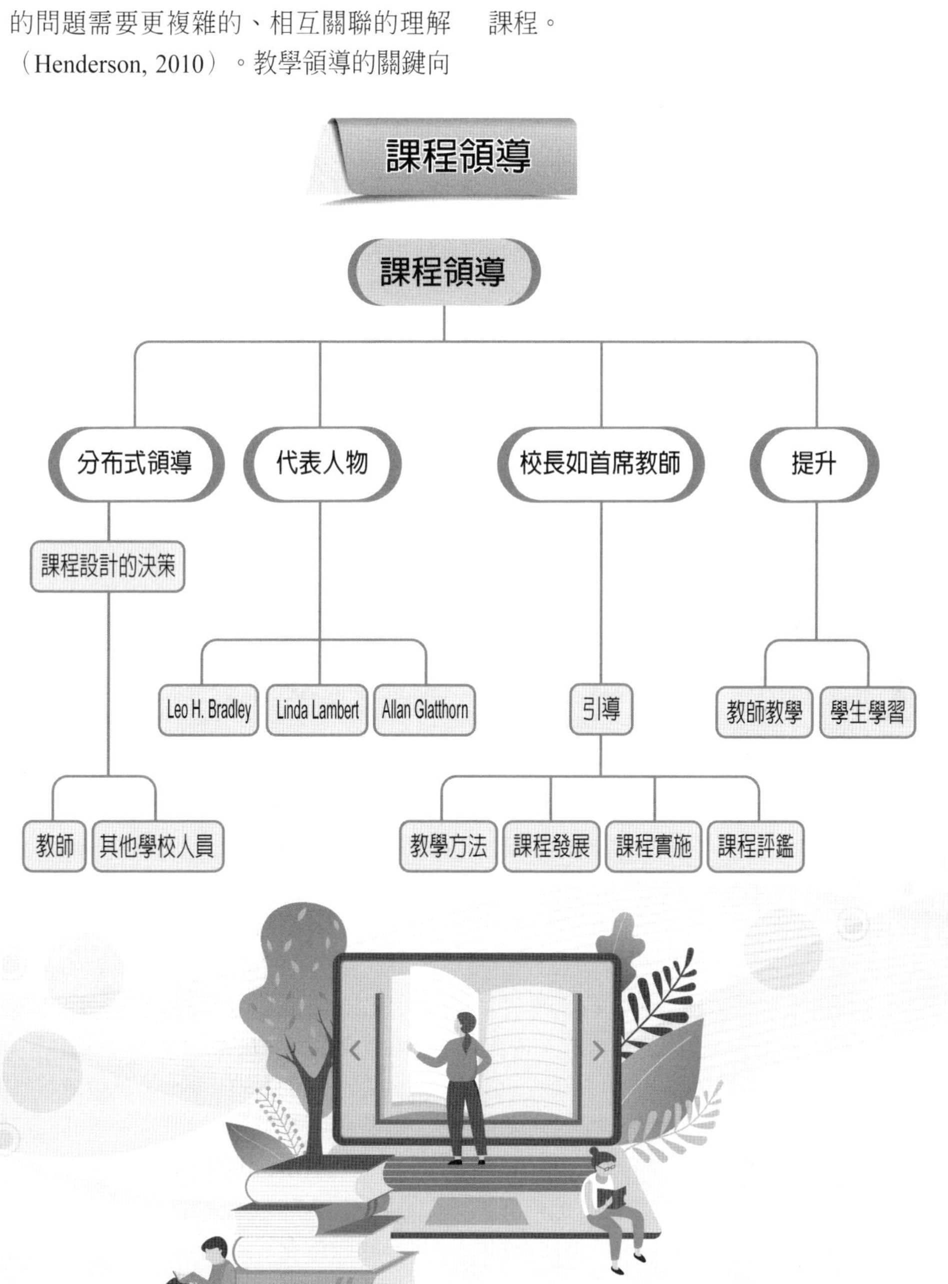

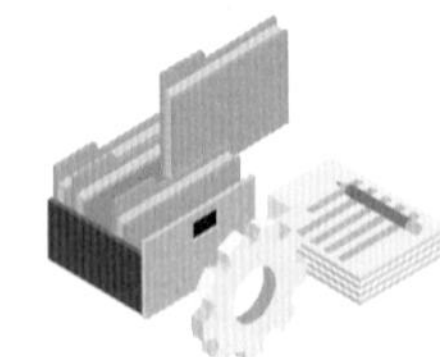

# Unit 1-29 學習型組織





## 壹、創始人

1990年，美國麻省理工學院商學研究所Peter M. Senge博士於1990年出版《第五項修練》（*The Fifth Discipline: The Art and Practice of the Learning Organization*）一書，提出學習型組織的概念，其中建立共享願景（shared vision）則是一種共同的願望理想、遠景或目標的能力，乃組織中人們共同持有的意象（劉世閔，2005）。Senge（1990）認為領導者被認為是學校的學習建築師。

學校要如何成為學習型組織（learning organization）？O'Connor等人（1996）認為回應改革的方式就是創造學習型組織，在學習型組織中，對成功的獎賞要高，對失敗的風險要低，鼓勵人們嘗試新玩意。Senge的書甫出版即名列全美暢銷書，經臺灣郭進隆的翻譯，《天下雜誌》的推薦，立刻洛陽紙貴。

## 貳、第五項修練

學校應建立學習型組織，凝聚共識，促進教師專業成長。劉世閔（2007）指出Senge提出學習型組織理論的核心為五項修練（如右頁圖）：

### 一、系統思考

系統思考（system thinking）係指各種能洞察資訊與事件的關聯性，透過整體的思維結構，以了解組織各種行為的變化過程。它是一套思考的架構，可幫助我們認清整個變化型態，以及確認問題背後真正的形成，使我們能夠有效的掌握變化，而且能夠解釋複雜的情境。

### 二、自我精熟

自我精熟（personal mastery）指出一種個人強烈的願景及追求真理的承諾，提供個人創作和超越的能力，能夠不斷實現個人內心深處最想實現的願望，由於個人的不斷精進，以及強烈的使命感和責任感，促使整個組織的成長與發展，組織中個體需要有希望他們所欲完成的自我知識、自我管控、自我調整與自我超越。

### 三、改善心智模式

修練需要組織成員改善心智模式（improving mental models），心智模式常常根深蒂固，影響我們如何去理解這個世界及如何採取行動的許多假設、成見、圖像與印象。為了改善心智模式，必須反觀自省，透視自己內心世界與感受。

### 四、建立共享願景

修練是建構組織及成員未來的共享願景（building shared vision），組織必須有共價值導向。願景是一種共同的願望、理想、遠景或目標的能力。一個組織有了共同願景，成員才會積極投入，為共同目標而努力，以確保組織績效。

### 五、團隊學習

修練是對團隊學習（team learning）的承諾，與他人聯合訓練是系統思考，需要理解複雜與動態系統工作，因為重要議題的因果係與時空因素相結合。在現代組織中，學習的基本單位是團隊而不是個人，除非團隊能夠學習，否則組織也無法學習。因此，學習型組織強調團隊學習的組織學習活動。

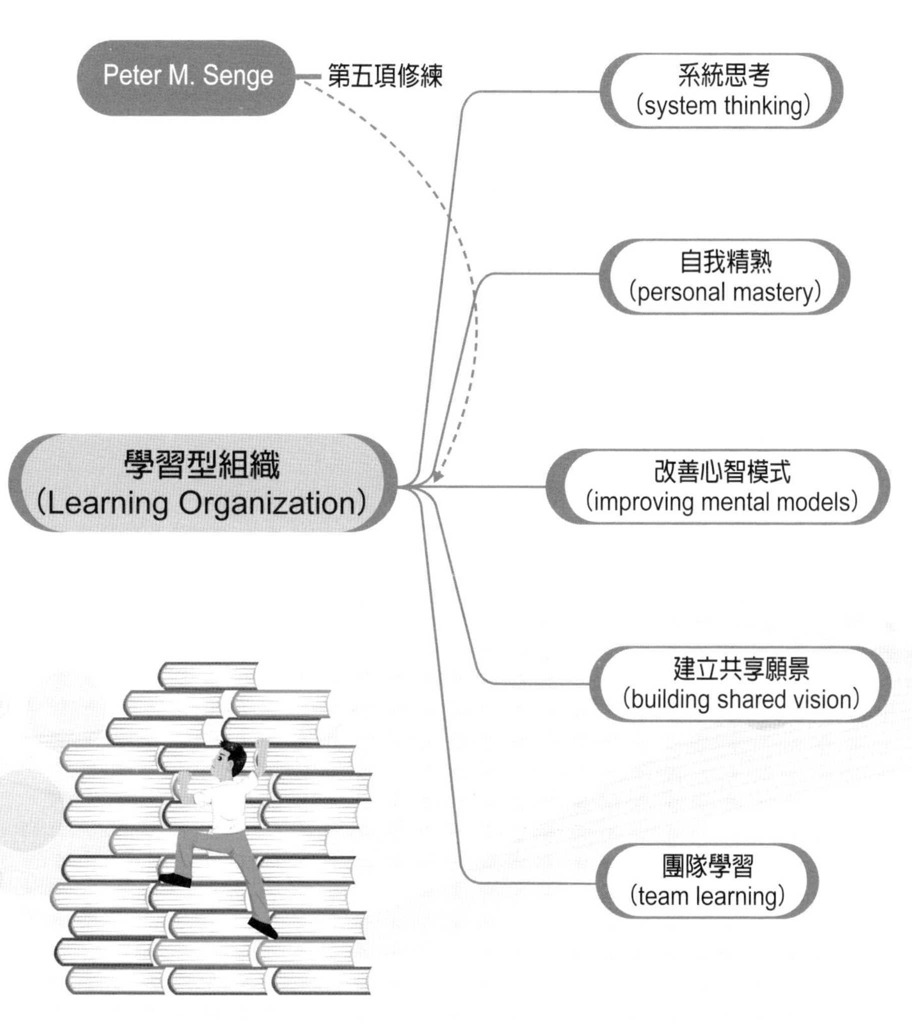

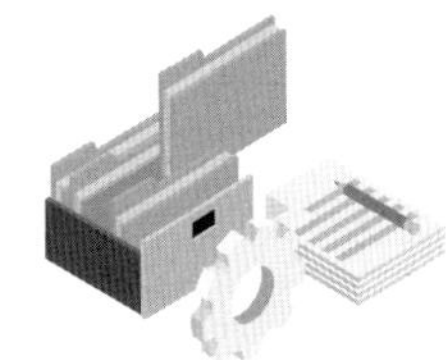

# Unit 1-30 融合教育

## 壹、法源

融合教育（inclusive education）是指有特殊教育需求（special educational needs, SEN）的學生融入普通教育環境，而非轉介到隔離的特殊學校。此趨勢始自 1994 年聯合國教科文組織通過《薩拉曼卡聲明和行動框架》（Salamanca statement and framework of action 1994）（UNESCO, 1994），將融合作為各國政府和非政府組織新規範，而《行動框架》則為學校在教育系統中接納所有兒童的指導。融合教育是繼回歸主流（mainstreaming）後的特殊教育理念，根據學習需要而非身心障礙類別提供特殊教育（Nilholm, 2021）。2006 年聯合國《身心障礙者權利公約》（UN-CRPD）（de Leeuw, 2020），規定融合教育須提供足夠支持措施以滿足學生個別需求（United Nations, 2006），公告後世界各地教育系統都加強融合思維，SEN 學生在普通而非特殊環境中接受教育（Breyer et al., 2020）。

## 貳、融合教育是人權

融合教育是種以 SEN 學生最大利益為中心的價值觀，旨在促進社會凝聚力、歸屬感、積極參與學習，與同學和學校、社區積極互動。UN-CRPD 公約將融合教育視為全球規範的人權，改變不同文化與政策，期盼消弭對 SEN 學生歧視或偏見。

## 參、融合教育的困難

在臺灣，融合教育主張特殊生在普通班安置，減少被貼標籤或隔離，但若執行不當會產生困難，如：普通班教師欠缺專業知能、特教教師角色定位不明、欠缺團隊運作經驗和教學責任劃分、學校行政支援匱乏、家長和學生質疑融合教育成效等（陳淑瑜，2005；賴翠媛，2003）。

## 肆、教師對融合教育的素養

### 一、專業

UN-CRPD 第二十四條規定：人人有接受融合教育的權利（Cologon, 2020），但其主要問題來自教師對融合教育的素養不足，除安置外，還需額外的專業教師和培訓。

### 二、態度

融合教育教師須秉持正向、開放與接納的態度，提供 SEN 學生友善的教育環境。但若無適度安排，他們可能淪為犧牲品（Opitz et al., 2020）。

### 三、認知

#### （一）最小限制

Young 等人（2019）指出，1975 年美國通過《所有身心障礙兒童教育法》（Public Law 94-142），確保所有兒童獲得免費教育且最少限制的環境。

（二）最大適度

身心障礙者教育法（Individuals with Disabilities Education Act, IDEA）提出最大適度（maximum extent appropriate），此概念是指身心障礙兒童在最大程度上，包括在公共或私人機構或其他護理設施中的兒童與非身心障礙兒童一起接受教育。

（三）尊重多樣

融合教育根據其個人能力鼓勵他們，尊重所有學生的多樣性與能力。

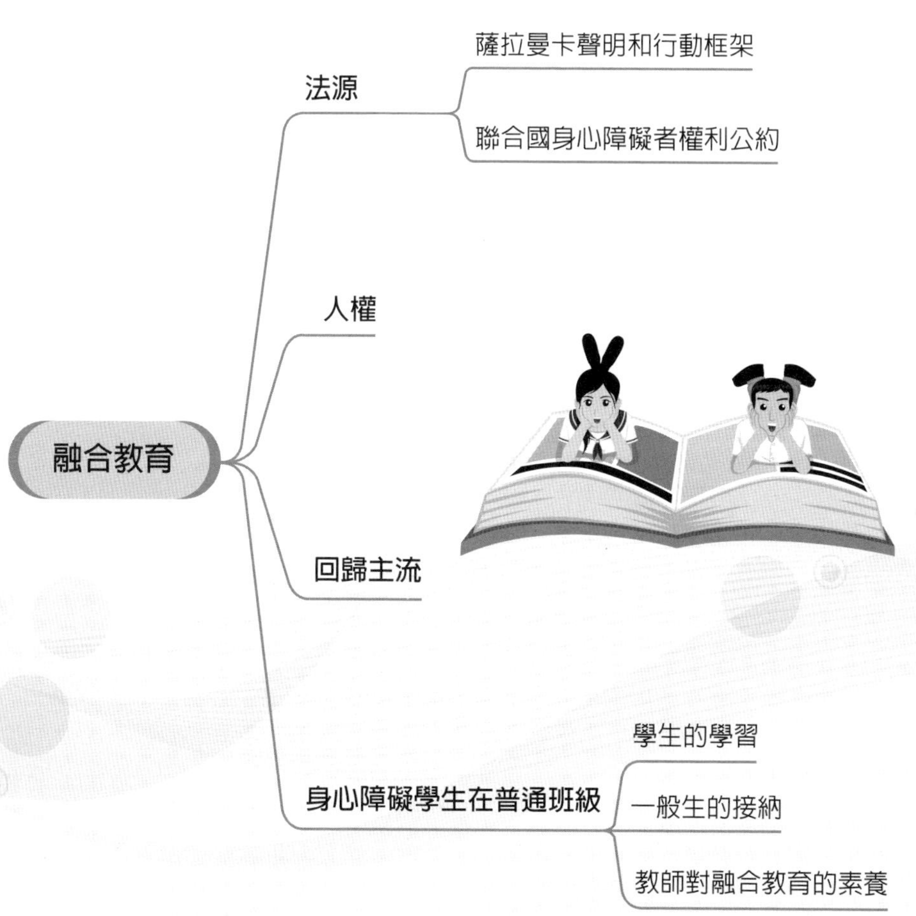

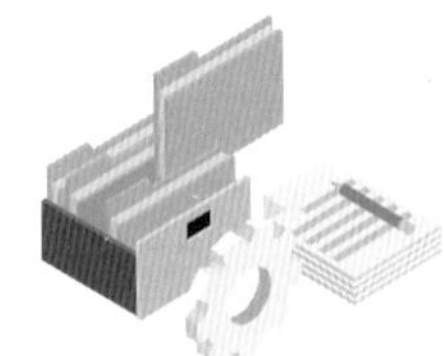

# Unit 1-31 藍海策略



## 壹、創始者

歐洲工商管理學院（法語：Institut Européen d'Administration des Affaires, INSEAD）W. Chan Kim 和 R. Mauborgne 於 2005 年出版《藍海策略：如何創造無競爭的市場空間並使競爭變得無關緊要》（*Blue Ocean Strategy: How to Create Uncontested Market Space and Make the Competition Irrelevant*）一書，他們在巴黎戰略管理學會上首倡，並逐漸在世界各地建立中心（Ahmad, 2010），起初稱為價值創新，後改名為藍海策略，藍海是隱喻，代表新市場。他們合著的《價值曲線》，自 2005 年起銷量超過 400 萬冊。2002 至 2017 年，決定將該理論稱為藍海策略到藍海轉變，用工具設計新市場空間，有遠見的企業領導者應致力於創建藍海策略。

## 貳、紅海策略與藍海策略

以傳統惡性降價競爭為代表的紅海市場，與以「開拓新興市場」為代表的藍海市場形成鮮明對比。藍海戰略關注人的層面，調動組織成員自發性，只是藍海策略已發表超過十七年了，仍有許多組織難逃紅海市場（如右頁表）。

## 參、藍海策略的特徵

一、關注全球趨勢：藍海策略需要與不可逆時間軌跡和全球趨勢保持一致（Fernando, 2017）。二、開發新市場：藍海策略變成一種凝聚力的構架，旨在開發新市場。三、差異化與低成本：追求差異化而不與競爭激烈的大眾娛樂頻道硬拼來確定藍海，創造一些因素的有效組合，使管道提供與眾不同的價值。四、創新和高端產品的專業化：價值創新是藍海策略的基石，奠基在價值創新，新興市場為企業未來的強勁增長和利潤提供一片令人興奮的海洋。五、藍海轉變：藍海策略是種過程模型理論，強調理論如何改變集合體。六、重構主義：藍海策略主張市場邊界和產業結構不是命定的，可透過產業參與者的行動和信念進行重構。藍海策略透過刺激需求帶，擴大現有市場，創造新市場，藍不僅僅是創新，也包含組織活動整個系統的戰略布局（Kim, 2005）。

## 肆、藍海策略的指標

Kim（2005）指出，企業可以跨越六類替代品來創造無競爭的市場空間：一、替代產業：突破產業界線，尋找各種替代品當成創造無競爭的市場空間。二、策略群體：價格和績效定位差異大的群體間，可提供不錯的藍海商機。三、買方群體：買方群體是指將買方效益放第一，提供更好的服務。四、互補性和服務產品：將互補性的產品組合起來，為顧客提供產品套餐，來吸引顧客，增加效益。五、功能／情感導向：跨越針對賣方的情感，重新思考在理性與感性上訴求。六、時間參考點：善用時間成本，掌握藍海時間。

當一個公司或其競爭對手的價值曲線符合藍海策略的三標準：聚焦、差異化和引人注目、能與市場對話的標語時，這個公司就邁向正軌（Kim, 2005）。Zindagi 認為藍海策略中產業元素要經過「消除－還原－提升－創造格局」（eliminate–reduce–raise–create Grid）四框架（Islam & Rahman, 2016），消除、還原無關緊要的元素，提升買方價值元素，創造差異。

**紅海策略與藍海策略之比較**

| 紅海策略 | 藍海策略 |
|---|---|
| 於既有市場空間競爭 | 開創無人競爭的市場空間 |
| 打敗競爭對手 | 讓競爭無關 |
| 開發既有需求 | 創造和獲取新需求 |
| 在價值－成本間權衡取捨 | 打破價值－成本間權衡取捨 |
| 指定差異化或低成本的策略協調公司活動的全套系統 | 同時追求差異化或低成本，協調公司活動的全套系統 |

註：Adopted from *Blue Ocean Strategy: How to create uncontested market space and make the competition irrelevant,* by Kim, W. C., & Mauborgne, R. (2005). p. 18. Copyright 2005 by Harvard Business Review Press.

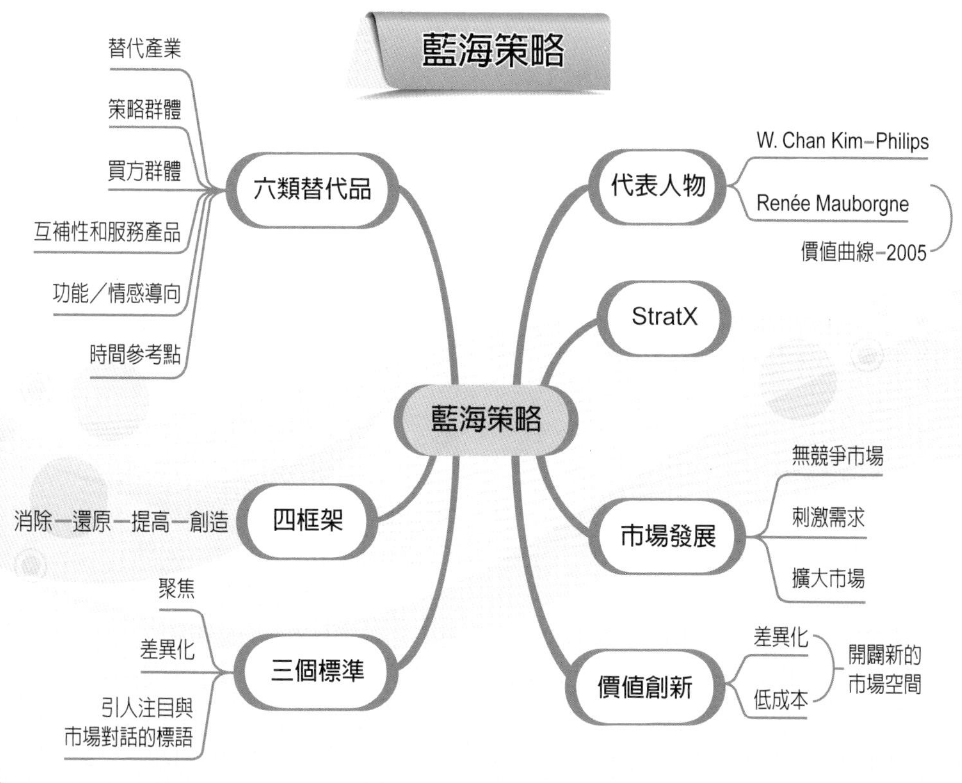


第1篇 理論基礎與政策思維篇

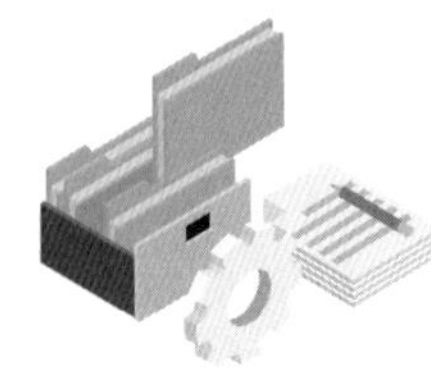

# Unit 1-32 願景領導

## 壹、願景如明燈

願景（vision）是領導者設定目標，基於領導者的價值觀、信念和經驗，在眾多可能性中設定正確的方向，如組織的指南針（Sergiovanni, 1990），可凝聚成員的信念、價值與共識，激勵組織發展。願景領導（visionary leadership）有助於組織成長與發展，讓學校在面臨環境變革時可注入新動力。吳清山、林天祐（2005）認為願景領導係指組織中的領導者建立共同的價值、信念和目標，引導組織成員行為，凝聚團體共識，促使組織的進步與發展。願景領導係指透過組織具體且可行目標，來引領成員完成組織任務的方式。

校長在學校辦學是學校塑造願景的重要角色之一，願景如同領航的明燈，是具體可行且看得見的目標。校長可評估學校內、外部優勢，關係到策略承諾的產生，設定一高遠且具體的目標，協調溝通整合組織成員的信念與價值，形成團隊策略承諾，來激勵組織成員有策略地發展並執行未來的目標，著重在革新、開創、信任、遠見，以促進卓越和支援整個組織的轉型。

## 貳、代表人物

願景領導主要代表人物為Nanus與Bennis等人，在Nanus寫《*Visionary Leadership*》一書中，指出願景加上溝通等於共同目標。在Bennis和Nanus的著作《領導者：負責任的戰略》一書中，創造和執行組織願景是領導者最重要的首位（Duberstein, 2021）。

## 參、內涵

### 一、技巧

Bennis 與 Nanus 歸納四種領導他人的技巧：

（一）設定共同願景，吸引追隨者注意及激發動機。

（二）以形象或隱喻溝通願景意義及價值。

（三）領導者以身作則建立信任關係。

（四）激勵組織成員規劃長期學習發展。

### 二、角色

綜合 Nanus（1992）研究，願景領導者有下列角色：

**（一）方向設定者**：考量學校未來的發展，建立一個令學校師生信服的方向。

**（二）變革代言人**：促進學校成員進行變革，實現願景。

**（三）發言人**：扮演溝通與建立關係網路，負責闡釋、傳達及倡導學校夢想。

**（四）教練**：領導學校成員實踐學校願景，協助建立工作團隊。

### 三、標準

願景領導主要標準包括：

**（一）有遠見的領導力**：領導者激勵、開發和實施對技術進行全面集成的共同願景，以促進卓越並在整個組織中支持轉型。

**（二）改進的系統**：領導者提供數字時代的領導和管理，透過有效利用訊息和技術資源來不斷改善組織。

**（三）長期集體目標**：領導者能夠專注於代表理想主義的價值觀和有意義目標。

願景領導可在團隊中形成更強的共識和承諾，願景領導者扮演多重角色，指出學校的發展方向或信念，用願景凝聚團體共識，來引導組織成員行為，鼓勵成員專注於對策略願景的追求的永續性歷程，將願景轉化為行動，實踐組織目標。

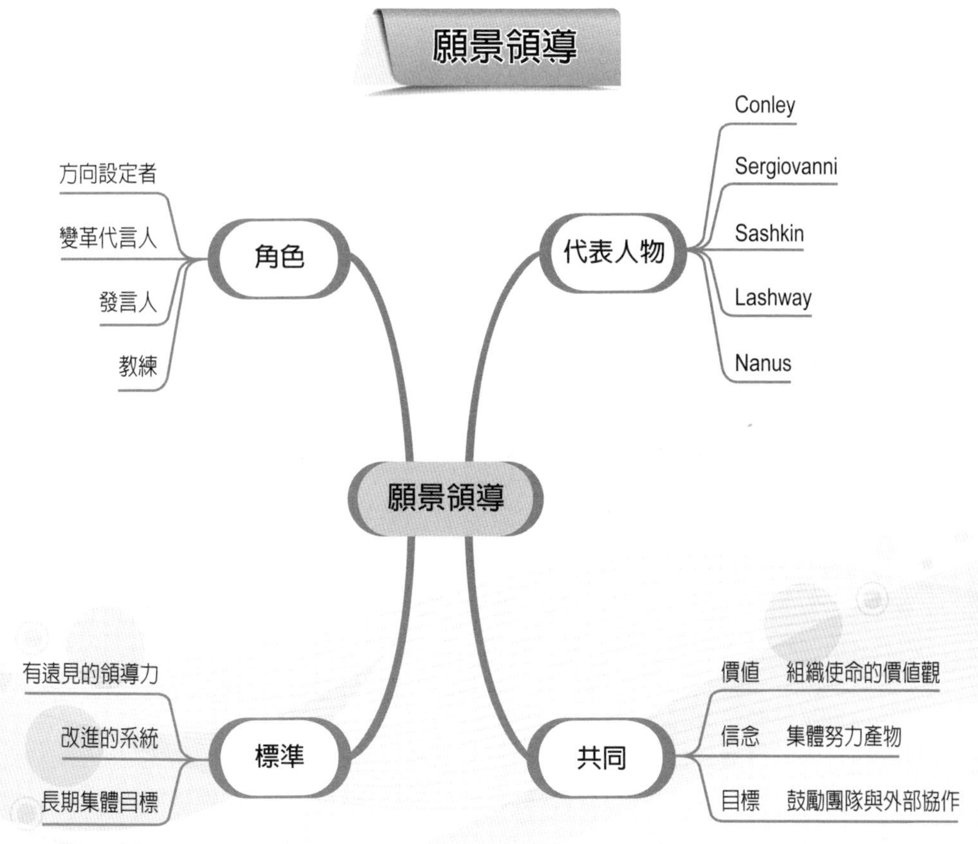

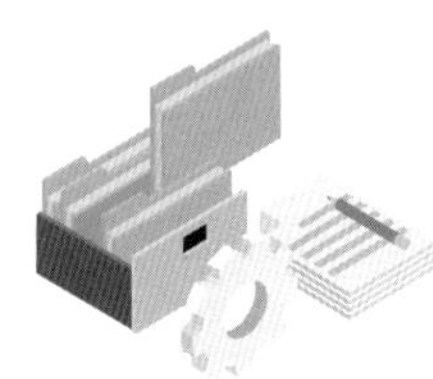

# Unit 1-33 議題融入

「議題」是具討論性主題，十二年國民基本教育課程以核心素養作為課程發展的主軸，並將十九項議題融入各領域，以提升課程銜接性與完整性。

## 壹、十九項議題

一、性別平等教育（性別多樣性、性別權力關係、性別平等價值信念、多元性別差異、性別偏見與歧視、性別人格尊嚴、性別地位實質平等）；二、人權教育（尊重人權與實踐）；三、環境教育（環境危機與挑戰、綠色永續的生活）；四、海洋教育（海洋休閒、海洋社會、海洋文化、海洋科學與永續海洋資源）；五、品德教育（知善、樂善與行善）；六、生命教育（生命價值思辨）；七、法治教育（法律與法治、公平正義）；八、科技教育（科技素養、知識與技能）；九、資訊教育（善用資訊解決問題與運算思維能力）；十、能源教育（節約能源、能源資源永續利用）；十一、安全教育（對環境的敏感度、警覺性與判斷力）；十二、防災教育（防災救災行動態度與實踐力）；十三、家庭教育（提升家庭生活品質與家人的互動關係、關懷家庭成員）；十四、生涯規劃教育（規劃生涯知能）；十五、多元文化教育（文化的多樣性）；十六、閱讀素養教育（運用文本思考、解決問題與建構知識、培養閱讀習慣）；十七、戶外教育教育（友善環境與關懷他人、開拓視野、涵養健康身心）；十八、國際教育（國際社會、國家認同、培養國際與跨文化的觀察力）；十九、原住民族教育（族群傳統文化、語言、部落民族運作制度、保障原住民族文化傳承的集體權利及促進族群間的相互了解）。

## 貳、融入課程

### 一、正式課程

可融入部定、校訂與彈性課程（國小依低、中、高年段，其節數分別為：2 至 4 節、3 至 6 節、4 至 7 節；國中教育階段則為 3 至 6 節）。

### 二、非正式課程

可以藉由專題演講、校慶活動、校際交流、競賽活動、班週會活動、社團活動、戶外教育活動、體驗營或研習營等不同型態之競賽。

### 三、潛在課程

運用校園及教室情境布置，發揮潛在課程效果。

## 參、議題融入的特性、運作與原則

### 一、議題特性

（一）時代性：如國際重要時事，俄烏之戰；（二）脈絡性：議題產生有其脈絡，適當鋪陳有助於議題討論，如應該取消博愛座？（三）變動性：Omicrone 疫情影響全世界，學校應如何因應？（四）討論性：透過互動討論，讓學生對於該議題脈絡更清楚。（五）跨域性：議題設計理念要跳脫學科本位框架，提供跨域學習的機會。

## 二、學校議題發展五階段

（一）成立議題發展諮詢小組；（二）運用各式會議，強化議題理念；（三）借助社會重大事件；（四）校園環境布置；（五）結合各界人力資源。

## 三、教材編選七原則

（一）連結生活；（二）多元觀點；（三）符合平等；（四）隨機加入；（五）運用人物；（六）提供典範；與（七）運用在地習俗、節慶或文化。

## 議題融入

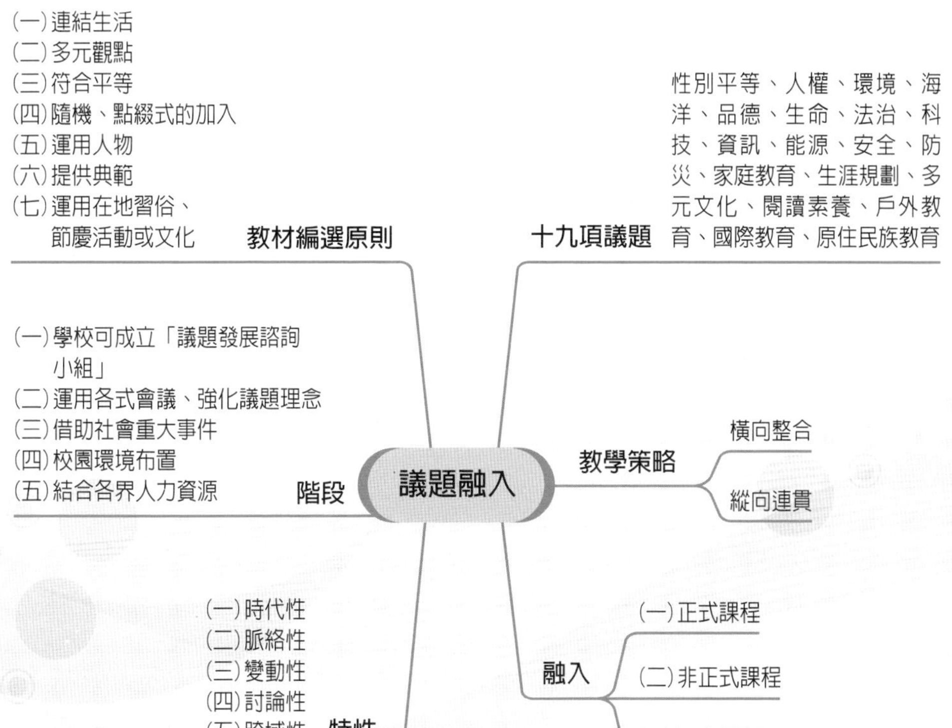

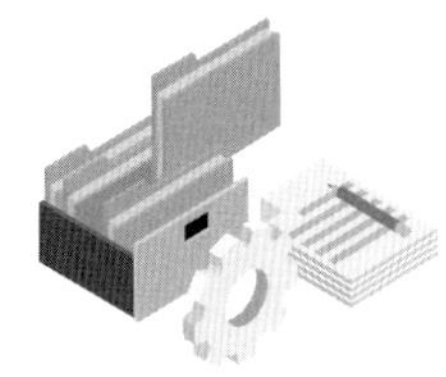

# Unit 1-34 權變理論

圖解學校行政

## 壹、創始者

權變理論（contingency theory）源自卡內基傳統方法，約在 60 年代末 70 年代初流行，伊利諾大學的 Fred Fiedler 教授是此理論先驅，他的想法影響到路徑一目標（path-goal）領導理論。Fiedler（1978）認為追求更好的團隊績效，領導者特質必須與情境因素相匹配。

## 貳、理念

權變理論也稱為情境模式，這個學派的基本假設是組織沒有最佳方法來應對任何不確定的外部情況，也沒有最好的特定方法來解決任何動盪的環境，以維持供應鏈系統，一切需通權達變。權變理論基於以下假設：沒有最佳的策略，任何策略在不同的環境條件下都並非同樣有效的。權變理論著重領導者的風格與工作情境間的交互作用，以了解組織特徵與突發事件之間的關係，透過權變理論的視角討論了情境因素的作用。



## 參、LPC 量表

Fiedler 在 1967 年設計「最不喜歡的同事量表」（The Least Preferred Coworker Scale, LPC），用以鑑別不同的領導風格，以確定領導風格的有效性。該量表考慮成員與領導者的關係、任務和職位權力等類型的決策。LPC 要求領導者考慮選擇一個最難共事的人，用以衡量領導者的領導風格和方向，LPC 量表是雙極性形容詞（例如：快樂一不快樂、疏遠一親近、好一壞、大一小）的準投射測試，此種測試受訪者不知道正在測量什麼。假設是受訪者將他們當時的內心需求和價值觀以及挫敗感反映給導致他們挫敗感的部屬，LPC 分數成功預測最不喜歡的同事與領導者的情境控制相互作用（Ayman & Hartman, 2004）。

Schriesheim 與 Neider（2007）指出，LPC 低分者（63 分及以下），屬於任務導向的領導者；高分者（73 分及以上），屬於人際關係導向的領導者（Ayman & Hartman, 2004）。這個量表說明，當工作明確、領導者擁有權威、領導者和追隨者間存在健康關係時，情況有利且合適。

## 肆、三項關鍵情境因素

Fiedler 被認為是權變理論的先驅，根據 Rubenstein（2005），的說法，權變理論有效領導力取決於三參數：

一、**領導與成員的關係：**指領導者與團體成員之人際關係，是組織成員對領導者的信心、信任與敬重的程度。

二、**任務結構：**工作任務結構的正式化與程序化的程度。

三、**職位權力：**領導者對部屬擁有的權力，促使部屬順從並接受領導之程度。

根據 Fiedler 的說法，這些變量包括上述參數及領導者與成員間關係，反對靜態觀點，顯示了情境、追隨者和領導者之間是相互作用的，領導者所需要的特徵取決於任務、環境和部屬的性質與關係。

# 權變理論

Fred E. Fiedler
最不喜歡的同事量表
（The Least Preferred
Coworker Scale, LPC）
領導者-成員的關係
職權
任務結構
18組雙極性形
容詞（好—壞，
大—小）得分與
領導者的情境
控制互動有關
領導效能的權變模式
（Contingency model of
leadership effectiveness）
關係導向
任務導向
權變理論
依情境通權達變
著作
領導效能理論

# 行政領導與政策推動篇一

章節體系架構

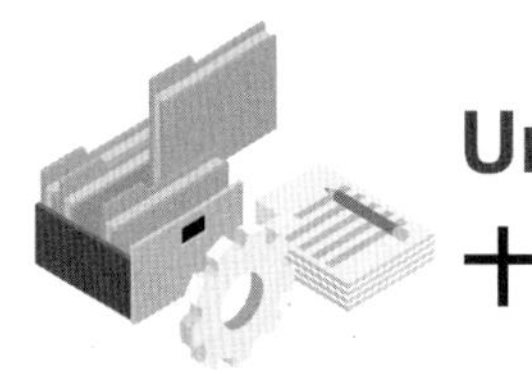

# Unit 2-1 十二年國教



## 壹、簡述

十二年國民基本教育，簡稱「十二年國教」，是臺灣自 2014 學年起實施延長九年國民義務教育基本教育年限，將高中、高職、五專的前三年納入並統整，以提升國民素質與國家實力，並以「全人教育」、「核心素養」為發展主軸。

## 貳、制度

### 一、學制

十二年國教的前九年依《國民教育法》及《強迫入學條例》規定辦理，對象為 6 至 15 歲學齡之國民，主要內涵為：普及、義務、強迫入學、免學費、以政府辦理為原則、劃分學區免試入學、單一類型學校及施以普通教育。

後三年為高級中等教育，依《高級中等教育法》規定，對象為 15 歲以上之國民，主要內涵為：普及、自願非強迫入學、免試為主、學校類型多元及普通與職業教育並行；依家庭年所得總額為 148 萬元以下者，就讀公私立高中採免學費方式辦理；超過家庭年所得總額 148 萬元者，公立高中不補助，私立高中給予定額補助。

### 二、教育改革

十二年國教後三年的銜接分為「免試入學」、「特色招生」，「核心素養」為課程發展之主軸。

#### （一）免試入學

是指不必參加入學考試就可有學校讀，應不採計國中學習領域評量，國中階段做好性向探索與適性輔導，參酌學生性向、興趣及能力，提供進路選擇的建議，學生適性選擇鄰近學校就讀。參加免試入學學生之登記人數，未超過主管機關核定學校之招生名額，全額錄取；超過主管機關核定學校招生名額，依各主管機關訂定適性輔導免試入學作業要點辦理。

#### （二）特色招生

2014 學年度各招生區有 0% 至 25% 學生可選擇考試分發入學（學科測驗），或甄選入學（術科測驗），進入核准辦理特色招生之高中職或五專就讀。特色招生經各主管機關核准辦理特色招生之高中職及五專，為發展重點課程，才能以班級為單位申請，經審查核定方可辦理特色招生。

#### （三）課程主軸

為落實十二年國民基本教育課程的理念與目標，以「核心素養」作為課程發展之主軸，以利各教育階段間連貫，以及各領域、科目間的統整。惟技術型、綜合型、單科型高級中等學校則依其專業特性及群科特性進行發展，核心素養可整合或彈性納入。

# 十二年國教課綱特色

十二年國教課綱特色
十九項議題融入各領域
低年級「綜合活動」融入生活課程
各領域學習階段統一劃分
增設「新住民語文」
素養導向
節數採固定制
明確規範「彈性學習課程」
八大領域
越語、印尼語、泰語、柬埔寨語、緬甸語、馬來語、菲律賓語
閩南語、客語、原住民語
語文、數學、社會、自然科學、藝術、綜合活動、科技、健康與體育

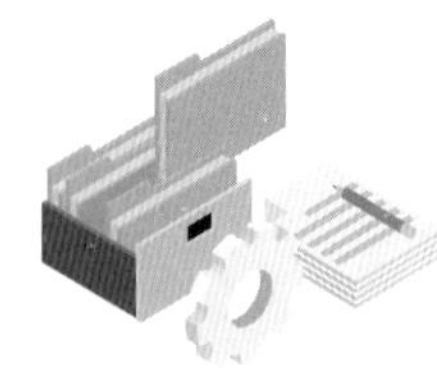

# Unit 2-2 大學多元入學

## 壹、源起

以往聯招成績分發幾乎為高職、五專、高中、四技二專、大學畢業升學的唯一管道。自 1997 年教育部發布《高職免試登記入學方案分發依據成績處理要點》，採計國中三年在校成績占 75%，兩次統一命題測驗成績占 25% 分發入學高職，該學年度入學國中一年級新生為適用對象，2000 學年度升學高職時實施。接續就是在該年一系列的高職、五專、高中、四技二專、大學多元入學方案啟動，即為考量畢業生自身專長與興趣，選擇適當的入學管道，進入適所適才的學校就讀。

## 貳、大學多元入學

2002 年教育部開始實施大學多元入學方案，2004 年多元管道分為甄選及考試入學兩大管道。甄選包括個人申請與學校推薦兩種管道。

甄選入學是避免以單一智育成績作為升學標準，考試入學為延續聯招以考試取才的公平性。考試與招生採兩階段方式進行，第一階段為學科能力測驗（即學測），成績作為大學甄選入學的檢定、篩選和參採工具，未錄取或放棄者可續參加第二階段指定科目的考試；第二階段為指定科目考試（即指考），成績作為選擇志願填卡後，進行各大學的統一分發入學。

2006 年至 2007 年新增繁星計畫，由高中向大學校系推薦符合資格學生，大學提供各地區學生適性揚才機會。後續 2010 年繁星計畫與學校推薦整合成繁星推薦，2011 年大學多元入學管道分為：考試分發、繁星推薦、個人申請。繁星推薦將各高中學生在校學業成績排名百分比視為等值，凡通過大學各學系之學科能力測驗檢定標準者以「高中在校成績百分比」作為優先排比順序，百分比小者優先為大學所錄取，各大學並保障各高中至少錄取一名學生。

2015 年起為改善多元入學制度較難鑑別部分，如具有特殊才能、經歷或成就，如境外臺生、新住民子女、實驗教育學生、持有 ACT 或 SAT 等國外具公信力之入學用大型測驗成績者之學生，以單獨招生方式試辦「大學特殊選才招生計畫」，並自 2018 年度起正式將其納入多元入學管道實施。

## 參、趨勢

大學多元入學方案 2022 學年度起將以「申請入學」為主要招生管道，並強化「多資料參採、重視學習歷程」方式選才，除入學考試成績外，將更重視考生在高中修課歷程及多元表現。

大學多元入學方案納入「特殊選才、繁星推薦、申請入學、考試分發」四個管道，具有多元、兼顧異質、照顧弱勢的特性，企圖以教育制度翻轉社會階層再製的不合理現象，有助於階級流動與改變；若能使各高中達到「均優質且區域均衡」，相信會翻轉各管道招生名額及錄取名額。

## 大學多元入學
## 申請入學、多資料參採

「課程學習成果」
每學年所修習各類課程
所完成的作業、作品成果等
須經老師認證
每學年至多勾選六件

「基本資料」
學生在校
擔任班級與社團幹部等紀錄

「學習歷程」
教育部建置
中央資料庫

「多元表現」
學生參加競賽、檢定、
彈性學習成果
每學年至多勾選十件

「修課紀錄」
學生高中在校
修課內容、成績

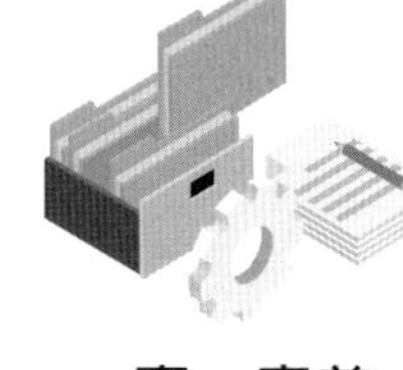

# Unit 2-3 午餐教育

## 壹、意義

通常是指幼兒園、國小、國中、高中等階段，學生在發育期間，由學校供應且重視營養均衡，有蔬菜、肉類、魚類、附上水果或乳品、飲品的營養午餐。學校營養午餐重視整個供需鏈，涵蓋有飲食營養、衛生習慣、用餐禮儀、在地農業、環境永續、政府監督及補助等多種面向的教育內容，以期改善國民營養及健康。

## 貳、目標

為提升國民營養及健康飲食知能，建構支持環境，促進飲食產業健全發展，增進國民健康。中央主管機關應將營養及健康飲食教育之辦理及推動，列入政府機關、學校及幼兒園、醫療、護理、社福長期照顧、托育、早期療育、安置教養及矯正等機構之評鑑或輔導項目。

一、培養良好飲食習慣、適切營養攝取，理解國際及在地飲食文化，明瞭保持健康之知識。

二、了解食材來源、生產消費過程，養成尊重生命及大自然產物，增進環境生態保護意識。

三、增進營養衛生及健康飲食相關知能。

## 參、實施原則

**一、課程整體**

依不同教育對象及地區性，規劃執行不同營養教育課程。

**二、行爲養成**

用餐時間教師指導學習用餐，培養良好飲食及衛生習慣。

**三、合作愛群**

培養團體分組與互助合作，養成正確群體教育生活行為。

**四、善用在地**

廣用在地食材，規劃校本食育課程來強化推動午餐教育。

## 肆、指導重點

### 一、衛生教育

落實餐前標準驗菜及用餐環境衛生準備工作、養成個人正確洗手、餐後潔牙及良好用餐禮儀。

### 二、營養教育

認識六大類食物及攝取量、營養素及其功能、均衡飲食的重要性、不當飲食造成的影響、食品衛生安全及預防食物中毒，並能選用當季及在地食材。

**Notes**

**在地食材**

臺灣有平原、丘陵、高山、海洋等區域地形，以及熱帶、亞熱帶與溫帶的氣候，萬般風華的地理條件，滋養出臺灣在地多元特有的豐沛食材；且順應大自然的節奏，品嚐新鮮食材、物美價廉，不須擔心防腐加工。「吃在地、吃當令」的營養午餐健康觀念應推廣。

## 午餐教育

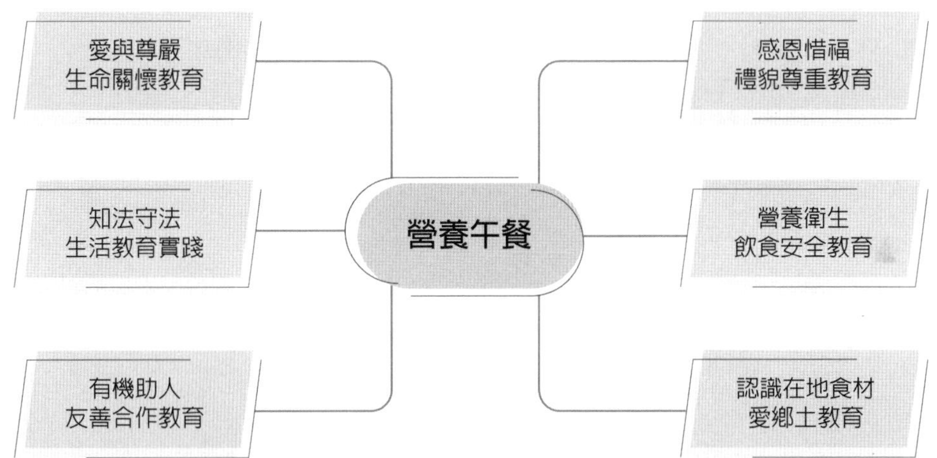
營養午餐
愛與尊嚴
生命關懷教育
知法守法
生活教育實踐
有機助人
友善合作教育
感恩惜福
禮貌尊重教育
營養衛生
飲食安全教育
認識在地食材
愛鄉土教育

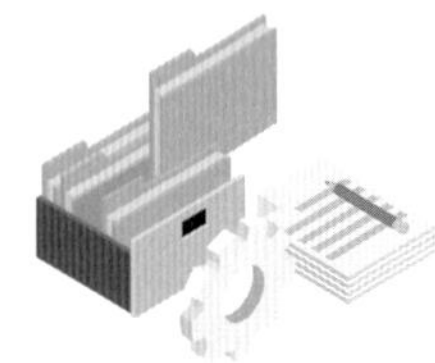

# Unit 2-4 友善校園

## 壹、定義

指學校教育活動能夠建立在：「關懷、平等、安全、尊重、友善」的基礎上，塑造一個溫馨和諧的校園環境，讓學生免於恐懼的自由，使學生能夠進行快樂而有效的學習（吳清山、林天祐，2005）。

## 貳、起源

源於校園老師體罰學生情形普遍，為使學生免於對體罰的恐懼。由中學生權利促進會、永和社區大學、台灣人權促進會、台灣女性學學會、台灣少年權益與福利促進聯盟、勵馨基金會等團體於2003年底發起「友善校園聯盟──終結體罰運動」，期望讓臺灣學生能免除被體罰的恐懼中。2004年4月提出四項訴求：

一、每年4月10日訂為學生日；

二、教育部訓育委員會改名為學生輔導委員會；

三、教育部及各縣市政府應規劃友善校園的政策與具體執行方案；

四、教育部應訂定《學生權利保障法》特定「校園體罰防治」專章，協助教師輔導學生使用非體罰方式教育；針對校園體罰事件制定處理流程，以協助師生面對體罰的困境。

## 參、政策

政府回應學校有責任提供學生安全且溫馨的學習環境，讓學生享受到學習的樂趣。教育部擬定友善校園總體營造計畫，包含五大目標：

一、建構和諧關懷的溫馨校園，持續推動學生輔導新體制。

二、建立多元開放的平等校園，推動性別平等教育。

三、營造尊重人權的法治校園，推動人權教育。

四、體現生命價值的安全校園，推動生命教育。

五、創造普世價值的學習環境。

制定每學期開學第一週為友善校園週，以2021學年度第二學期為例（如右頁圖）：

透過各級學校多元化活動規劃及各級主管教育行政機關協助全力支持下，由學校推動友善校園週教育宣導活動，重要宣導事項為「強化校園安全防護措施」、落實「COVID-19（武漢肺炎）因應」、「防制校園霸凌」、「強化學生身心健康與輔導」、「強化校園自殺防治工作」、「防制學生藥物濫用」、「防制校園親密關係暴力事件」、「了解與尊重身心障礙者」及「防治數位／網路性別暴力」等議題，以營造友善校園環境；持續於學期中其他校內活動或集會場合，融入前揭宣導重點，讓師生共同發想防制作為，發揚友善校園意涵，營造校園正向的學習風氣，維護學生安全的學習生活。

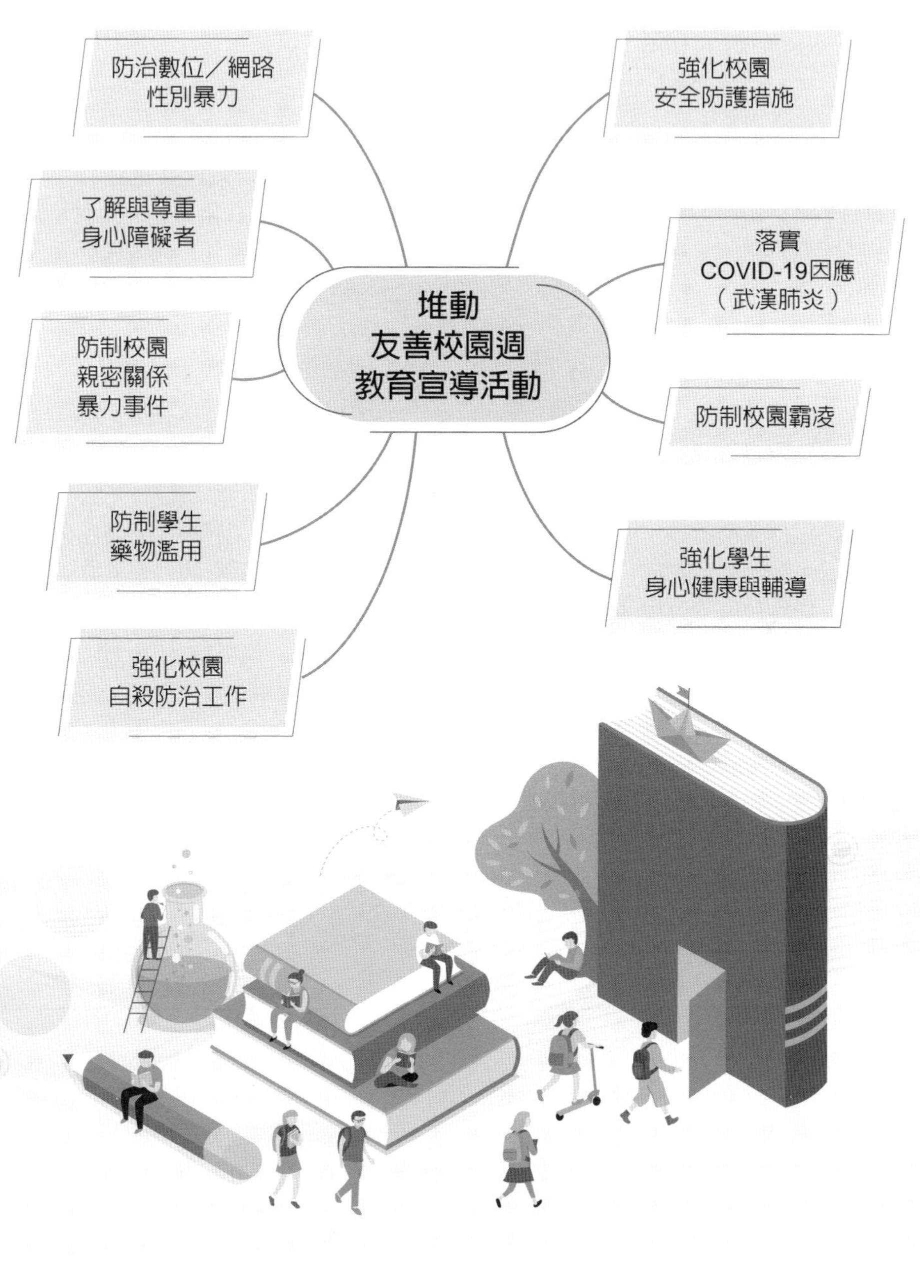
友善校園週
推動
友善校園週
教育宣導活動
防治數位／網路
性別暴力
了解與尊重
身心障礙者
防制校園
親密關係
暴力事件
防制學生
藥物濫用
強化校園
自殺防治工作
強化校園
安全防護措施
落實
COVID-19因應
（武漢肺炎）
防制校園霸凌
強化學生
身心健康與輔導

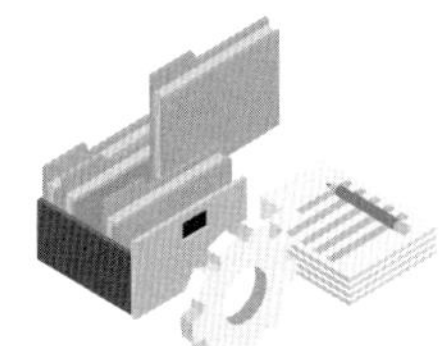

# Unit 2-5 正向管教

## 壹、定義

正向管教是指以正向的態度與方法來指導學生改正不良行為，協助學生發展自尊、自我控制、負責任，與別人建立健康和諧的關係，成為對社區有貢獻的人。其特點為不使用體罰，強調正向的態度與方法，積極協助學生正向發展。

## 貳、目標

教育部於 2007 年開始推動「教育部推動校園正向管教工作計畫」目標：

一、透過專業成長教育，增加全體教育人員正向管教之知能。

二、發揮正向管教功能，杜絕校園發生違法或不當管教案件。

三、促進教育行政機關與學校之分工合作，加強三級預防功能，輔導學生健全發展，創造友善校園。

## 參、正向管教實施策略

### 一、教師輔導知能專業成長

提升教師專業輔導知能，使正向管教理念與行動扎根，產生正向普遍效益。

### 二、教育主管機關建立支持系統

上級主動積極程序宣導、明確處理管道、介入了解，以輔導態度做公允處置。

### 三、提升家長親職教養責任

政府法令明訂家長需接受親職教育訓練，應負起管教責任，教養態度納入正向管教一環。

### 四、媒體分級管理制度立法

網路及媒體應進行明確分級管理政策，降低網路霸凌、不負責任言論之影響，避免學生建立錯誤觀念。

## 肆、教師正向管教

社會學習論強調的「環境」，即為教師在教學情境應主動營造有利引發正向行為的學習環境，以多元技巧鼓勵認識與了解自己的長處，以正向態度及正向思考的方法，引導學生思考個體心理的認知價值，透過協助學生發展自尊、自我控制，以建立和諧健康的人際關係。

**Notes**

**基本考量**

- 尊重學生學習權、受教育權、身體自主權及人格發展權。
- 輔導與管教應考量學生身心發展之個別差異。
- 啟發學生自我察覺、自我省思及自制能力。

## 正向管教


正向管教
效果指標
教師有豐富人生
與社會知能
良善的輔助系統
正面的班級文化
讓學生覺得有歸屬感
相互尊重與鼓勵
正向支持氣氛
鼓勵學生建設性
運用個人力量與自主性
具有長期效果

NOTEBOOK

# Unit 2-6 危機處理

## 壹、定義

「危機」是「事物發生、變化的樞紐」、「一件事的轉機與惡化的分水嶺」；指危險、困難的關頭，即「關鍵的剎那」，可能好轉或惡化；是一種因突然發生或可能發生危及組織形象、利益、生存，突發性或災難性壓力事件。

當個體慣用之因應方式無法有效處理威脅，感受威脅所引起之混亂現象，產生焦慮與恐慌。更可能引起媒體廣泛報導和公眾關注，對組織正常工作造成極大干擾和破壞，使組織陷入輿論壓力和困境之中。

處理化解組織危機事件，將危機轉化為塑造組織形象契機，是組織公共關係工作水平最具挑戰性的考驗。

## 貳、了解危機

一、危機是必然會發生與觸發的時機。

二、危機的嚴重衝擊性及迫切性處理。

三、危機影響公眾利益及聚焦關注性。

四、重視危機應變得宜創建品牌契機。

## 參、危機處理

一、**發現問題：**事件發展和預計的標準，產生相當的誤差。

二、**分析問題：**分析評估事件問題對組織的影響。

三、**形容問題：**確認團隊認同並了解問題所造成的危機。

四、**找出根源：**探究造成危機問題的人、發生原因、後續影響、處理及解決。

五、**找出替代方案：**與團隊會談最佳、最適宜解決方案。

六、**執行解決方案：**規劃成員分工執行最佳方案。

七、**衡量結果：**後設分享回饋、探討修正，建立最佳、最適宜解決方案。

## 肆、校園危機處理

一、**啟動危機處理程序：**平時落實任務編組，危機發生啟動危機處理小組；指揮中心決策系統掌握關鍵時刻，整合資源有效運用，下達明確指令及行動，迅速解決危機。設置發言人，對外、對內維持單一訊息傳播管道，說明危機事件處理過程及後續發展。

二、**強化危機監測系統：**成員對危機萌發要敏感察覺、有效辨識及風險評估，迅速有效回報，隨時反映資訊給行政決策單位，做好有效監控。

三、**整合資源管理危機：**學校應有效整合人力、財力、物力及社區資源，善用投入，發揮最大功能。

四、**危機善後妥善處理：**急迫處置後續行政程序、爭議事項、法律問題、釐清責任歸屬、理賠、心理輔導等，皆須智慧及經驗協調解決。

## 校園危機

### 校園危機類型

**意外**

車禍、溺水、中毒
運動及遊戲傷害
實驗實習傷害
疾病身亡、自傷自殺
校園建築及設施傷害
其他意外傷害

**暴力與偏差行為**

學生鬥毆、暴力犯罪
人為破壞、賭博、犯罪
性犯罪（侵害）
槍砲彈藥、刀械違規
麻醉藥品與煙毒濫用
其他妨害案件、校園破壞
飆車、其他

**兒童及少年保護**

在外遊蕩、出入不正當場所
離家出走三日以上
違反兒童及少年福利與權益保障法
兒童及少年性剝削防制條例
長輩凌虐、亂倫、遺棄、其他

**其他校園事務**

教職員之間問題
人事問題
行政問題
其他

**安全維護**

火警、地震、颱風、水患
人為破壞、校園侵擾
失竊、其他

**管教衝突**

校園內發生非學生間的衝突
師長與學生間衝突
師長與家長間衝突
不當體罰、凌虐、學生抗爭
個人事務申訴
校務管理申訴
對師長行為不滿申訴
其他

**重大災害**

重大火災、風災、水災
震災、爆炸、其他

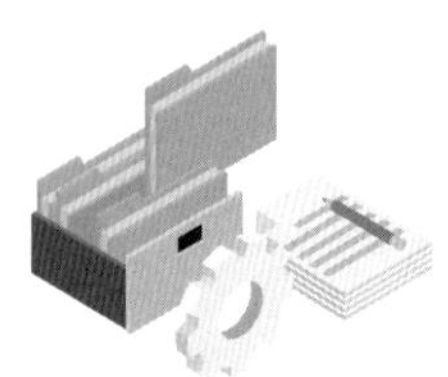

# Unit 2-7 多元評量

## 壹、法源意涵

2019年教育部修正《國民小學及國民中學學生成績評量準則》第四條成績評量原則：（一）目標：應符合教育目的之正當性；（二）對象：應兼顧適性化及彈性調整；（三）時機：應兼顧平時及定期；（四）方法：應符合紙筆測驗使用頻率最小化；（五）結果解釋：應以標準參照為主，常模參照為輔；（六）結果功能：形成性及總結性功能應並重，必要時，應兼顧診斷性及安置性功能；（七）結果呈現：應兼顧質性描述及客觀數據；（八）結果管理：應兼顧保密及尊重隱私。

第五條成績評量應視學生身心發展、個別差異、文化差異及核心素養內涵，採取適當之多元評量方式。（一）紙筆測驗及表單：依重要知識與概念性目標及學習興趣、動機與態度等情意目標，採用學習單、習作作業、紙筆測驗、問卷、檢核表、評定量表或其他方式；（二）實作評量：依問題解決、技能、參與實踐及言行表現目標，採書面報告、口頭報告、聽力與口語溝通、實際操作、作品製作、展演、鑑賞、行為觀察或其他方式；（三）檔案評量：依學習目標，指導學生本於目的導向系統性彙整之表單、測驗、表現評量與其他相關資料及紀錄，製成檔案，展現其學習歷程及成果。

## 貳、意義

多元評量理論基礎有二：一、建構主義：改變教師教學、改變兒童學習、改變學習評量、改變師資培育。二、Gardner多元智慧：語文、邏輯－數學、肢體－動覺、音樂、空間、自然觀察、人際、內省，及半項智慧－存在。

是以，多元評量基礎在於教師專業，評量人員依據教學目標研擬適切評量目標、評量方式、評量內涵、評量時機與過程，呈現多元學習結果，據以修正及提供更適性化教學，增進學生學習成長。

評量是建構及實施教學、成效回饋，適時作為修正教學目標及活動、進行補救教學重要一環，是激發學習動機的工具。近年教學評量研究發展趨勢更注重彈性、變通、動態過程、多元化評量，如另類評量、變通性評量、動態評量、實作評量、卷例評量等。COVID-19疫情促使評量從紙筆測驗轉變為線上測驗，評分轉變為自動統計計分及綜合分析學習指標精熟程度，團體評量轉變為個別評量，都需要師資培育或在職教師研習進修增能，才能應用線上評量的知能與技術。

## 參、改變

多元評量造成傳統評量的質變與量變，包括：目標改變、情境改變、方法改變、重點改變、時機改變、結果解釋改變。

## 多元評量意涵

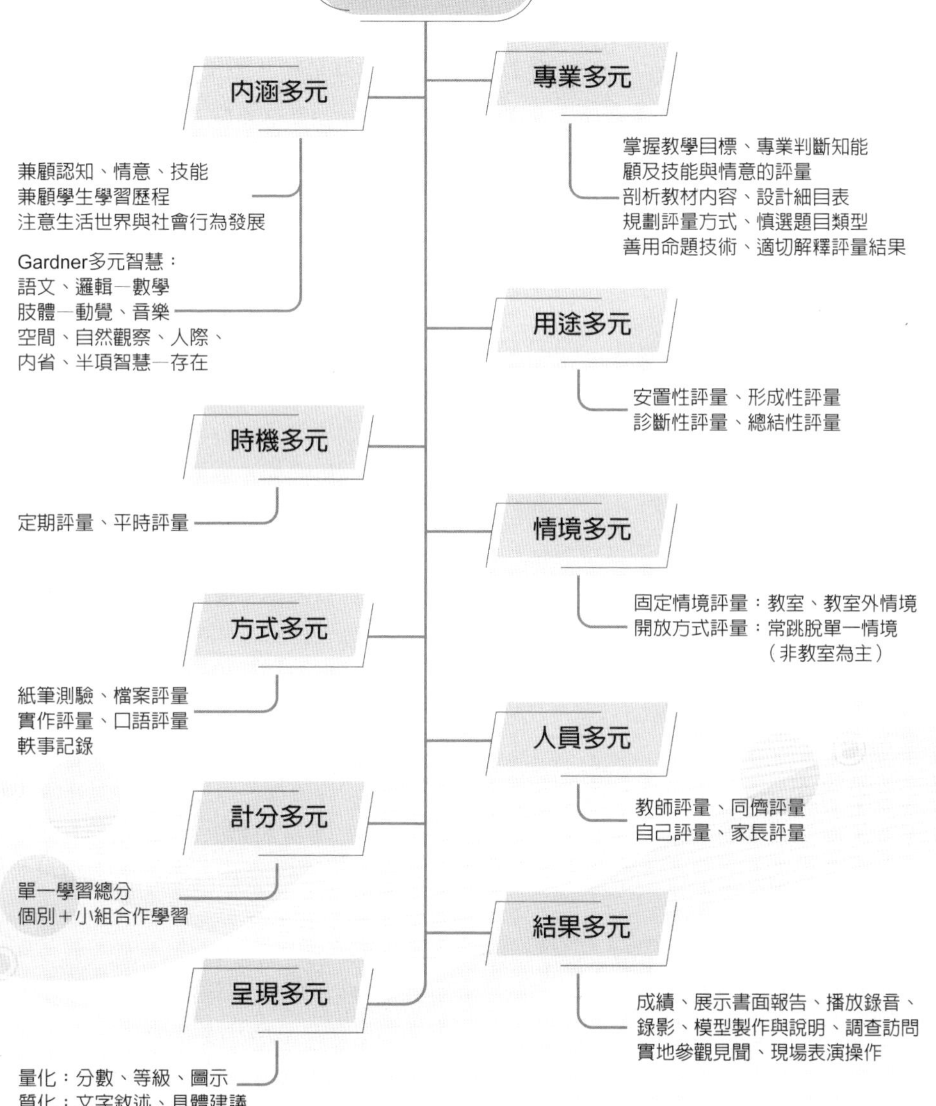

多元評量
內涵多元
兼顧認知、情意、技能
兼顧學生學習歷程
注意生活世界與社會行為發展
Gardner多元智慧：
語文、邏輯－數學
肢體－動覺、音樂
空間、自然觀察、人際、
內省、半項智慧－存在
時機多元
定期評量、平時評量
方式多元
紙筆測驗、檔案評量
實作評量、口語評量
軼事記錄
計分多元
單一學習總分
個別＋小組合作學習
呈現多元
量化：分數、等級、圖示
質化：文字敘述、具體建議
專業多元
掌握教學目標、專業判斷知能
顧及技能與情意的評量
剖析教材內容、設計細目表
規劃評量方式、慎選題目類型
善用命題技術、適切解釋評量結果
用途多元
安置性評量、形成性評量
診斷性評量、總結性評量
情境多元
固定情境評量：教室、教室外情境
開放方式評量：常跳脫單一情境
（非教室為主）
人員多元
教師評量、同儕評量
自己評量、家長評量
結果多元
成績、展示書面報告、播放錄音、
錄影、模型製作與說明、調查訪問
實地參觀見聞、現場表演操作

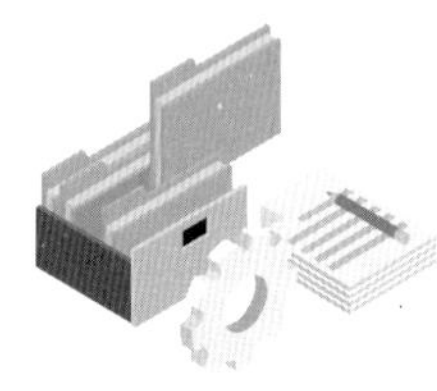

# Unit 2-8 技藝教育



## 壹、技藝教育理念

技藝教育是依據學生需求設立，重視每個國中生性向獨特性，強調多元智能來規劃設計適合學生學習的技藝課程，聘任專業師資、編製合適教材、安排教學設備及環境等，希望國中階段至高中一年級不具學術傾向學生能夠透過職群課程的實務學習，以加深認識職業生涯，培養工作倫理與職業道德，了解職業內涵，運用所學妥善規劃自己未來生涯發展。

## 貳、國中技藝教育目標

參照「國民中學技藝教育資訊網」：加深國中階段生涯試探，培養自我探索、生涯探索、觀察模仿、模擬概念、實作技巧五種核心能力，幫助未來生涯發展。

一、培養學生生涯發展之基本能力。

二、由職群的實務學習中，加深對未來生涯之試探。

三、培育人本情懷與統整能力。

四、培養自我發展、創造思考及適應變遷的能力。

五、建立正確的生涯價值觀及奠定生涯準備的基礎。

## 參、實施特色

一、**職業試探：**落實多元智慧與適性發展的教育理念，實作多於理論，加深對職業生涯的認識，培養對工作倫理與職業道德的認識。

二、**實施對象：**以國中三年級學生為辦理主體。

三、**辦理模式：**每班學生數以 15 至 35 人為原則，採抽離式或專案編班上課。（一）技藝教育課程採抽離式上課者，每週選修 3 節至 12 節為原則；採專班者，每週選修 7 節至 14 節為原則。（二）每學期選修一至二職群，第二學期避免重複選修相同職群為原則；若選修相同職群者，則應以加深加廣及實作課程為限。

四、**開班模式：**（一）校內自辦。（二）國中與鄰近國民中學、高級中等學校、技專校院、職業訓練中心或民間機構團體合作辦理，上課地點在校內或合作單位。（三）兼採自辦式及合作式：依據教師及設備等教學資源現況，學校得斟酌實際情形開班授課；軟硬體資源不足部分，商請鄰近學校、機構合作辦理。

五、**實施期間：**於國民中學三年級期間，可開授一學年（二學期）之技藝教育課程，每一職群之上課以 17 週為原則。

六、**師資遴聘：**以具有任教職群專長教師或行業實務專家擔任教學。優先進用已取得合格教師證書，且具有與任教職群相關之證照或實務經驗者。

七、**課程規劃：**技藝教育課程採職群開設，目前已規劃機械、動力機械、電機與電子、土木與建築、化工、商業與管理、設計、農業、食品、家政、餐旅、水產、海事、藝術、醫護等十五職群。

八、**學生進路：**（一）可優先升讀高中職實用技能學程。（二）可參與多元入學方案，升讀高中職及五專。

## 技藝教育發展

### 臺灣技藝教育發展時期

**啟蒙期（1974年至1992年）**

- 推動國中技藝教育學程
- 頒行《加強國民中學技藝教育辦法》
- 國中三年級可接受一年技藝教育課程

**發展期（1993年至2000年）**

- 發展與改進國中技藝教育方案——邁向十年國教目標
- 國三開辦技藝教育班
- 高中職開辦一年段「延教班」銜接
- 1995年修訂《職業學校法》
「延教班」更名「實用技能班」正式納入學制

**改革期（2001年至2007年）**

- 教育部公布《技藝教育改革方案》
- 以學生為中心、學校本位的選修課程
- 國中階段實施「技藝教育」
銜接高中職「實用技能學程」

**強化期（2008年迄今）**

- 頒訂國民中學技藝教育實施辦法
- 學校應成立技藝教育學生遴薦及輔導委員會
- 學校課程發展委員會規劃辦理技藝教育
- 調整學習節數開設技藝課程
- 規範技藝教育學程學生
- 優先薦輔就讀高中職實用技能課程
- 國中技藝教育更名為「技藝教育學程」

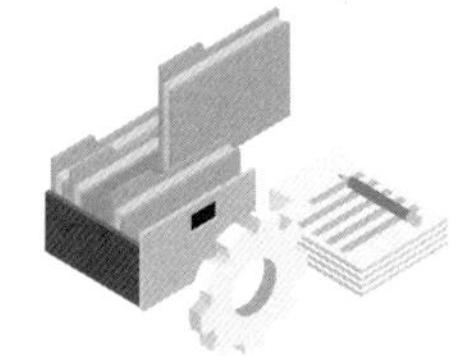

# Unit 2-9 防災教育

## 壹、意義

防災教育全名防治災害教育，涵蓋與災害防治相關知識、技能、訓練過程等。根本理念並非企圖控制災害發生，而是減緩災害發生時或之後，對人類所造成的傷害。了解災害發生背景及狀況、災前防範及整備、災時應變及災後有效復原等主要課題，可有效提升全民抗災能力，使災害損失降到最低。

## 貳、美、日防災作法

美國聯邦緊急應變管理總署負責規劃、減災、整備、應變、復原等防災任務行動，除規劃外，後四階段構成循環關係，分別訂出行動檢核表與行動步驟，提供學校與社區進行研擬防災計畫時參考使用。加州教育局「校園安全——行動計畫指南」包括防災知識、教育、防備和應變知識，防災責任感、防災應變和復原行動、災後協助學校進行整建，學生心理輔導與調適。

日本2000年度教育白皮書防災對策基本方針：強化各級學校防災體制及防災教育、加強學校教育機關防災設備之機能，以及促進防災相關學術研究活動措施之推動。目的讓學生根據尊重生命的基本理念，理解天然災害發生時的機制、災害的特性及防災體制的功能，重視人道精神的關懷層面，希望能培養學生尊重生命、關心他人，更進而幫助他人。

## 參、臺灣

我國推動防災教育為深植預防重於治療，導向永續發展、建立主動積極的安全文化與邁向零災害的願景，提升師生防災知識、態度及技能；藉由人才培育、教材研發，導向在地化防災校園之建置，擴大形成防災校園網絡。

陳龍安、紀人豪、紀茂傑、簡漢良（2013）研究報告提出，教育部推動防災教育是為了強化師生防災意識與知能，進而促進家庭與社會永續之發展。工作重點包括「運作與支援機制建立」、「課程發展及推廣實驗」、「師資培育機制建立」、「實驗推動」、「學習推廣」、「成效評估機制建立」，並透過「地方政府防災教育深耕實驗專案」逐年進行滾動回饋修正。

2003至2006年推動「防災科技教育人才培育先導型計畫」、2007至2010年「防災科技教育深耕實驗研發計畫」、2011至2014年「防災校園網絡建置與實驗計畫」、2015至2018年「學校防減災及氣候變遷調適教育精進計畫」等防災教育深耕計畫，架構完整防災教育推動運作與支援機制，發展多樣在地化防災教學課程與各式教材，建立防災種子師資人才培育機制，深耕防災校園建置基礎，訂定成效評估機制並確認學生防災素養提升之變化。2019至2022年啟動「建構韌性防災校園與防災科技資源應用計畫」，推動「以判斷原則的教育取代標準答案的訓練」與「讓防災成為一種生活態度」之概念，達成「建構韌性，防災校園」之防災教育願景。

## 防災教育目標

**我國防災教育學習階段目標**

- **國小（幼兒園）**
  - 建立學生正確防災知識與概念
  - 培養學生正面積極防災態度與價值觀
  - 訓練學生避難求生能力
- **國中**
  - 建立學生災害防範與應變知識與概念
  - 培養學生正面積極防災態度與價值觀
  - 訓練學生具備自我救護能力
- **高中（職）**
  - 培養學生積極主動防災救災態度、觀念與應變知識
  - 培養學生具備防災、應變與救災救護技能
- **大學、大專院校（一般性防災知識）**
  - 培養學生完整主動防災救災知識、態度及社會責任
  - 提升學生災害防治、應變處理與救災救護技能
- **大學、大專院校（專業性防災知識）**
  - 培養學生完整防災救災知識、與跨領域分析之能力
  - 培養學生主動防災救災態度及社會責任
  - 培養學生災害防治、應變、復原技能與領導防災體系能力

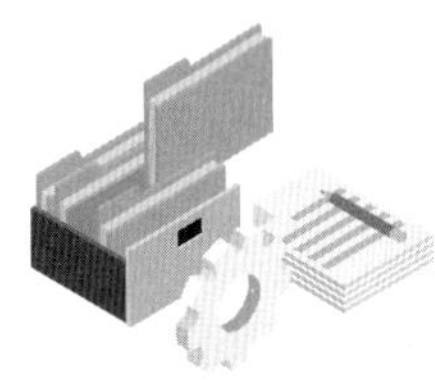

# Unit 2-10 社團活動





## 壹、定義

「社團活動」是指依課程規劃實施團體性、系統性之活動課程，由專業之師資指導，且需要定期訓練或研習之學習團體。學校於課後時間辦理各項多元藝能活動課程，有「學藝類社團」：語文類、科學類等，「才藝類社團」：音樂類、美術類、表演藝術類等，「體育類社團」：球類、田徑類等。

依《教育部主管之高級中等學校學生社團活動課程實施要點》，學校實施學生社團活動，應考量學生之興趣、需要及身心發展情形，兼顧學校發展及社區資源，透過體驗、省思及實踐，建構自我價值觀與意義、增強解決問題能力、強化團隊合作服務及促進全人發展。

《十二年國民基本教育課程綱要》規範，高級中等學校社團活動每學年不得低於 24 節，社團活動依學生興趣、性向與需求、師資、設備及社區狀況成立社團，並在教師輔導下進行學習活動。

## 貳、規範

學校依學生學習需要辦理社團活動，擴大學生學習領域，長期培育學生多元能力、充實生活知能及開發潛能，並發展學校特色。

一、**辦理原則：**學校主辦、聘請專業合格師資、符合學生需求、力求普遍參與、鼓勵精緻卓越。

二、**組成課外社團審查委員會：**校長召集成員由行政代表、教師（會）代表、家長會代表組成，必要時亦得邀請專家學者列席提供意見、審查辦理計畫、課程教學或訓練計畫、師資遴聘、收費標準、減免規定、器材及教材選購、教師鐘點費、經費收支及其他相關事項。

三、**師資條件：**具有專長之合格教師，國內外大學相關科系畢業，曾獲選為省市（直轄市）級以上相關專長之代表隊一年以上資歷者，參加上述層級機構主辦之相關才藝公開表演、展示、競賽者，曾獲得國家級、省市（直轄市）級，公開之能力檢定、檢核或鑑別證書者。

辦理各類課後社團活動，其原則如下：（一）應依學生意願自由參加並徵得家長同意。（二）不得為遷就課後社團活動而變更原訂作息時間及教學計畫。（三）不得以營利為目的，經費收支採零利潤、成本均攤、明細公開化等原則。（四）不得進行各學習領域課程加廣加深或補救教學。

## 參、功能

一、社團活動的精神給學生更多表現及成功的機會。

二、技藝性社團活動增加學生試探機會，為學生興趣分組、選項性的社團活動，滿足學生群體生活及社會環境的歸屬感，培養領導人才的工作準備。

三、培養學生團體意識，體會團體存在的價值及重要性，學習他人與自我之協調，及如何與他人合作。

四、社團活動有調劑身心的功能，幫助學生作行為上的改變。

# 課後社團收費

## 課後社團收費支用

### 聘用師資鐘點費

至少占70%

教師鐘點費每小時新臺幣800元為上限

助理教師以教師鐘點費二分之一為支給上限

教授、副教授、國家級專業教練以每小時新臺幣1,200元為上限

### 行政費

不得超過30%

水電費、業務費、設備維護費、保險費

成果發表、展演、競賽、交流費

與課後社團活動相關之必要費用

### 教材費

### 學習教材費

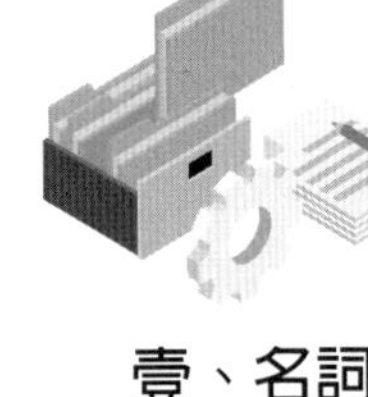

# Unit 2-11 前瞻計畫

## 壹、名詞解釋

前瞻計畫是 2017 年臺灣推行經濟建設計畫——「前瞻基礎建設計畫」之簡稱，規劃八年時間投入總經費約新臺幣 8,824 億 9,000 萬元特別預算。整體包含「綠數水道鄉」五大建設計畫：綠能、數位、水環境、軌道、城鄉；八大建設主軸：建構安全便捷之軌道建設、因應氣候變遷之水環境建設、促進環境永續之綠能建設、營造智慧國土之數位建設、加強區域均衡之城鄉建設、因應少子化友善育兒空間建設、食品安全建設、人才培育促進就業建設。





## 貳、源起

「前瞻基礎建設計畫」前瞻未來臺灣發展需求，因應國內外新產業、新技術、新生活關鍵趨勢，透過盤點地方建設需求，以過去投入不足、發展相對落後地區重要基礎設施，優先執行及配合區域聯合治理之跨縣市建設，提升交通、環境整備、數位、綠能、教育、社福等基礎建設水準，以促進地方整體發展及區域平衡。編列二階段四年計畫，規劃自 2017 年 9 月至 2025 年 8 月推動。

## 參、八大建設主要推動方向

一、**軌道建設：**促進區域均衡發展，提升大眾運輸使用率，建置全國鐵路及捷運網，臺鐵升級改善及鐵路立體化，中南部觀光鐵路。

二、**水環境建設：**降低淹水、缺水風險，推動未來三十年不缺水、不淹水、喝好水、親近水之優質水環境。

三、**綠能建設：**加速綠能基礎建設，帶動公民營企業對再生能源投資，完備綠能發展所需環境，帶動產業創新，達成非核家園能源轉型目標。

**四、數位建設：**推動資安基礎建設網路安心服務，5G 基礎公共建設及縮短 5G 偏鄉數位落差，發展產業數位轉型。

**五、城鄉建設：**推動地方創生、振興觀光，豐富地方、原民與客庄文化與產業發展，健全停車、行車環境，提升學生學習環境，充實全民運動環境。

六、**因應少子化友善育兒空間建設：**建構 0 至 2 歲兒童社區公共托育計畫，幼兒托育公共化，營造優質生養環境。

七、**食品安全建設：**興建現代化食品藥物國家級實驗大樓暨行政及訓練大樓，強化衛生單位檢驗效能、品質及中央食安檢驗量能。

八、**人才培育促進就業之建設：**推動 2030 雙語國家政策、優化技職實作環境、建置青年科技創新創業基地、重點產業高階人才培訓、數位特殊技術人才發展，提升人才與產業國際競爭力。

# 前瞻計畫

## 前瞻計畫與校園有關的建設

### 數位建設

- 資安基礎建設
- 完備數位包容
- 智慧學習環境
- 基礎建設環境
- 數位人才淬鍊
- 推廣數位公益服務

### 人才培育建設

- 2030雙語國家政策
- 優化技職校院實作環境
- 青年科技創新創業基地
- 年輕學者養成計畫
- 重點產業高階人才培訓
- 數位與特殊技術人才發展
- 國際產學聯盟
- 領袖學者助攻

### 因應少子化建設

- 校園社區化改造
- 0至2歲兒童社區公共托育

### 綠能建設

- 完備綠能技術及建設

### 城鄉建設

- 豐富校園服務機能完善公共服務據點
- 充實全民運動環境

### 食安建設

- 食品安全建設計畫

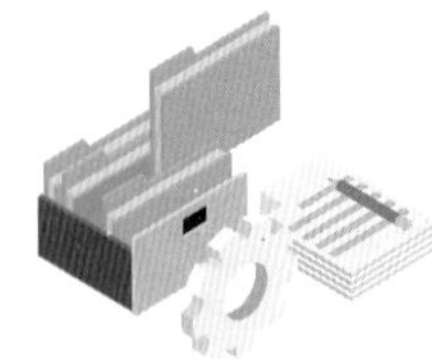

# Unit 2-12 品牌領導

## 壹、定義

品牌領導是將品牌管理提高到「領導者融入經營層次」的管理方式，是一種對企業組織進行戰略性、高層次管理，是新興起的管理模式。

## 貳、特徵

一、**領導者理念：**品牌領導者應是資歷豐厚、有遠見卓識、具戰略型思維，能參與構思推動品牌，以及深入到企業高層組織文化活動。

二、**領導者思維：**透過品牌定位，在競爭差異下發展期望的品牌形象，過程中理解品牌形象轉變為品牌資產，從有限焦點轉向廣闊視野。

三、**為消費者思考：**管理跨越產品和市場，努力建立客製化、模組化、藝術化等多樣性的品牌架構，深化品牌在消費者心中的特殊地位。

## 參、建立品牌領導模式

一、**發展品牌願景：**進行品牌定位，創建品牌領導核心團隊，構建完成未來意願達成的承諾。

二、**建立品牌形象：**建立先期戰果及自信，創造正面價值領導品牌知名度。

三、**推展品牌行銷：**多向度將品牌融入管理行銷策略活動，更提供個人化體驗，促使顧客增添品牌聯想度。

四、**捏塑品牌文化：**授權員工及顧客參與，刺激品牌信任度，深植品牌忠誠度。

## 肆、實例

「迎接國際教育貴賓」──教育部長官交辦承接日本教員研修中心到漢民參訪。漢民國小創校以來，打造了相當深厚的語文和藝術才能根基。近年語文競賽、現代舞、國標舞屢屢拿到全市及全國大獎，視覺藝術及書法的國粹傳承與高年級課程結合，讓孩子沉浸在藝術世界裡，找到興趣、多元競技、激發潛能是努力的教育目標，希望讓孩子能夠有更開闊亮麗的未來人生。

2016 年 10 月，教育部長官於日本開會，得知日本大學教育專門職碩士班教授，將率筑波教員研修中心團隊──高中以下學校候用校長們到臺灣考察，提出安排到漢民參訪。

漢民研擬出「現代舞藝秀」、「書法教育與拓碑實作體驗」、「導覽節能減碳環境教室」等三大學校特色迎接貴賓。最難能可貴是特別邀請小港醫院院長以「小港健康學園」做開幕式講座，讓漢民品牌特色課程及健康學園進入國際專家的視野。

# 品牌領導

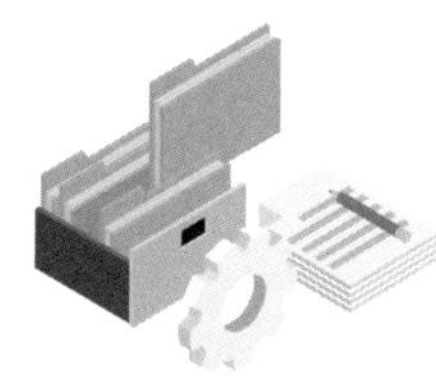

# Unit 2-13 倡導與關懷

## 壹、定義

美國俄亥俄州立大學所研究發展的倡導與關懷，將領導行為歸納為「倡導行為」（initation of structure）和「關懷行為」（consideration behavior）兩個向度。「倡導」係指領導者為達成目標，能界定或建構部屬間的職責關係，確立組織目標和型態、建立工作程序、溝通模式等行為。「關懷」係指領導者對於員工的感覺能有所意識，重視部屬感受的工作關係，建立友誼、相互信任、與溫暖氣氛的領導行為。





## 貳、內涵

「雙面領導行為論」主張以二個領導行為層面來解釋領導現象，依領導方式來分類，將領導分為高倡導高關懷、低倡導高關懷、高倡導低關懷、低倡導低關懷。（如右頁圖）

**一、無爲型（低倡導、低關懷）：**領導者對目標及員工的關懷極不注意，只要不出狀況，不會有特別行動。

**二、任務型（高倡導、低關懷）：**領導者重視任務目標達成，較少注意員工感覺。

**三、中庸型：**領導者對員工與團體目標都有相當程度的關注，希望兩者能取得平衡發展。

**四、鄉村俱樂部型（低倡導、高關懷）：**領導者認為只要關懷部屬，員工會心存感謝，因而有好的產出。

**五、團隊型（高倡導、高關懷）：**領導者認為應重視任務目標達成，要對員工適當關懷，使其發揮潛力，造成最大成就。

## 參、實例

### 一、高倡導

領導一所學校時，重視創新思考的啟發、創新契機的掌握、創新環境的營造、創新作為的調整，以及展現獨創性與實用性，創造出有別於學校以往，或是他校已有的各種新作為或措施，能夠為自己學校創造出新的價值，形成學校新的特色。再者，重視學生學習成果、教學成效、行政績效，並將成果及特色藉資訊公布行銷、爭取認同，除可要求教師及行政團隊在市場趨勢下負責，更可提醒家長關心子女受教情形，進而促使學校向心力之凝聚。

### 二、高關懷

藉由活動表揚和獎勵的推動，使學生的好行為表現成為學校的楷模，而且不侷限於成績優良的學生，亦包括體育表現良好的、助人、關心他人、維護環境，以及服務他人等之具有優良事蹟者。並於公開場合藉機會塑造及獎勵績效良好的教學、行政、輔導等各方面幕前英雄及幕後辛勞，例如：資深優秀老師、帶領球隊的教練、愛心家長等，只要是與學校所信奉的價值、規範一致的成員，均可作為學校其他同仁的楷模，成為校內教師專業社群的表率兼領頭羊。

## 倡導與關懷

| | 低倡導 | 高倡導 |
|---|---|---|
| 高關懷 | 鄉村俱樂部型（低倡導、高關懷）<br>較不強調對員工的工作要求<br>注重員工需求與滿足 | 團隊型（高倡導、高關懷）<br>對員工工作給予許多指導<br>同時注重員工需求與滿足 |
| 低關懷 | 無為型（低倡導、低關懷）<br>未能提供必要的指導與示範<br>很少顧及員工需求與滿足 | 任務型（高倡導、低關懷）<br>注重對員工工作上的要求<br>較少顧及員工需求和滿足 |

中庸型（位於中心）

縱軸：關懷　橫軸：倡導

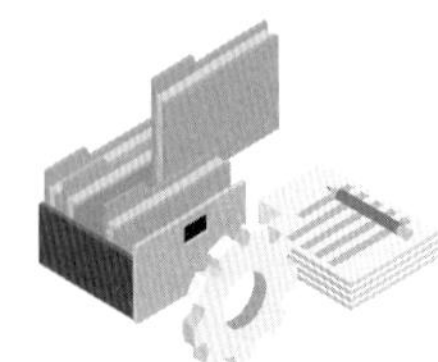

# Unit 2-14 家長會

## 壹、法源說明

依據《教育基本法》第八條第三項：國民教育階段內，家長負有輔導子女之責任，並得為其子女之最佳福祉，依法律選擇受教育之方式、內容及參與學校教育事務之權利。

各校在學學生父母、養父母或法定監護人，為當然會員組織成學校家長會，依「班級學生家長會→會員代表大會→委員會→常務委員會」四層級組織運作，「班級學生家長會」是各班級的代表、運作的基石，「會員代表大會」是學校家長會決策機構，「委員會」執行會員代表大會的決議，「常務委員會」負責處理委員會平時相關會務。（如右頁圖）

高中以下各級學校學生家長會組織又有「學校家長會、地區家長會、全國性家長會聯合會」三層級。

## 貳、任務

依據2014年《高級中等學校學生家長會設置辦法》：

### 一、會員代表大會的任務

決策會務，提供建議協助校務推展，審議組織章程、會務計畫及經費收支預算、會務報告及決算報表，選任、解任及罷免委員會委員、會長、副會長及常務委員，選派代表參與法定應參與之會議。

### 二、委員會任務

執行會員代表大會決議事項、研擬會務計畫及會務報告、編製經費收支預算及決算報表、提供建議協助校務推展、協助處理重大偶發事件及有關學校、親師生間之爭議、辦理親職教育及親師活動，選任、解任與罷免會長、副會長及常務委員。

### 三、學校家長會的任務目的

監督學校教育事務，保障家長參與教育事務的權利；凝聚家長共識，擔任學校教育及家庭教育溝通的橋梁；結合社會資源，協助弱勢家庭；協助家長自我成長及學校辦學。

## 參、運作注意事項

一、適時找尋政府資源、企業資源，正向協助支持學校校務發展。

二、對內與學校、教師相互尊重，共同為教育努力；對外強化校際、地區與全國家長組織間資訊流通和經驗交流。

三、提案、討論、決議過程民主公開，避免家長會成為少數人操縱、受政商利益介入運作的組織。

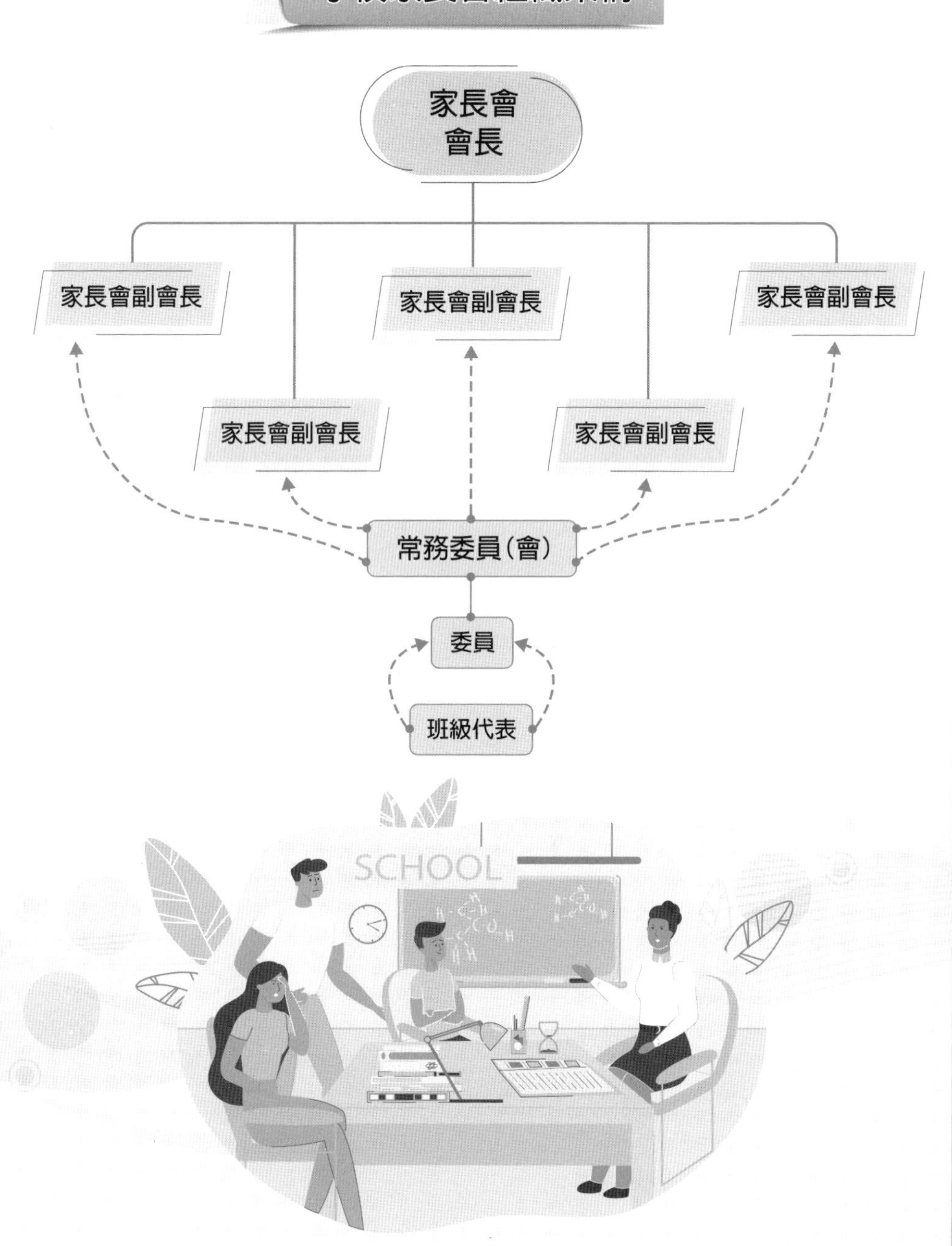
學校家長會組織架構
家長會
會長
家長會副會長
家長會副會長
家長會副會長
家長會副會長
家長會副會長
常務委員(會)
委員
班級代表
SCHOOL

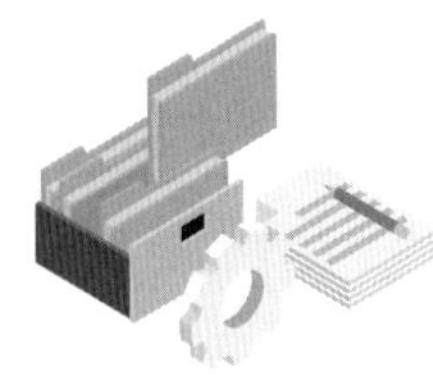

# Unit 2-15 校務會議

## 壹、定義

依據《大學法》第十六條校務會議審議事項：校務發展計畫及預算，組織規程及各種重要章則，學院、學系、研究所及附設機構之設立、變更與停辦，教務、學生事務、總務、研究及其他校內重要事項，有關教學評鑑辦法之研議，校務會議所設委員會或專案小組決議事項，會議提案及校長提議事項。

依據《國民教育法》第十條及《國民教育法施行細則》第十二條之規定，國民中小學校務會議召開及議決校務重大事項：校務發展計畫、學校各種重要章則、依法令規定應經校務會議議決之事項、校長交議事宜。

故校務會議為審議攸關學校整體發展計畫、組織章則、重大興革作為、教師權益、資源分配等。

## 貳、發展階段

校務會議發展歷程：校長諮詢會議→校內最高決策會議→重大校務決策會議。

一、**校務會議爲校長諮詢會議：**依1947年《大學法》第十九條「大學設校務會議，以校長、教務長、訓導長、總務長、各學院院長、各學系主任及教授代表組織之，校長為主席。」

二、**校務會議爲校內最高決策會議：**依1993年通過《大學法》修正案第十三條「大學設校務會議，為校務最高決策會議，議決校務重大事項。」

三、**校務會議爲重大校務決策會議：**依1999年修正《高級中學法》第二十三條及《國民教育法》第十條「校務會議，議決校務重大事項，由校長召集主持之。校務會議由校長、各單位主管、全體專任教師或教師代表、職員代表及家長會代表組成之。」2005年《大學法》修正案第十五條「大學設校務會議，議決校務重大事項」，並於第八條明訂「校長綜理校務，負校務發展之責，對外代表大學」，即校長為學校首長，校務會議為重大校務的決策會議，確立校長與校務會議的關係。

## 參、功能

### 一、擴大民主參與校園決策

教師是參與會議的主體，成員涵蓋各層級共同參與，針對學校發展提出興革建言。

### 二、溝通思維互動營造共好

社會快速變遷須妥適因應，共思研擬策進作為，透過會議討論，學校才能永續經營。

### 三、專業領導提升辦學效能

分散領導、專業分享、共同擘劃學校發展藍圖，做出最適決定，促進教育價值最大化，提升教育服務品質。

## 校務會議開會

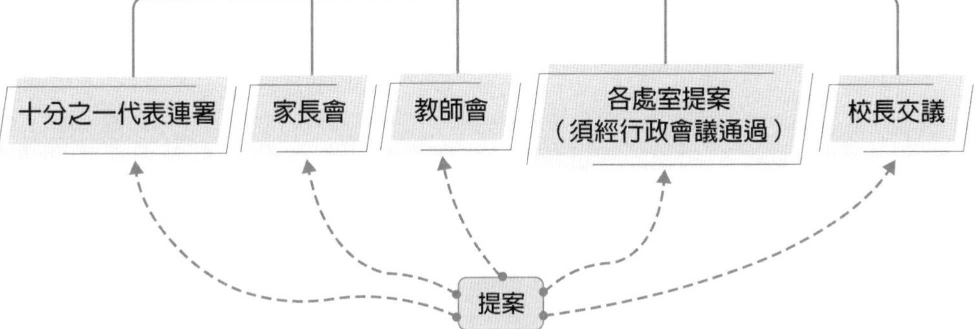

（召開）
校務會議
・二分之一代表出席始得開會
・七日前公告提案
十分之一代表連署
家長會
教師會
各處室提案
（須經行政會議通過）
校長交議
提案

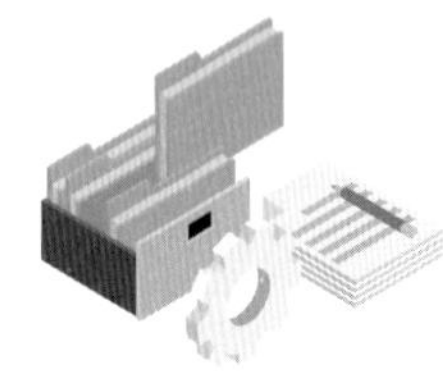

# Unit 2-16 校園偶發事件





## 壹、定義

偶發事件是指在某個過程中，突然遇到出現頻率低、難以事先預料，但必須迅速做出判斷及妥善緊急處理的事件，如天災、惡作劇、違法行為、性格異常等。其特點通常有：偶然性、突發性、爆炸性、急迫性。

「校園偶發事件」依據2021年「校園安全及災害事件通報作業要點」，校安通報事件類別區分如下：意外事件、安全維護事件、暴力與偏差行為事件、管教衝突事件、兒童及少年保護事件、天然災害事件、疾病事件、其他事件（經認定足以危害學校安全）。

## 貳、處理

學校如有偶發事件，態度坦誠，絕不隱瞞事實，以學生安全為前提，立即針對問題確實解決。

校園偶發事件處理原則：

一、平日應確定事件處理程序及任務編組，配合安全教育演練純熟。

二、引介相關資源及專家協助（緊急安置、庇護），送醫、通知家長、危機調查、協助蒐證、校園安全檢視等，迅速研判，決定處理步驟。注意處理之安全性、時效性、合法性、合理性，使師生傷害減至最低。

三、緊急事件發生時應向上級單位反應，迅速在各類事件規定時限內，通報教育部校園安全暨災害防救通報處理中心。

四、若事件有發展為重大新聞事件之虞，直接以「甲級」事件處理，並同時完成「校安即時通報表」及「媒體回應單」。

五、統一由發言人對外發言，避免未經證實之傳聞及推測。

六、事後有關學生心理復健，由輔導處會同導師及家長，共同做輔導。

## 參、校安通報事件通報時限

一、依法規通報事件應於知悉後，於校安通報網通報，至遲不得逾24小時；法規有明訂者，依各該法規規定時限通報。

二、一般校安事件應於知悉後，於校安通報網通報，至遲不得逾72小時。

# 校園偶發事件

## 校園偶發事件處理小組運作

### 事件發生前

充實危機處理知能與強化處理意外事件經驗：

- 演練、定期研討、隨機教學、活動參與、報告、參觀、研習

減少意外事件發生的預防措施：

- 不定期抽查學用品，以防止攜帶危險物品
- 隨時掌握不良適應兒童行為，並加以輔導
- 隨時檢視及維修遊戲器材
- 加強門禁管理與良好的親師溝通

### 事件發生時

- 發現事件者立即通報校長、執行祕書或相關人員
- 召集人「以學生利益或生命安全為先」之原則協調工作，務期將傷害減到最低點

（依事件性質及考量主客觀環境之情況，召開會議）

### 事件發生後

- 依事件性質，針對當事人及相關事項做必要輔導及補救措施，適時開會檢討，記取經驗及教訓。

### 家長事務之處理

- 必要時，得請家長會、社區公正人士協助

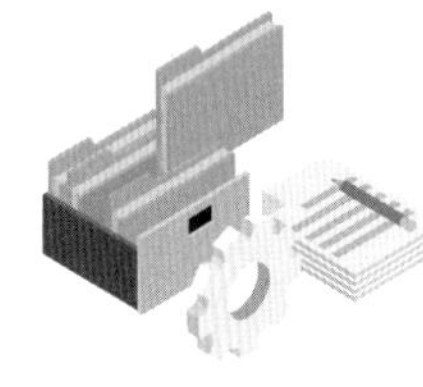

# Unit 2-17 特色學校

## 壹、緣起

教育面臨少子女化、重視辦學績效、家長教育選擇權、異質化等多元趨勢挑戰，促使學校辦學另尋蓬勃獨特生機，發展優質特色學校，展現多元教學與校本課程，以獨特學校魅力，提升教育品質，吸引學生就讀，證明學校價值。

教育部自2007年開始推動「國民中小學活化校園空間暨發展特色學校方案」，從「營造校園空間美學、教學創意及課程深化、優質學校品牌」三個面向發展，利用學校空間效益、人文特質，結合在地自然文化及社區產業特性，設計富含學習意義的課程，以本位課程為導向，展現特色課程與多元教學型態，發揮創意經營與教育行銷，形塑品牌特色學校。

## 貳、作法

參照教育部國民及學前教育署「公立國民中小學發展特色學校實施計畫」評審指標：願景理念與目的10%，系統化之素養導向課程架構30%，創新教學與學習表現30%，營造課程化美學環境10%，資源整合運用及經費規劃10%，永續發展與行銷效益10%。自2017年起增設以下三組：

一、**攜手聯盟組**：期望已有基礎之學校發揮標竿示範效果，引導鄰近學校建構系統化之課程。

二、**特色品牌組**：採競爭型方式，依學校計畫內容評選出特優、優等、甲等，給予不同之獎勵及經費補助。

三、**新興優質組**：採扶助型方式，鼓勵未參與或入選學校嘗試發展特色課程。

學校領導者需明確做好盤整學校與社區資源，歸納出具有獨特性的在地化元素，領航團隊利用腦力激盪進行SWOT分析，關鍵在於找到學校特色及資源與人力的有效配置。落實作法如下：

一、將特色資源導入課程教學模組，建立系統化之素養導向校本特色課程。

二、融入地方特色文化打造校園空間美學環境、創意教材教法及適性評量。

三、透過觀察發現、走讀體驗、主題探索、專題研究，優化學生學習。

四、發展校本特色課程，強化家長及社區參與機制，凝聚學校及社區共識。

五、運用特色利基，發展校本特色課程，建立優質品牌學校，永續發展經營。

## 參、發展趨勢

一、**朝向學校社區整體性、各校發展殊異性、創意影響永續性**：從學校單項特色發展成整體的特色學校，自普遍同質性的學校教育，邁向各校獨特的創意教學與社區的永續共榮，更跨足策略聯盟學校攜手共享成長。

二、**結合資訊平臺、特色課程分享、創意師資培訓增能，打造特色學校模組**：從特色學校資訊、創意學習社群、特色遊學課程，建構種子師資培訓研習，提供特色課程所需師資增能與交流，推廣輔導計畫撰寫、標竿學校觀摩，降低發展特色學校耗費的資源，縮短城鄉差距與轉換成本的負擔。

# 特色學校

## 特色學校發展面臨挑戰

### 政策

- 欠缺長遠規劃
- 自籌合作支援機制的問題
- 親師生對特色課程的了解度
- 系統性與持續性的評鑑獎勵機制

### 專業

- 領導者更迭
- 人力編制不足
- 人員知能、意願待提升

### 特色課程

- 定位不明
- 發展對話時間不足
- 課程架構（地圖）形塑不易
- 排擠其他學習領域的學習
- 融入學校現有課程的問題

### 資源

- 經費短絀
- 資源不足
- 社區資源待開發與整合

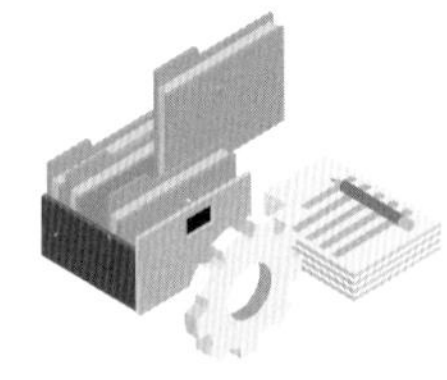

# Unit 2-18 特殊學生

## 壹、定義

特殊學生係指需受特殊教育之學生。特殊教育主要是提供身心障礙或是資賦優異的學生，在特殊教育與提供相關服務措施及設置設施，應符合適性化、個別化、社區化、無障礙及融合之精神，充分發揮身心潛能學習成長，培養健全人格，增進服務社會能力。

依據 2019 年《特殊教育法》「身心障礙」是指因生理或心理之障礙，經專業評估及鑑定具學習特殊需求，須特殊教育及相關服務措施之十三類協助者：智能障礙、視覺障礙、聽覺障礙、語言障礙、肢體障礙、腦性麻痺、身體病弱、情緒行為障礙、學習障礙、多重障礙、自閉症、發展遲緩、其他障礙。「資賦優異」是指有卓越潛能或傑出表現，經專業評估及鑑定具學習特殊需求，須特殊教育及相關服務措施之六類協助者：一般智能資賦優異、學術性向資賦優異、藝術才能資賦優異、創造能力資賦優異、領導能力資賦優異、其他特殊才能資賦優異。

依據 2013 年《身心障礙及資賦優異學生鑑定辦法》，身心障礙學生之鑑定應採多元評量，依學生個別狀況採取標準化評量、直接觀察、晤談、醫學檢查等方式，或參考身心障礙手冊（證明）記載蒐集個案資料，綜合研判之。資賦優異學生之鑑定，應以標準化評量工具，採多元及多階段評量，除一般智能及學術性向資賦優異學生之鑑定外，其他各類資賦優異學生之鑑定，均不得施以學科（領域）成就測驗。

## 貳、鑑定

特殊學生的特徵可從「心智特徵、感覺能力、神經動作和心理特徵、社會行為、溝通能力、多種障礙情況」進行辨別定義，分為四種類型：資優生、認知功能障礙、情緒行為障礙、身體感官障礙者需要接受特殊教育的學生，須先由教師的指認，或經普查與團體測驗發現，經由鑑定小組或受過特殊教育專業訓練的教師進一步予以診斷，確定其資優或障礙所在，再決定安置於何種型式的特殊教育方案，如：特殊學校、集中式特殊教育班、分散式資源班、巡迴輔導班、資源教室方案。

## 參、安置

學校應以團隊合作方式對身心障礙學生訂定個別化教育計畫，訂定時應邀請身心障礙學生家長參與，並得邀請相關人員陪同參與。依學生個別學習適應需要及校內資源狀況，不受常態編班相關規定之限制，選擇適當教師擔任班級導師，以適性原則均衡編入各班。經鑑輔會就人力資源及協助之提供綜合評估後，認仍應減少班級人數者，每安置身障學生 1 人，減少該班級人數 1 至 3 人。但有特殊情形者，不在此限。

## 特殊學生

**普通教師教導特殊學生一般原則**

- 普通班教師心理調適與自我充實
- 校內普通班教師與特教教師充分聯繫與配合
- 與學生及家長充分溝通促進親師合作
- 了解特殊學生的優缺點
- 教師以身作則並教導普通班學生，了解及接納特殊學生
- 尋找支援建立資源網絡
- 安排及鼓勵特殊學生與普通班學生互動
- 保持特殊學生的學習動機
- 依身障學生的能力調整作業難度、分量、繳交方式
- 依身心障礙學生的需要調整教學、班規和教室環境
- 協助特殊學生發展適應社會的能力

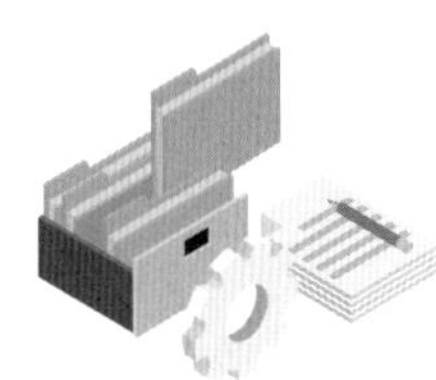

# Unit 2-19 健康促進

## 壹、定義

世界衛生組織在 1984 年通過渥太華憲章將健康促進定義為（廣義）：「使人們能夠強化其掌控並增進自身健康的過程」。健康促進是預防醫學的初級預防，即設法協助採行有助於維護和增進健康生活方式的社區發展和個人策略。著重於正面積極的健康，而不再只是預防死亡或疾病的發生。

世界衛生組織在 1996 年對健康促進學校的定義：「學校社區的所有成員共同努力為學生提供綜合和積極的體驗和組織，以促進和維護他們的健康。」

## 貳、健康促進規劃

運用健康促進的五大行動綱領：

一、**建立健康的公共政策：**爭取社區行政單位依照法規命令訂定各項健康制度與規則，利用增修法令規章、頒布行政命令或透過首長的承諾建立公約，與民眾簽署並宣示，建立健康的公共政策。

二、**創造支持性環境：**整合爭取各方資源加強硬體空間與軟體健康環境建設，以支持健康活動，進行培養健康生活型態。

三、**強化社區行動：**有效結合社區團體，推動各項健康促進活動，賦權予社區協助目標達成，使社區擁有控制自己付出與成果的能力。

**四、發展個人技巧：**宣導、培訓、傳播健康及營養知識，培養健康飲食行為。

五、**調整健康服務方向：**從預防發展至健康服務，給予民眾每日飲食指南與國民飲食指標教育，教導和鼓勵民眾作正確且均衡的飲食選擇。

## 參、臺灣健康促進學校

2001 年教育部推動「學校健康促進計畫」；2002 年行政院衛生署推動「學校健康促進計畫」、《學校衛生法》公布施行，教育部黃榮村部長與衛生署李明亮署長共同簽署「推動健康促進學校計畫聯合聲明書」。2003 年教育部選定 10 所學校試辦；衛生署委由中華民國學校衛生學會編纂《健康促進學校工作指引》，教育部與衛生署合作舉辦「健康促進學校國際研討會」。2004 年教育部與衛生署國民健康局，結合地方政府、教師及家長團體代表共同簽署推動「健康促進學校計畫」，遴選 48 所學校推動計畫，完成 120 位種子師資培訓。2008 年全國推動「臺灣健康促進學校」，共 3,000 多所學校參與。2014 年建構與發展健康促進學校「社區組織間行動結盟」策略模式，透過學校與社區建立夥伴結盟關係，促成臺灣健康促進學校的資源整合及永續發展。2015 至 2016 年建構與發展健康促進學校「家長參與」策略模式，增能教師各健康議題生活技能親子共學教學，推動「學校、家庭、社區行動結盟」策略模式。2019 年後結合十二年國民教育，建構與發展健康促進學校「校本課程」策略模式，推動健康素養導向教學活動，增進親師生健康生活實踐。

## 健康促進

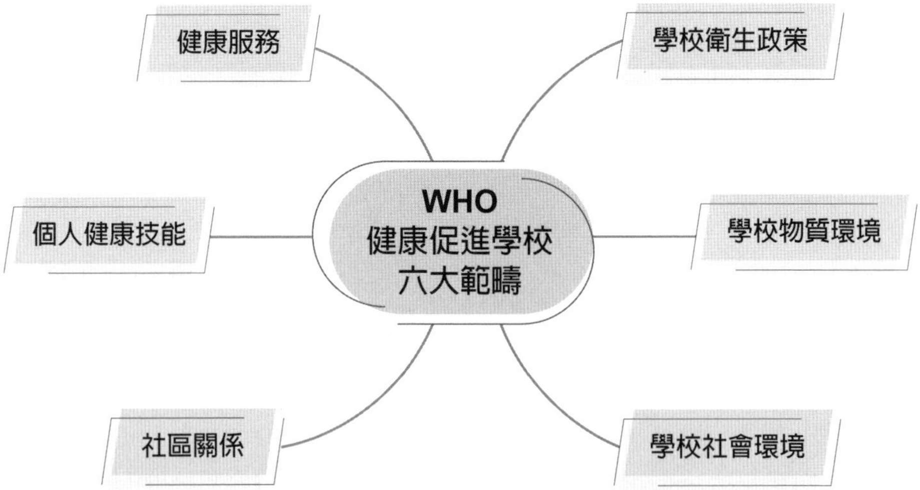

WHO
健康促進學校
六大範疇

- 健康服務
- 學校衛生政策
- 個人健康技能
- 學校物質環境
- 社區關係
- 學校社會環境

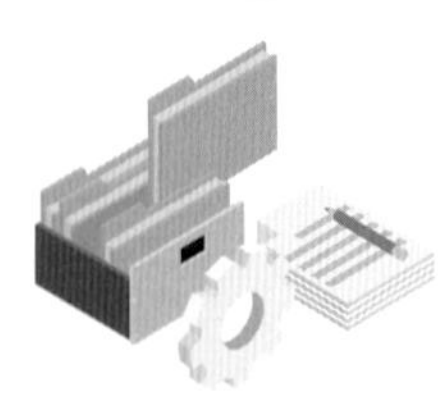

# Unit 2-20 國際教育





## 壹、定義

國際教育：「一種提倡國際面向的知識與態度，以促進國家間學生、教師、學校相互交流，增進彼此了解與學習。」（Epstein, 1994; Crossley & Watson, 2003）學生透過「教育國際化」的活動與過程，達到了解國際社會、參與國際教育活動、發展國際態度，以促進世界秩序及福祉為目的，即「國際教育」是推動「教育國際化」的目的（邱玉蟾，2011）。

## 貳、現況

全球化效應、網際網路科技趨勢及新住民移入形成的多元族群與文化融合，國與國之間的界線既實際又模糊，國際經濟與社會文化的連動越趨頻繁，國際人才競爭越趨激烈，面對日趨擴散多元的文化體系認知，教育被期待應積極協助做好準備與國際接軌。

國際教育為十二年國教總綱核心素養的重要內涵，宜以不同程度與各種策略融入所有領域／科目。國際教育 2.0「彰顯國家價值、尊重多元文化與國際理解、強化國際移動力、善盡全球公民責任」四大意涵為核心素養面向。

## 參、國際教育實例

2018 年漢民校長參加國際教育論壇發表，獲得與會法國教育集團總校長、漢法語言學院院長讚賞。會議結束後保持密切聯繫，並與所屬聖愛提小學簽署教育交流與合作協議。漢民校本課程「小王子」獲獎（法國兒童文學名著）後，與外語大學法文系簽定產學合作，翻譯成法文版閱讀課程及學習單轉贈姊妹校。

2020 年法國教育集團一百六十周年盛大校慶，惜國際間受 COVID-19 肆虐，無法前往進行國際教育參訪交流，逕以臺灣防疫成功經驗，用心製作「漢民防疫的一天」十段師生影片致予姊妹校，獲法國教育集團師生感謝並轉譯成法語版推展。

2021 年初，漢民與外語大學法國語文系合辦法國營隊及臺法姐妹校視訊，為認識法國優美語言文化及宣揚漢民特色，設計法文課、手作法式甜點及法國歌曲教唱課程，現場國標舞表演。總校長介紹法國教育集團及法國教育制度，聖愛提小學校長介紹學校課程特色，播放及解說三段學校學習生活影片，增進雙方彼此的了解，更熱情邀請漢民國小師生來法國姊妹校參訪。隔月，聖愛提小學藉由網路無國界，特地傳來法方幼兒園藝術教育作品，為擴大國際教育效益，漢民運用校慶、美展及網路分享，讓法國幼生作品傳頌校園及社區。

# 推動國際教育

推動國際教育學校資源盤點

學生背景
- 多元文化背景
- 國際交流經驗
- 語文基礎培訓

學校課程
- 特色課程
- 相關課程計畫
- 安排交流活動

教師社群
- 社群運作
- 國際教育知能
- 外語教師協作

外部資源
- 家長參與
- 社區與組織資源
- 媒合國際交流學校

# Unit 2-21 教育行銷





## 壹、定義

教育機構將特色、績效、課程、產品、教學模式、情境塑造……，運用行銷策略投入教育相關活動，以滿足顧客需求、提升組織品牌形象、強化經營效能、吸引資源投入、增進競爭優勢及達成組織目標，促進機構內教育人員、社區和家長及其他關注者對教育機構的了解，並樂於配合及支持的過程。

## 貳、效益

### 一、增加品牌知名度

凝聚向心力，肯定並支持教育機構的任務、特色及使命。

### 二、提供另類教育服務

推廣教育服務，提供顧客一般需求及特殊服務。

### 三、多元資源開拓整合

吸引資源信任投入及關注，創新整合增進競爭優勢。

## 參、趨勢

### 一、行銷策略朝向多重行銷搭配組合

如產品行銷、價格行銷、品牌行銷、廣告行銷、服務行銷、關係行銷、網路行銷等，多重組合使效益極大化。

### 二、教育行銷模式的新勢力

「體驗行銷、觀念行銷」有別於以往著重「產品行銷、價格行銷、品牌行銷」，消費者觀念決定消費取向，左右著消費行為。

## 肆、教育行銷案例

2017 年漢民承辦第六屆飲食教育——味覺教育全市性宣導活動。（如右頁圖）

### 一、創新思考

打破承辦教育活動慣例及概念，向外擴展到飲食產業、外交國際觀、教育新聞線、美食專欄作家、米其林餐廳主廚……一場共襄盛舉的提升學生原始味覺食材享用，高精緻、高水準的飲食教育活動。

### 二、策略聯盟

新聞概念突破傳統。教育線、產業線、地方新聞、全國活動版，跨足教育課程設計（師範大學）、食材教育（法式餐廳）、農業經濟小農市集（農業局）、飲食衛生健康（醫學院院長）、教育宣導（教育局）、食材提供（在地、外交部）。

### 三、品牌行銷

將漢民國標舞蹈作為開幕迎賓秀，打響漢民特色課程名聲。

此案獲得一致讚賞，當天活動效益達到共有 6 家電視臺、10 份平面報紙、31 家電子報報導。

# 教育行銷

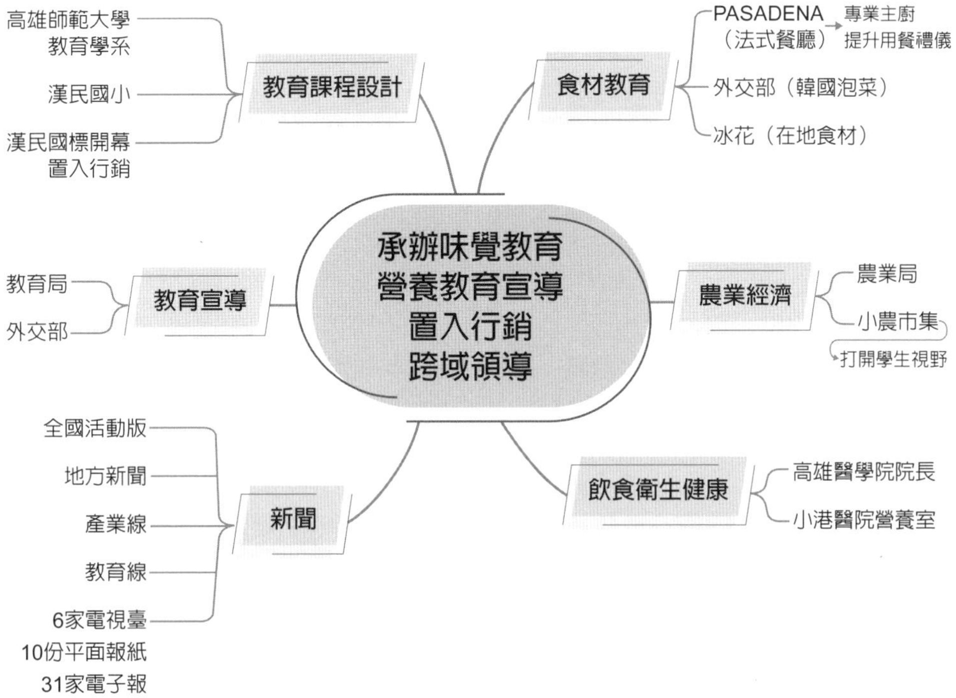

承辦味覺教育
營養教育宣導
置入行銷
跨域領導

- 教育課程設計
  - 高雄師範大學教育學系
  - 漢民國小
  - 漢民國標開幕置入行銷
- 食材教育
  - PASADENA（法式餐廳）→ 專業主廚提升用餐禮儀
  - 外交部（韓國泡菜）
  - 冰花（在地食材）
- 教育宣導
  - 教育局
  - 外交部
- 農業經濟
  - 農業局
  - 小農市集 → 打開學生視野
- 新聞
  - 全國活動版
  - 地方新聞
  - 產業線
  - 教育線
  - 6家電視臺
  10份平面報紙
  31家電子報
- 飲食衛生健康
  - 高雄醫學院院長
  - 小港醫院營養室

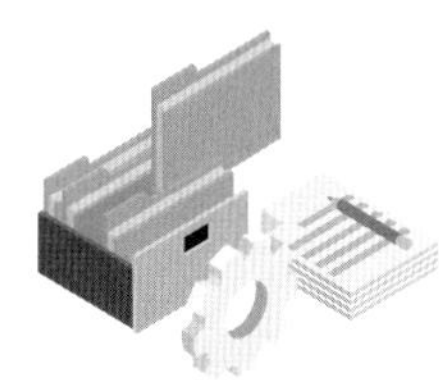

# Unit 2-22 教師觀備議課

## 壹、意義

教師基於社會建構理論進行協同學習，相互協助、相互刺激思考，發揮集體智慧，提升教師教學實務知識。強調合作概念規劃教師專業學習社群，在課堂透過省思對話及分享討論教學實務，聚焦於提升學生學習成效，實踐共同備課、公開授課與觀課、議課的方式進行專業成長，讓專業對話更聚焦、更有效果。

教師們願意貢獻各自教學經驗，讓觀備議課產生實用、專業、信任、合作和知識分享的價值，更能產生如 Nonaka 知識螺旋「共同化→外化→組合化→內化」知識管理循環效益，達到組織成長。

教師們共同思考學習目標、設計教學活動、發展教學策略、編製教學素材及資源準備，進而對於學生表現及學生可能遇到的學習困難作討論，提出合適的因應教學策略或補救措施，達成追求教學專業提升及學生學習成長的目標。

## 貳、角色面向

### 一、備課

教師教學前須從個人自備開始，思考引用的教學策略及流程進行，推估學生學習預期表現回饋，並做簡單記錄。接著進行社群主題相互對話，思考內涵包括：學生學習需求的學科先備知識、教學策略及活動補充及修正、歷程及結果的評量，培養推及高層次思維。良好的共備能設計發展完善適宜的教學活動、提高教學品質及學習成效、拓展適切的教師社群情誼及促進教師專業。

### 二、觀課

觀課夥伴以協助授課者觀察學生反應的立場，提供課堂上學生學習狀態的訊息。社群教師進行課堂觀課，記錄學生學習行為，重點在觀察了解面對教學進行的布題或提問，學生是如何思考與反應，以及教師因應學生迷失概念和習得無助感，該如何搭建學習鷹架，提升學生學習效果。

### 三、議課

議課是由授課教師先分享教學流程、內容及實際狀況，進行教學遭遇問題之處理說明及省思回饋；再請觀課者聚焦學生挑戰學習任務過程的事實，依觀察課堂學習與困難解決的師與生、生與生互動對話發言，授課教師再參照教學目的做省思及回應。

## 參、氛圍

以學生學習需求作為教師共同備課的起點，觀察教學及學習改善作為教師共同觀課的要點，專業對話與互學共好作為共同議課的重點。是故，經營良善專業成長的學校組織文化氛圍是重要的，如備課前邀請優質講座、教育現場成功實踐的專業講師、校內教學表現優異的典範老師，學生學習為中心的共備敘述、建議代替指示……，皆是營造溫暖且正向「學習共同體」的氛圍。

## 觀課倫理

謹守觀課倫理

- ❶ 說課
  - 說明上課主要教學設計
  - 學生會做哪些學習
- ❷ 觀課
  - 提醒觀察內容
  - 不干擾學生學習
  - 約定觀察位置
  - 不在教室遊走
  - 不做交談
  - 不指導學生
  - 可拍照範圍
  - 不將學生學習資料散播或公告

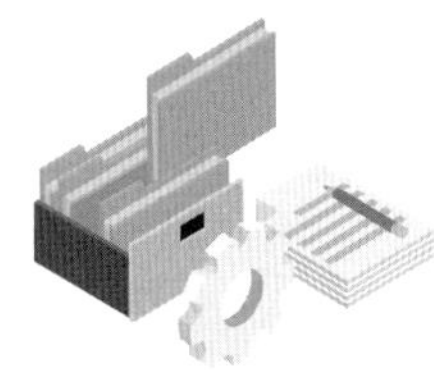

# Unit 2-23 異業聯盟

## 壹、定義

不同產業相互資源供應利用，共同合作行銷互惠關係，憑藉彼此品牌形象與名氣，拉攏更多面向族群客源；或引進對方資源之長來補己之短，在合作下達到競爭優勢，創造雙贏市場利益。

## 貳、優點

一、**提升綜效：**創造出整體價值大於結合前個別價值的總和效果。

二、**降低成本：**透過結盟引入外部資源，以降低成本及風險，產生最大回饋。

三、**拉高品牌：**結合弱勢團體或具知名度企業，以提升形象及知名度。

## 參、特性

一、**差異性：**聯盟各主體沒有利益衝突，為創建異業聯盟提供基礎。

二、**非競爭性：**聯盟參與者能夠竭盡全力，共同壯大發展。

三、**互補性：**找到與對方合作的特點，為自己創造價值。

**四、延伸性：**運作成熟穩定後，實現品牌提升、降低成本，客戶質量提升。

## 肆、趨勢

一、專注本業產銷研發，更需隨時了解其他產業發展趨勢及新科技的潛力。

二、興起關注及開發未被產業提供需求滿足之顧客群。

三、創意結合不同產業的資源與專長，惟創新結盟模式仍需視實際運作而定。

四、領導者須慎選策略聯盟合作對象，明訂權利義務；後續發展需隨時調整跨組織間文化融合與調適。

## 伍、異業聯盟案例

一、**企業成功結盟：**2022 年 9 月 1 日鴻海裕隆合推國產平價電動車 LUXGEN $n^7$ 電動休旅車。LUXGEN 新世代純電休旅 $n^7$ 源自於裕隆集團與鴻海集團合資的研發中心鴻華先進打造的原型概念車 Model C 發展而來，9 月 1 日發布並開放預購，由於訂單爆量，LUXGEN $n^7$ 預購僅一天立即暫停「$n^7$ 純電代言人」專案。

二、**醫院學校聯盟**（如右頁圖）

2015 年下旬漢民校長主動拜訪鄰近醫院（醫學院承接）院長，院長親率一級主管蒞臨漢民座談，並成立社區老人失能失智班，定期安排每學期每週課表，派駐醫師、護理師、職能治療師、諮商師、社工師、志工群建立「港漢大聯盟」，造福社區遠景。接續，積極邀請醫院進入校園進行衛教講座、宣導與關關活動。

2018 年漢民於醫院辦理師生美展、國標舞快閃及直笛合奏表演，撫慰傷病患者的身心靈，凸顯醫院、學校與社區的合作關係。

新任院長更邀集健康科技集團基金會，在鄰近醫院、最接近漢民的 7-11 首站合作 H2U 健康 ATM，堪稱全臺第一例的合作模式，共同來關懷學童健康，攜手同心共創 E 化健康學園 2.0 環境。

## 異業策略聯盟

「港漢大聯盟」
小港醫院
漢民國小

小港醫院
↓
漢民國小

**成立社區老人失能失智班**

❶派駐
醫師、護理師、職能治療師
諮商師、社工師、志工群

❷定期安排
每學期每週課表

漢民國小
↓
小港醫院

**撫慰傷病患身心靈**

❶辦理師生美展
❷國標舞快閃
❸直笛合奏表演

**校園衛教講座宣導與關懷活動**

專業醫療服務進駐校園

漢民國小
（小港區人數最多國小）

小港醫院
（高雄醫學院承接）

# Unit 2-24 超額教師





## 壹、定義

學校教育面臨少子女化、家長重視辦學績效、異質化……需求，在家長教育選擇權的趨勢壓力挑戰下學生流失，學校朝向減班、合併、裁併，導致超額教師因勢而生。

依據超額教師介聘作業規範，「超額教師」指學校因科、課程調整，或減班、停辦，致教師現有員額或班（類）別及科別超過核定編制員額數（總額超額）或各科需求數（單科超額）之教師。

學校超額教師數是依核定普通班及特殊班編制員額，按各科別（課程）所需教師數分別核算。學校對於超額教師，應按科別先於核定編制員額內自行調整因應，並以具有各該科別教師任教資格者為限。同一學校有進修學校或不同教育階段者得互相調整之。

## 貳、重要規範

### 一、序位

一般高級中等學校以下教師介聘，由學校協調各學科、領域、群科、專長超額教師接受介聘之順序如下：

**（一）自願接受介聘者。**

**（二）非自願接受介聘者**

1. 具有現職學校編制內合格專任教師期間之服務年資較淺者。

2. 年齡較輕者。

3. 抽籤決定（連江縣以教師積分表較低者為優先，新北市以行政年資為第二層評比的標準）。

### 二、介聘後

經介聘成功後不得放棄，應依通知期限至各介聘服務學校報到。介聘至新學校，除自願者外，自該介聘學年度起，三學年內不得再列為超額教師。但於當年度介聘後，三年內如原校有相同班（類）別及科別缺額時，得申請返回原校服務，該校年資積分歸零（當年度除外）；若多人申請以積分高低決定先後。

## 參、超額被拒

超額介聘之教師除下列各款情事之一者外，學校教評會不得拒絕：

一、《教師法》第十四條第一項各款情事之一。

二、涉校園性侵害、性騷擾或性霸凌事件，尚在調查階段。

三、已進入不適任教師處理流程輔導期、評議期及審議期。

## 高雄市立國民中小學超額教師介聘作業規範

**超額教師優先擇定方式**

(一)對自願列為超額教師者，應優先列入該校超額教師。

(二)教師領有身心障礙手冊或證明者，得依其意願不列入超額教師。

(三)教師若經預聘為該學年度主任經教師評審委員會通過後，得不列入超額教師。

(四)現任國民小學英語課教師經教育部加註英語專長登記，並通過相當於CEF架構B2級以上英語檢定者，經學校審議後得不列入超額教師。

(五)依《教育人員留職停薪辦法》第四條第一項各款應予留職停薪者，不得列為超額教師。

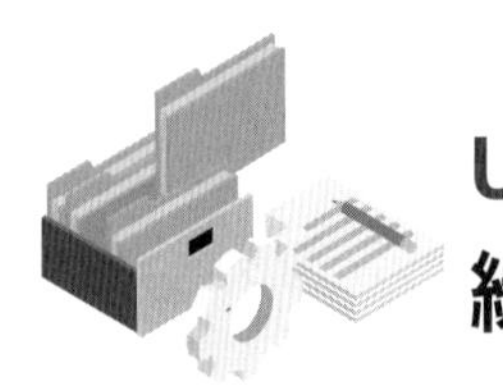

# Unit 2-25 綠化美化





## 壹、定義

「綠化」是指種植防護林、路旁樹木、農作物、住宅區和公園內的植物，以及改善城市中「水泥森林」型態，讓人得到舒適的生活環境，經由綠化將可改善環境衛生並維持生態系統的平衡與效益。「綠美化」是指環境經植栽、整理及布置，達到具有生態功能及空間美感之狀態；優點是提升城市景觀、改善市容、為行人提供休憩空間、減低市區熱島效應、改善空氣品質、交通噪音緩解、抵抗沙漠化等。

「社區綠美化」是行政院農委會林務局大力推動「社區林業──居民參與保育共生計畫」中的一環，強調與在地社群以夥伴關係共同經營森林，希望凝聚社區群體為共同的生活空間，營造出人文與自然和諧的人性化空間。

## 貳、施政作為

黃金十年國家願景──永續環境，2011 年 10 月 6 日「永續環境」十年願景計畫（2012 至 2020 年），生態家園推動策略：

一、健全國土規劃制度。

二、建構潔淨寧適環境。

三、建構整合流域及水資源管理與發展。

四、加強植樹造林。

五、強化生態保育。

六、加強海洋保護與資源利用。

## 參、績效

### 一、改善空氣品質

持續辦理空氣品質淨化區植樹綠化，增加總綠化面積與綠覆率，使空氣品質對人體健康無不良（PSI 小於 100）影響。2020 年辦理空氣品質淨化區優良認養單位甄選，其中高雄市小港區社會教育館、臺中市清水區海風里環保公園、高雄市鳳山區生明社區閒置空間綠美化皆獲特殊貢獻獎。

### 二、公有裸露地綠化

行政院環保署依《空氣汙染防制法》第十八條「空氣汙染防制費專供空氣汙染防制之用」，運用部分空氣汙染防制基金補助各縣市政府，針對垃圾場、廢棄物棄置場公有裸露地進行植栽綠化。至 2020 年 12 月底止已核定綠化面積約 1,764 公頃，包括：環保公園約 202 公頃、裸露地綠化及河川揚塵改善約 897 公頃、垃圾場及廢棄物（棄）堆置場綠化約 277 公頃、環保林園大道約 388 公頃、自行車道約 293 公里。

## 綠化美化

# 校園環境綠美化

### 目標

綠化美化校園
強化境教功能

建置永續校園
體認環境重要

設立入口意象
增加校園景點

### 進行方式

環境綠美化
規劃學校花圃植栽位置，
種植季節草花

環境整理
定期修剪校園樹木花草，
美化校園環境

校園新景觀
利用植栽製作入口意象，
增加校園景觀

### 成果

豐富本校植物樹種
增加學校境教功能

培養學生愛護校園
珍惜大自然的情操

增加綠地美化校園
提供居民遊憩空間

製作校園入口意象
充實校園景觀美景

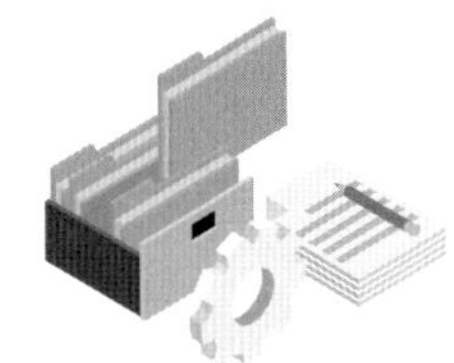

# Unit 2-26 課後照顧

## 壹、定義

課後照顧亦稱「學齡兒童照顧」（school-age child care， 簡 稱 SACC），各國政府為了照顧學童及父母安心就業，提出各種「課後方案」（after school program，簡稱 ASP）。以美國為例，不論課後照顧是營利或非營利組織，以強調多元學習為原則。臺灣推動課後方案有：課後學習輔導、國民小學課後照顧服務、攜手計畫──課後扶助、夜光天使點燈、數位學伴、永齡希望小學、博幼基金會課業輔導等，以「延伸學校教育的課後學習」及「搶救邊緣學生及預防性的課後學習」。辦理內容主要為課業輔導、作業指導、團康與體能活動、補救教學、藝術文化及生活照顧等，與正式課程、補習及單項才藝班教學等內容有所區隔。

## 貳、現況

教育部 2019 年《兒童課後照顧服務班與中心設立及管理辦法》：招收國民小學及幼兒園兒童，於學校上課以外時間，提供以生活照顧及學校作業輔導為主之多元服務，以促進兒童健康成長、支持婦女婚育及父母安心就業。

一、課後照顧服務班：公、私立國民小學設立辦理兒童課後照顧服務班。

二、課後照顧服務中心：鄉（鎮、市、區）公所、私人或團體辦理兒童課後照顧服務之機構。

三、上述二類得委託依法登記或立案之公、私立機構、法人、團體辦理公立課後照顧班或公立課後照顧中心；符合《政府採購法》及其相關法規規定，評鑑成績優良者，得續約延長一年。

四、每班兒童，以 15 人為原則，不得超過 25 人。每班以招收身心障礙兒童 2 人為原則，並應酌予減少該班級人數。

五、服務類型分為三類：平日服務、寒暑假服務、臨時服務。

六、課後照顧人員，應具備下列資格之一：

（一）高級中等以下學校合格教師或幼兒園合格教師、教保員、助理教保員。

（二）中小學兼任代課及代理教師、教學支援教師。

（三）修畢師資培育規定之教育專業課程者。

（四）符合兒童及少年福利機構專業人員資格者，但不包括保母人員。

（五）高級中等以上學校畢業須 180 小時課後照顧服務人員專業訓練課程結訓。

七、學校辦理課後照顧班，不得更動學校作息時間、教學計畫或進行超前進度教學，應以提供家庭作業輔導、團康體能活動及生活照顧為主。經費採收支平衡及明細公開等原則，依地方政府教育發展基金收支管理及運用自治條例納入學校教育發展基金管理，得採代收代付方式辦理，不得以營利為目的。

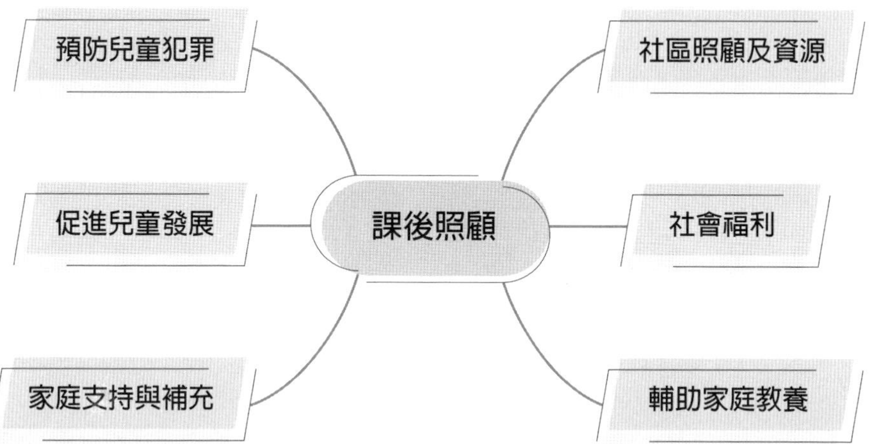
課後照顧之功能
預防兒童犯罪
社區照顧及資源
促進兒童發展
課後照顧
社會福利
家庭支持與補充
輔助家庭教養

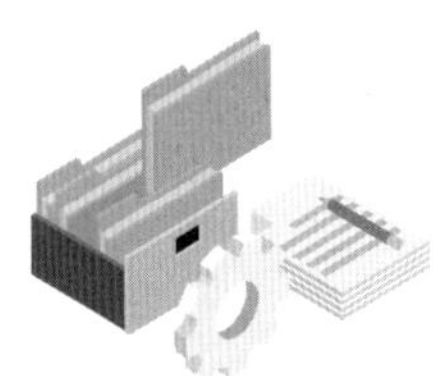

# Unit 2-27 閱讀計畫



## 壹、緣起

教育部自 2004 年 9 月至 2008 年 12 月之「焦點三百——國民小學兒童閱讀推動計畫」、2006 年 8 月至 2008 年 12 月之「偏遠國中小閱讀推動計畫」，至 2008 年度至 2017 年度之「悅讀 101——國民中小學提升閱讀計畫」與「提升國民中小學學生閱讀教育實施計畫」，2019 年持續推動「提升國民中小學學生閱讀素養實施計畫」，以加強閱讀推廣活動。目前教育部國民及學前教育署 2022 年度閱讀推動計畫仍接續推動。



## 貳、重要性

### 一、國際閱讀評比

閱讀教育內涵必須與國際接軌，讓臺灣學生具備足夠國際競爭力。

### 二、數位知識經濟時代

環顧數位科技及國際競爭，閱讀應更積極規劃善用數位科技，改變教與學模式，強化數位閱讀理解與重組應用知識能力。

### 三、跨域整合閱讀課程

面對日趨複雜社會議題及全球環境，閱讀課程應有探究實作、創新思維及跨域統整的思維。

### 四、全球教育翻轉創新

聚焦學生學習與教學效能，素養導向注重教學反思與課程彈性。

## 參、推動現況

依教育部 2019 年「提升國民中小學學生閱讀素養實施計畫」，期程至 2021 年 12 月 31 日止，分「自主閱讀學習」、「閱讀資源共好」、「閱讀行動擴展」三大構面。

### 一、自主閱讀學習

（一）發展自主閱讀學習課程與教學模式。

（二）提升教師閱讀素養教學專業知能。

（三）設置自主閱讀空間環境。

### 二、閱讀資源共好

（一）提升偏遠地區學校閱讀資源。

（二）推動閱讀教育資源均優。

（三）推廣新生與親子共讀活動。

### 三、閱讀行動擴展

（一）進行國際閱讀議題交流。

（二）表彰閱讀推動典範。

# 閱讀計畫

## 閱讀教育

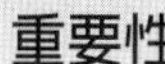

### 重要性

- 國際閱讀評比
- 數位知識經濟時代

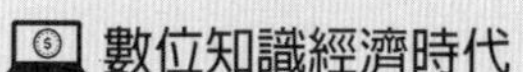

- 跨域整合閱讀課程

- 全球教育翻轉創新

### 推動現況

閱讀

**自主學習**

1. 發展自主閱讀學習課程與教學模式
2. 提升教師閱讀素養教學專業知能
3. 設置自主閱讀空間環境

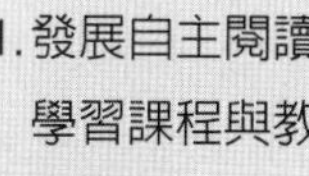

**資源共好**

1. 提升偏遠地區學校閱讀資源
2. 推動閱讀教育資源均優
3. 推廣新生與親子共讀活動

**行動擴展**

1. 進行國際閱讀議題交流
2. 表彰閱讀推動典範

# Unit 2-28 學校校務評鑑

## 壹、意義

學校校務評鑑是為了解學校辦學表現，對學校整體事務進行評鑑，涵蓋校長領導與行政管理、課程教學與評量、學生事務與輔導、教學資源與整合、學校特色等；是以檢視整體校務運作、歷程和結果，評估作為與發掘問題而給予建議。

積極目的是精進辦學績效、提升教育品質、發展學校特色及追求卓越、建立品牌競爭力。

## 貳、程序

校務評鑑應視同學校健康檢查，以資訊公開、自我精進、關懷支持、因校制宜、資料多元及鼓勵改進創新，評鑑程序為「進行自我評鑑→外部評鑑訪視→評鑑後改進」。

### 一、進行自我評鑑

校內分工提早因應，依評鑑項目、指標彙整、補充不足資料，對照指標進行評估分析、檢討優缺點、撰寫可行應做之改進建議，以提供外部評鑑小組實地查訪參考。

### 二、外部評鑑訪視

教育行政機關聘請評鑑小組，赴校實地訪視。經簡報、查閱資料、校園重點檢視、親師生訪談、綜合座談，經對應學校自我評鑑資料，了解事實、評核績效和提供改進策略。

### 三、評鑑後改進

收到評鑑結果，閱讀重點、給予肯定表揚、妥善解讀檢討回應、公開說明、務實方案改進。

## 參、停辦評鑑

臺北市各級學校校務評鑑2018年度起停辦兩年；高雄市2019學年度暫停高中職、國中小學校評鑑，未來不再進行學校校務評鑑，規劃學校就新課綱實施進行校務盤點；新北市自2020學年度上學期停辦高中職校務評鑑，國中小自2020學年度下學期停辦。2020年4月教育部宣布停辦高級中等學校校務評鑑，轉型精進接軌108課綱。

停辦評鑑目的有二：「行政減量、輔導支持系統」。讓教師減輕負擔將時間留給教學，行政人員更專注服務支持教學系統運作，學生獲得更良好的教學品質；並依據平日校務行政系統填報教師進修、學生成績、工程修繕等評鑑所需的項目，教育行政機關自校務行政系統中擷取，再協助學校依據條件差異，創造個別學校品牌特色。

# 學校校務評鑑

## 校務評鑑的問題

忽略教學視導
嚴重忽略學生學習成果

時間過於短促
評鑑委員難以充分了解學校運作

評鑑指標繁雜
準備資料耗時費力

評鑑分組排定與指標制定
未能顧及個別差異

未依評鑑成績給予相對補助
或作為經費編列的基礎

重視外部評鑑而忽略內部評鑑

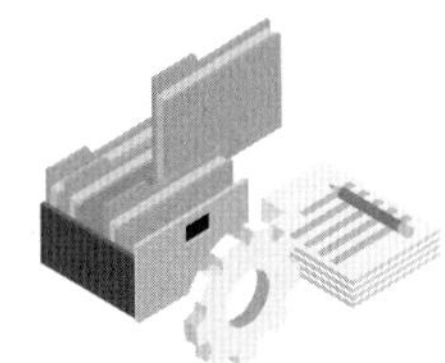

# Unit 2-29 學習成就評量

## 壹、重要性

學習成就評量是教師在課堂教學中進行，以了解學生學習情形，為教育過程中的一項必要工作，是學校及各級教育主管機關掌握各級教育績效及教育品質，為教育決策提供實證資料。目前世界主要國家都積極推展學習成就評量，以檢視國民在國際上的競爭能力。

## 貳、緣起

在八十年前，美國的學校就使用民間機構研製的全國性常模測驗，衡量學生各學科學習程度。美國教育部教育統計中心（U.S. Department of Education, National Center for Education Statistic）從 1969 年起主導，推展「全國教育成果評量」（National Assessment of Educational Progress，簡稱 NAEP），檢測全國四、六、八、十二年級學生學習成果，含閱讀、寫作、數學、科學、社會、公民、美國歷史、地理、文學、音樂、電腦教育等十一項學科，並分析不同性別、社經背景和族裔，以及不同地區學校之間的差距。

## 參、臺灣現況

國民中學學生學習成就評量標準的範圍涵蓋國中階段語文、健康與體育、社會、藝術與人文、自然與生活科技、數學及綜合活動等七大學習領域，表現等級區分 A 到 E 共五個表現等級。

建置與課綱能力指標相對應的評量標準，是作為全國教師在進行教學評量時的統一參照依據，能幫助國中教師區分及了解學生的學習表現，進而調整其教學內容與方式，更可設計適當的補救教學課程與活動，以協助提升學生學習品質，達到維繫基本學力、縮減學習成就落差的任務。

而今，十二年國教後，透過免試管道進入高中、高職及五專的國中畢業生，在沒有升學考試下，是否仍維持國中學生的學習動機和學習成效，為國中階段教育評量迫切重要的問題。

**Notes**

臺灣自 106 年起，十二年國教課程各領綱逐步公告，國中學生學習成就評量標準及評量示例即配合修正與調整；接續延伸至國小，使第一至第四學習階段皆與課綱完整對應，作為教師教學與評量的參考依據。

# 學習成就評量

學習成就評量功能
❶了解教學與學習成效現況
❷診斷教師教學及學生學習缺失
❸偵測趨勢與變化
❹衡量學生學習成長
❺檢視個別或組別差異
❻提供分級分等與分組依據
❼探究與學習相關之因素

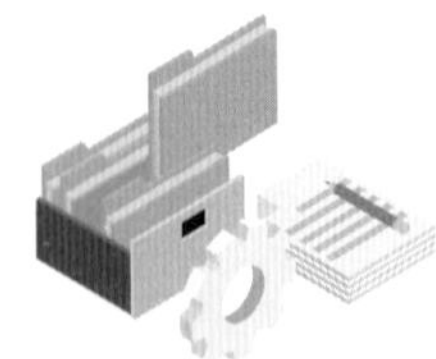

# Unit 2-30 親職教育

## 壹、定義

社會工作辭典對「親職教育」的定義：為家長提供有關兒童、青少年發展及教養子女知識，以便使父母扮演適當職分的教育過程，其目的在於促進良好家庭關係，而範圍則包含嬰兒營養、兒童保健、就學、社會行為，乃至協調家庭關係及善盡社會責任等知能。

## 貳、內容

親職教育的目的是使未婚及已婚男女認識未來健全的父母的職責，以建立和善的親子關係。參照社會要求，了解父母與子女間實施於家庭生活互動和教育訓練，家庭環境、家庭氛圍、父母言行和子女成長產生的潛移默化和薰陶，包括：正確的親子關係、認知父母的職責、有效親子溝通的方法、兒童如何面對社會問題及解決之道、自我成長等。

社教機構及學校教育為強化家庭功能，增進子女身心健康，建立美滿幸福家庭，多會利用與家長宣導溝通的機會，推廣親職教育之教育方案及課程，實施方式有專題講座、親職專刊、諮詢專線、親子藝文活動、親師交流、家長成長團體、大眾傳播工具等宣導親職教育等方式。

推行親職教育應掌握父母親在扮演父母角色上的需求及實際狀況，才能搭配活用各項親職教育實施方式發揮效果。惟家庭失能、功能欠缺不足，如特殊兒童、新移民、新住民、兒虐施虐者、離婚、未成年母親、智能障礙子女之家長、藥物濫用、中途輟學……，就需要專業親職教育課程輔導方案介入。

## 參、重要性

親職教育自嬰幼兒時期起就開始，會奠基影響日後想法、理念、行為、價值觀，與學校教育及社會教育相互影響和延伸，具有先導性、感染性、權威性、針對性、終身性，更屬終身教育的重要一環。



**Notes**

**強制性親職教育輔導**

《兒童及少年福利與權益保障法》第一百零二條：父母、監護人或實際照顧兒童及少年之人有下列情形者，主管機關應命其接受四小時以上五十小時以下之親職教育輔導：一、未禁止兒童及少年為第四十三條第一項第二款行為者。二、違反第四十七條第二項規定者。三、違反第四十八條第一項規定者。四、違反第四十九條各款規定之一者。五、違反第五十一條規定者。六、使兒童及少年有第五十六條第一項各款情形之一者。

# 親職教育

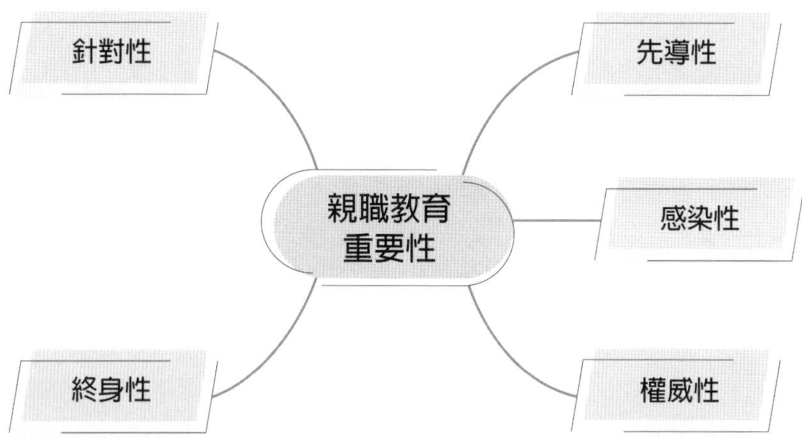

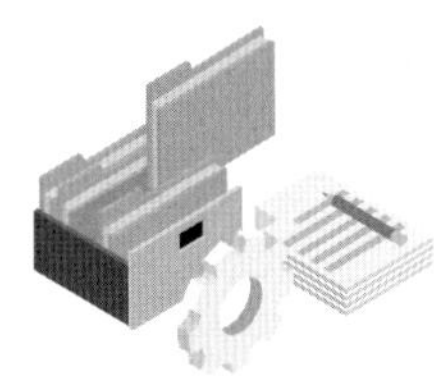

# Unit 2-31 環境教育

## 壹、緣起

1975 年聯合國教科文組織召開國際環境教育研習會，發表「貝爾格勒憲章」（Belgrade Charter），宣示國際環境教育的原理與方針，鼓勵各國實施學校課程環境化（environmentalization），包括認知、情意、技能的環境教育內容，融入現行教學活動，主要實施方式為「多科性融入式課程、親近接觸自然環境及社會環境的戶外教育、具科際整合性質的環境主題活動」。

我國於 2002 年制定《環境基本法》，宗旨為「提升環境品質，增進國民健康與福祉，維護環境資源，追求永續發展，以推動環境保護。」2010 年制定《環境教育法》將環境品質作為保障國民福祉重要依據，以教育鞏固個人及社會與環境的關係；其中，第十九條明訂「機關、公營事業機構、高級中等以下學校，應訂定推展環境教育計畫，使所有員工、教師、學生每年均參加四小時以上環境教育。」

## 貳、教學目標

1975 至 1977 年聯合國啟動環境教育主要教育目標：環境議題的覺知與敏感度、環境議題的知識學習、環境價值觀與態度、環境行動的技能、環境行動的經驗。我國九年一貫課程環境教育議題就以環境教育五大教育目標為基本理念，並據此為課程目標與分段能力指標的課程核心內容。

環境教育議題自 2003 年發布《國民中小學九年一貫課程綱要》，與其他六大議題以獨立成冊的課程綱要呈現。延續九年一貫課程之議題教育，2019 年環境教育與性別平等、人權、海洋教育列為十二年國教四項重大議題，並以「環境倫理、永續發展、氣候變遷、災害防救、能源資源永續利用」為五大學習主題，在各學習主題下依學習階段分別發展對應之實質內涵。

## 參、重要性

環境教育早期是以自然研究、戶外教育、保育教育等課程為主，以及人類的社會環境及受人類影響的自然環境之認知內容。後續發展為「了解如何去協助解決環境問題，以及積極尋求解決問題之公民態度，並且能運用教育的方法，來培育國民重視環境、採取行動，促進國民了解個人及社會與環境的相互依存關係，並增進全民環境倫理與責任，進而維護環境生態平衡、尊重生命、促進社會正義，培養環境公民與環境學習社群，以達永續發展之公民。」故環境教育是「動態的歷程、全民的、終身的價值教育、達到改善環境為目標」之教育過程。

國際間以環境保護為主的環境教育，逐漸發展成為兼顧環境、社會與經濟的永續發展教育，創造一種教育環境，強調人與其環境關係的一種教育過程。藉由教育過程，使全民獲得保護及改善環境所需之倫理、知識、態度、技能及價值觀，是一種新倫理——環境倫理。

# 環境教育概念

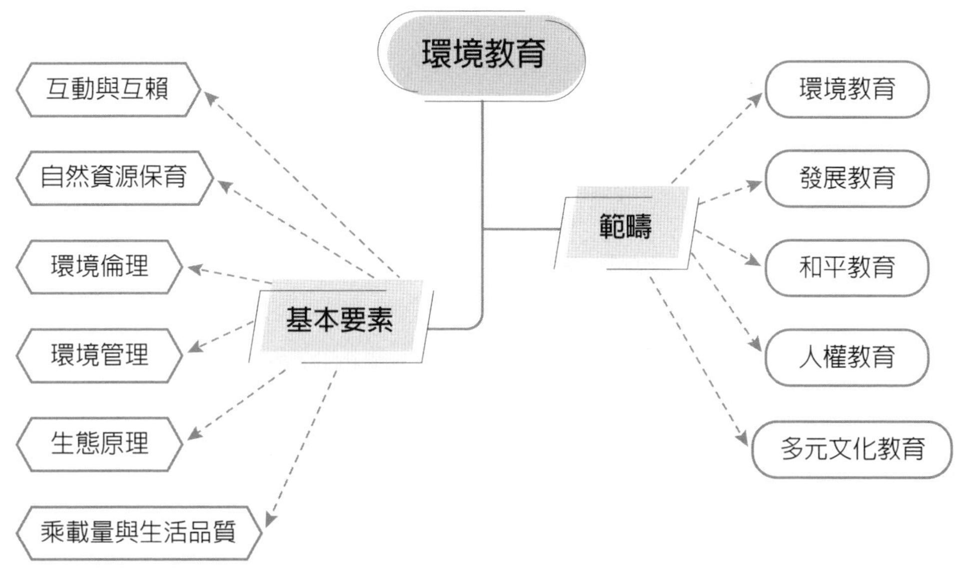
環境教育
基本要素
互動與互賴
自然資源保育
環境倫理
環境管理
生態原理
乘載量與生活品質
範疇
環境教育
發展教育
和平教育
人權教育
多元文化教育

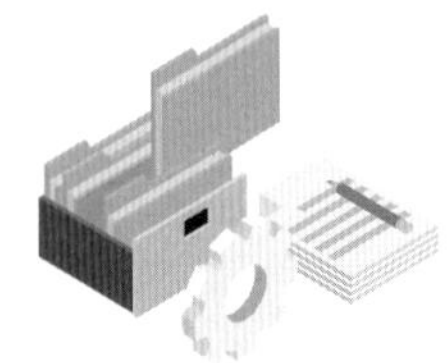

# Unit 2-32 轉型與互易領導

## 壹、定義

「互易領導」(又稱交易領導)強調領導者與部屬之間的關係是互惠的,且是基於經濟的、政治的及心理的價值之互換。領導者基於達成工作目標及角色詮釋,適時運用協商、利益交換、獎賞處罰等滿足部屬的需求方式,激勵部屬努力工作,完成任務目標,是一種以物易物的領導。

「轉型領導」係指領導者有遠見、運用改變夢想為事實的願景領導,魅力關懷下屬,能深思熟慮的不畏困難、有勇氣且具有企圖心、策略性激勵啟發,鼓舞組織內外共同採取行動,塑造優質組織文化發展特性,激發成員信心及提升工作結果,朝向高層次價值的工作意願,促使組織不斷地變革與創新,共創組織未來發展願景。

## 貳、重點

互易領導成功的重點,在於領導者做到:認識並了解部屬的需求是什麼,對部屬的努力所要求的獎賞予以承諾和互易,部屬從工作中獲得立即的自我利益。互易領導者應適時活用「後效酬賞、例外管理」,後效酬賞係指部屬完成既定目標後,領導者所給予的承諾、或實質的正增強歷程;例外管理係對部屬不當行為給予處罰或剝奪獎勵之負增強歷程,如年終考核、年級安排、行政職務分配等措施。此二類都是屬於交易領導。

轉型領導成功的重點,在於領導者做到:經由提升部屬對工作預定結果之重要性與價值的了解與知覺,發展明確且受成員認同的共同願景,激發部屬去做比他們原先期望更多的事;鼓勵部屬為組織而超越其自身的利益,改變部屬的需求層次。

互易領導僅於維持既有的組織文化,領導者用酬賞與獎勵的承諾來換取成員的努力,並回應成員的立即利益需求;即互易領導重視外在動機和需求,在酬賞中建立互惠。

轉型領導的領導者致力於鼓舞成員分享組織的願景和目標,挑戰自己成為創新的問題解決者,經由訓練、指導、挑戰和支持來發展成員的領導能力,著重發展及創新組織文化。

領導者在不同的時間面對不同情境時,可權宜運用這二種類型的領導。

## 參、學校實例

一、**互易領導:**以帶領團隊之教師不用參與無聊的教職員晨會為交換條件,加以引進外界資源為動力導向,消除以往訓練團隊吃力不討好的舊觀念。

二、**轉型領導:**校長積極與學校特色團隊(體育、語文)兩大領域夥伴搏感情,以明顯的真心相待和資源支持,認真與成員良性互動,換來一個個願意嘗試付出與訓練,創造出近程戰績;從原已幾近品牌蒙塵的學校,在種種不增加原校內教師工作量的方向下,各項成果深獲家長肯定,轉型成功。很快的,進入了多種不同技術的特色團隊,短期就可勇奪各項比賽獎牌、獎杯,揚名在外。

## 適用學校組織的轉型領導

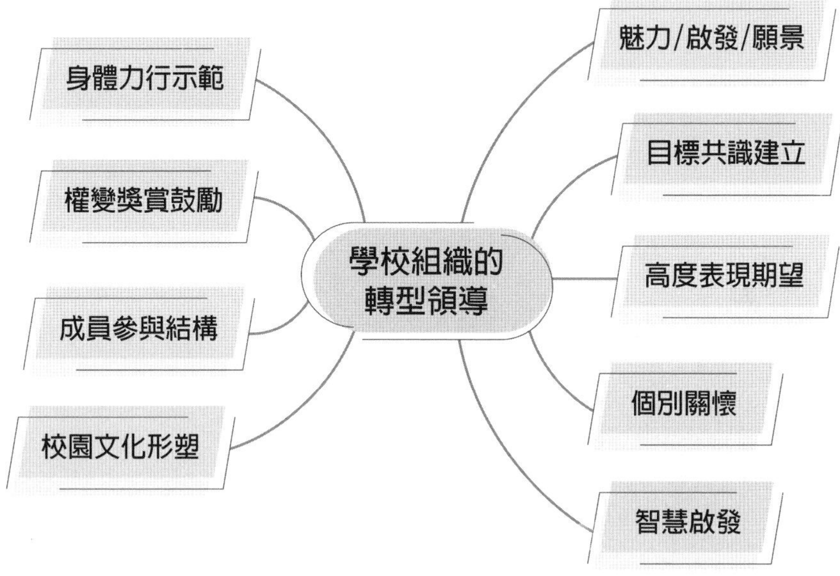

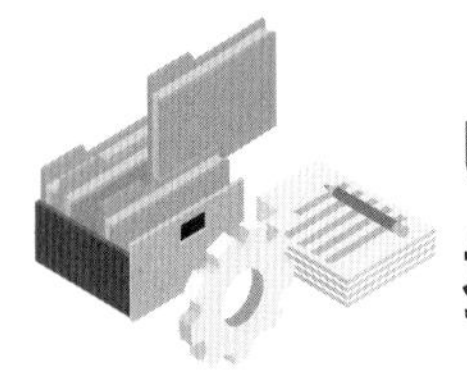

# Unit 2-33 攜手計畫





## 壹、目的

教育部推動「攜手計畫課後扶助」方案，為解決部分學生因家庭或社區文化刺激不足，加強扶助弱勢家庭之低成就學生，藉補救教學方式，使弱勢國中小學生在義務教育階段均能培育出基本的學習能力，弭平其學習落差。

## 貳、演進

教育部自 2003 年度規劃關懷弱勢、弭平落差課業輔導，結合政府及民間組織引進大專志工輔導學習弱勢學生；2004 年試辦退休菁英風華再現計畫，鼓勵退休教師協助弱勢學生課輔；2005 年規劃攜手計畫──大專生輔導國中生課業試辦計畫，以大專學生就讀學校所在縣市就近提供課輔；2006 年度統整推動「攜手計畫課後扶助」。

## 參、實施內容

### 一、參加補救教學資格

級任老師或國語文、數學、英語、自然與生活科技、社會等任課教師，經家長同意或由家長為學生提出申請，才能對學生進行補救教學；對於無學習意願之學生無法強制實施。

#### （一）學習成就低落者

都會地區以單一學科班級成績後 25% 為指標，非都會地區以單一學科班級成績後 35% 為指標。偏遠地區或特殊原因專案報經縣市政府同意後得放寬篩選範圍至後 40% 為指標，倘需再放寬篩選範圍，應專案報經教育部同意。

#### （二）受輔學生身分

原住民子女、身心障礙人士子女、外籍或大陸及港澳配偶子女、低中收入家庭學生及免納所得稅之農工漁民子弟、隔代教養及家庭失功能子女（包括單親）、身心障礙學生及經鑑定為疑似身心障礙學生、經學習輔導小組認定有需要之學習成就低落國中小學生。

### 二、實施時間與科目

課餘時間進行國語文、數學或英語文需求科目（領域）之學習扶助，學期中每週 4 小時，寒暑假每週五天、每天 4 小時，另開放 20% 之活動及藝能課程，全年度上課節數最多以 244 節為原則。

### 三、師資

教學人員為現職教師、退休教師、儲備教師、大專生等。教育部自 2011 年起辦理補救教學 18 小時師資研習課程規劃及種子教師培訓，以改善補救教學師資素質為目標，優化「攜手計畫」政策成效。

# 攜手計畫

## 攜手計畫學校辦理項目

- 了解學習扶助精神與內容
  - 參加縣市辦理說明學習扶助之相關會議
  - 參閱學習扶助標準作業流程手冊作業要點與注意事項規定
- 宣導及篩選
  - 積極對教師、學生及家長進行宣導與意願調查
  - 依規定提報初步篩選學生
  - 透過篩選測驗了解學生學力程度
  - 規劃安排學生學習扶助開班事宜
- 招募及培訓
  - 依規定招募教學人員善用資源平臺人才招募系統
  - 協助完成現職教師8小時非現職教師18小時學習扶助師資研習
  - 辦理職前研習進行專業對話
  - 自辦或派員參加學習扶助教師增能研習
- 教學支持
  - 成立並定期召開學習輔導小組會議
  - 規劃編班課程科目安排
  - 教師教學需求支持教學品質評估
  - 學生學習成果檢視及分析
  - 辦理結案異動轉銜事宜
- 經費核銷
  - 配合縣市相關規定如期填報核銷相關經費

第 3 篇

# 行政領導與政策推動篇二

章節體系架構

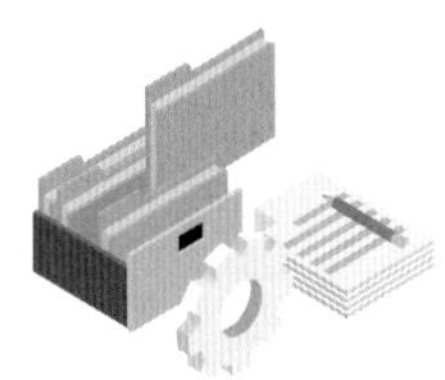

# Unit 3-1 人力資源管理

## 壹、概念發展

人力資源管理這概念源自於英國的勞工管理。傳統上，這概念係指人事管理，近年來受到民主化、權利下放等理念的影響，傳統的人事管理模式已無法因應人力資源在組織發展之需求，人力資源從傳統的人事管理轉而強調人力資源管理。

人力資源管理概念的發展，約有如下的演變：1920年代F. Taylor強調科學管理精神並以工作分析來檢視人力的運用；1930年代霍桑實驗強調需對非正式組織成員心理重視；1950年代重視績效評估、員工的遴選；現代則將安全與衛生、員工滿意度、壓力管理及勞資關係等納入人力資源管理的內涵。簡言之，現代的人力資源管理重視人才的主體性、領導階層和組織成員關係的平等性，強調人才能力的價值以及人力開發。

## 貳、意義

係指對人力資源的磁吸人力、選擇人才、維持人力、發展長才及運用人力資源，以達成組織與個人的目標。所以人力資源管理透過擴大組織成員參與組織決定，有效發展其工作潛力，以滿足個人與組織目標的一套原理原則與方法。

## 參、特點

一、適才適所，人盡其才。

二、團隊協力，合作共好。

三、激發潛能，樂在工作。

四、需求滿足，價值展現。

## 肆、層面

人力資源管理是透過選用、領導、激勵、發展的歷程，以營造良好人際互動關係來達成學校及個人目標。說明如下：

一、**成員選用**：如人才的招募、甄選以及任用等。

二、**成員領導**：透過組織領導、溝通或是激勵等來建立正向組織文化或氣氛，進而維持優秀人才留用，激發成員工作士氣。

三、**成員激勵**：如透過不同激勵策略來激發教師的動機、成就感、協助組織成員壓力與挫折之情緒管理。另外也可透過共備觀議課、研習等來提供成員增能成長的機會。

四、**績效評估**：如透過考核、評鑑等機制，對成員的表現加以評估以確保工作績效。

五、**人際關係**：透過友善校園營造和諧氣氛、建立多元溝通管道來協助組織成員營造良好人際關係，以利成員合作共同達致個人與組織目標。

## 伍、省思

一、引入教育新血，注入組織活力。

二、營造學習組織，增進專業素養。

三、善用激勵機制，激發組織承諾。

四、利用評鑑考核，引導省思發展。

五、營造民主校風，暢通溝通管道。

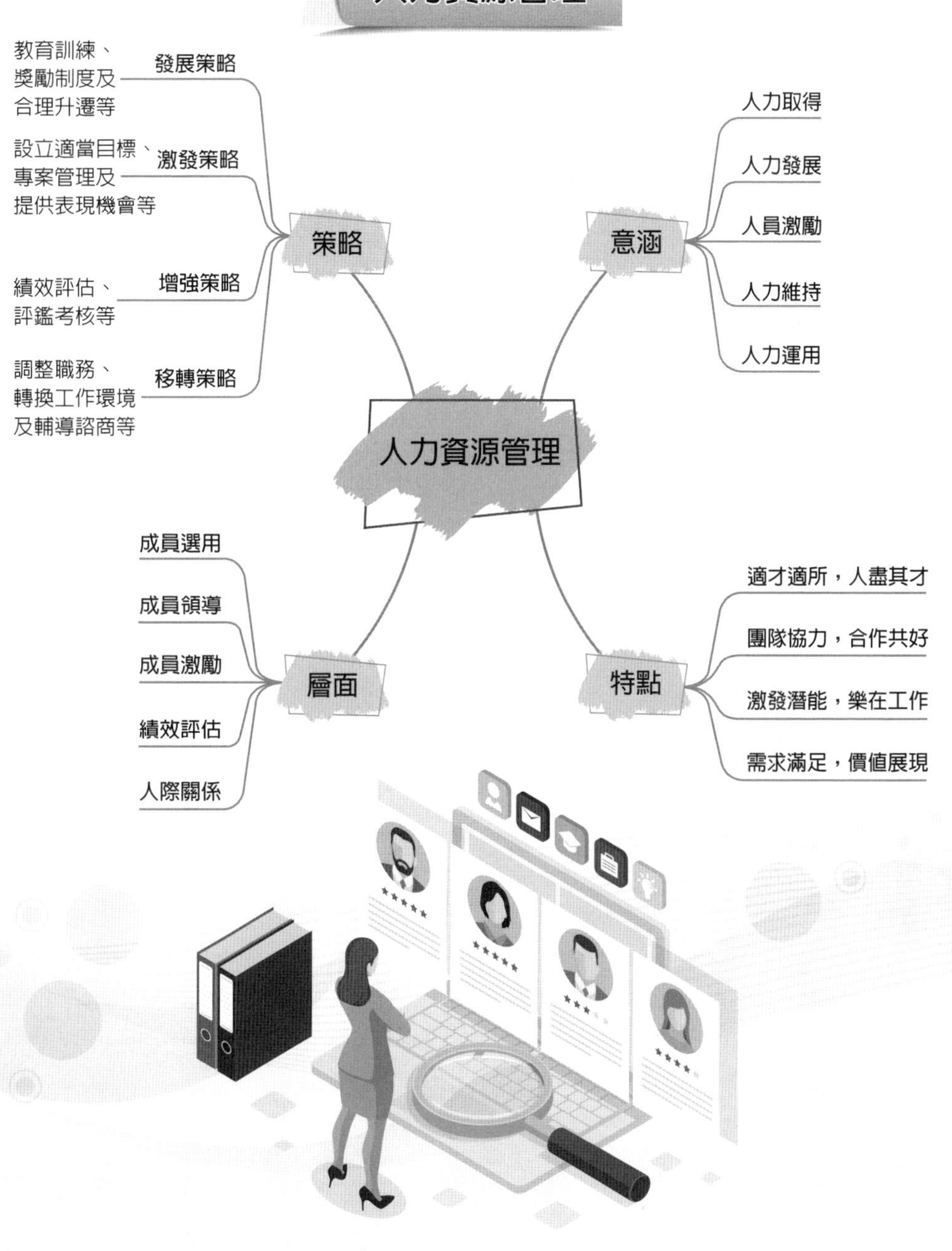
人力資源管理
人力資源管理
策略
發展策略
教育訓練、
獎勵制度及
合理升遷等
激發策略
設立適當目標、
專案管理及
提供表現機會等
增強策略
績效評估、
評鑑考核等
移轉策略
調整職務、
轉換工作環境
及輔導諮商等
意涵
人力取得
人力發展
人員激勵
人力維持
人力運用
層面
成員選用
成員領導
成員激勵
績效評估
人際關係
特點
適才適所，人盡其才
團隊協力，合作共好
激發潛能，樂在工作
需求滿足，價值展現

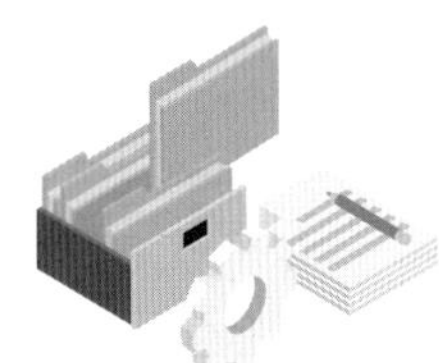

# Unit 3-2 不適任教師

## 壹、法源及類型

所謂不適任教師係指依教師所犯情節輕重之不同，並依《教師法》（以下簡稱本法）第四章有關解聘、不續聘、停聘及資遣之程序要件及法律效果，在本法第十四條至第十六條、第十八條、第二十一條至第二十二條、第二十七條所處理之類型對象。

### 一、解聘、不續聘

**（一）終身解聘**：教師有本法第十四條第一項規定各款情形之一者，應予解聘，且終身不得聘任為教師。

**（二）解聘一至四年**：教師有本法第十五條第一項規定各款情形之一者，應予解聘，且應議決一年至四年不得聘任為教師。

**（三）原校解聘、不續聘**：有本法第十六條第一項前段規定，教師於聘任後，有教學不力或不能勝任工作有具體事實、違反聘約情節重大者，應經教評會審議通過，並報主管機關核准後，予以解聘或不續聘。

### 二、停聘

**（一）終局停聘**：有本法第十八條第一項規定，教師行為違反相關法規，經學校或有關機關查證屬實，未達解聘之程度，而有停聘之必要者，得審酌案件情節，經教師評審委員會委員三分之二以上出席及出席委員三分之二以上之審議通過，議決停聘六個月至三年，並報主管機關核准後，予以終局停聘。

**（二）當然暫時停聘**：教師有本法第二十一條規定各款情形之一者，當然暫時予以停聘。

**（三）暫時停聘**：教師有本法第二十二條依涉案內容之不同，分別於第一項、第二項加以規定。

1. 本法第二十二條第一項規定：教師涉有下列各款情形之一者，服務學校應於知悉之日起一個月內經教師評審委員會審議通過後，免報主管機關核准，暫時予以停聘六個月以下，並靜候調查。

2. 本法第二十二條第二項規定：教師涉有下列各款情形之一，服務學校認為有先行停聘進行調查之必要者，應經教師評審委員會審議通過，免報主管機關核准，暫時予以停聘三個月以下。

### 三、資遣

教師有本法第二十七條第一項規定各款情形之一者，應經教師評審委員會審議通過，並報主管機關核准後，得予以資遣。

## 貳、不適任教師的成因

一、**欠缺訓練**：未依課程與教學目標授課、未能有效備課、無法引起學生動機與注意力、無法給予學生適切的回饋、缺乏常規與班級經營技巧等。

二、**個人問題**：身體健康問題、精神問題、情緒失控、家庭及個人問題等。

三、**態度不佳**：士氣低落、排斥接受視導或對其教學上的建議、缺乏教學的熱情、缺乏改進的動機等。

## 參、處理困境

一、蒐證費時且困難；二、學校教評會的處理能力與意願不足；三、處理人員專業素養不足或情誼因素牽絆；四、校長面對的壓力與處理的態度；五、不適任教師的自我保護與反擊；六、外界或家長力量的干預；七、教師本身的人格特質不適合從事教職；八、輔導機制未臻健全。

## 肆、處理原則

不適任教師之處理程序相當複雜，一般學校行政人員顯非其專業，處理原則可有如下幾點（李柏佳，2017）：一、漸進處理原則；二、客觀審理原則；三、改過遷善原則；四、證據保全原則；五、申訴等待原則；六、有利當事人原則。

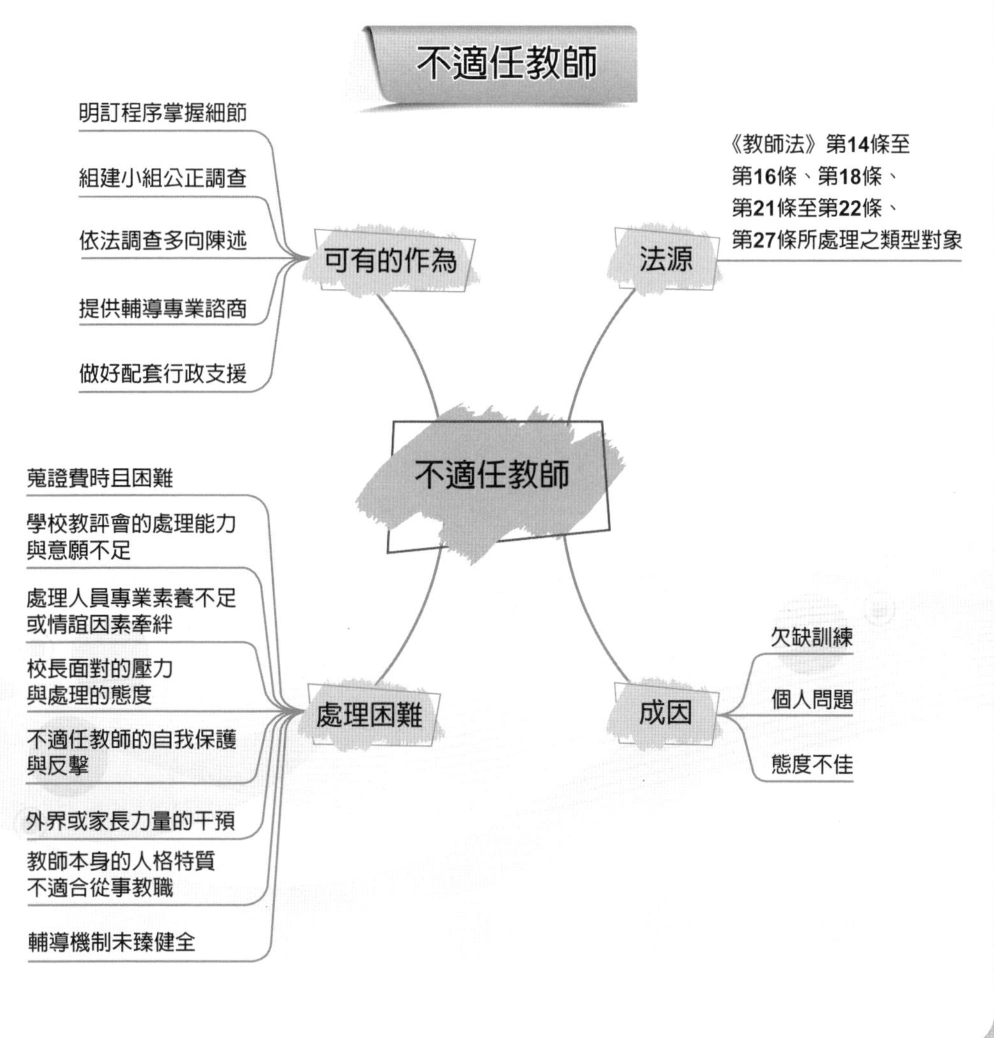

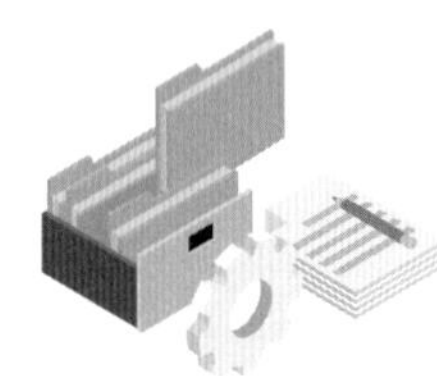

# Unit 3-3 分布式領導

## 壹、理論源起

分布式領導一詞的起源最早可追溯到 1959 年由 Gibb、Platts 與 Miller 著作的《參與式團體動力》一書第四章〈分享與領導〉中首度提出「分布式領導」一詞，在該書中提到四種領導方式：獨裁式、家長式、個人式及參與式，其中獨裁式、家長式、個人式氛圍是由領導者決定，參與式領導則是由群體所決定的領導環境，具有分布式領導的意味。

## 貳、意涵

### 一、意義

分布式領導的核心概念在於領導並非個人或某個職位獨攬所有權利並擔負責任，領導活動散布在組織中的各個成員，每個成員在其所負責的範圍或領域下，以信任與合作方式參與領導實務運作，擔任領導者角色並承擔領導責任，以完成組織任務、達成組織目標及提升組織效能（吳清山、林天祐，2010）。

### 二、內涵

**（一）建構清晰的願景**：校長與學校同仁共塑學校目標與願景，訂定彼此共同努力的方向，產生共識並朝教育目標邁進。

**（二）營造信任的文化**：透過校長良好學校氣氛的營造，形塑關懷、尊重與開放的校園環境，信任與支持的互動模式引導組織成員有良善的合作關係。

**（三）共享學校的權責**：鼓勵學校教師積極參與學校事務，並透過明確的權責與組織分工，全體成員共同承擔學校整體績效責任。

**（四）關注領導的實踐**：以組織運作來激發學校教師的領導能力，蓄積教師積極投入領導能量並建立有效領導的價值與信念，促使學校發展目標實踐。

## 參、特徵

一、關注每個組織成員領導才智的發揮。

二、關注領導行為的情境性。

三、強調組織團隊的合作行動。

## 肆、運用分布式領導於學校組織中可能需思考的問題

一、組織成員不願承擔學校領導工作而有逃避現象。

二、因決策者多而容易導致意見紛歧。

三、領導權力外（下）放，可能產生阻力。

四、學校科層體制生態與分布式領導型式不相容，易有模糊空間產生，進而造成內部力量抵銷導致組織分裂。

五、領導如何分布與發展其權力、責任？由誰分布是必須審慎考慮的課題。

六、領導權力分散不公和成員負擔責任太大。

# 分布式領導

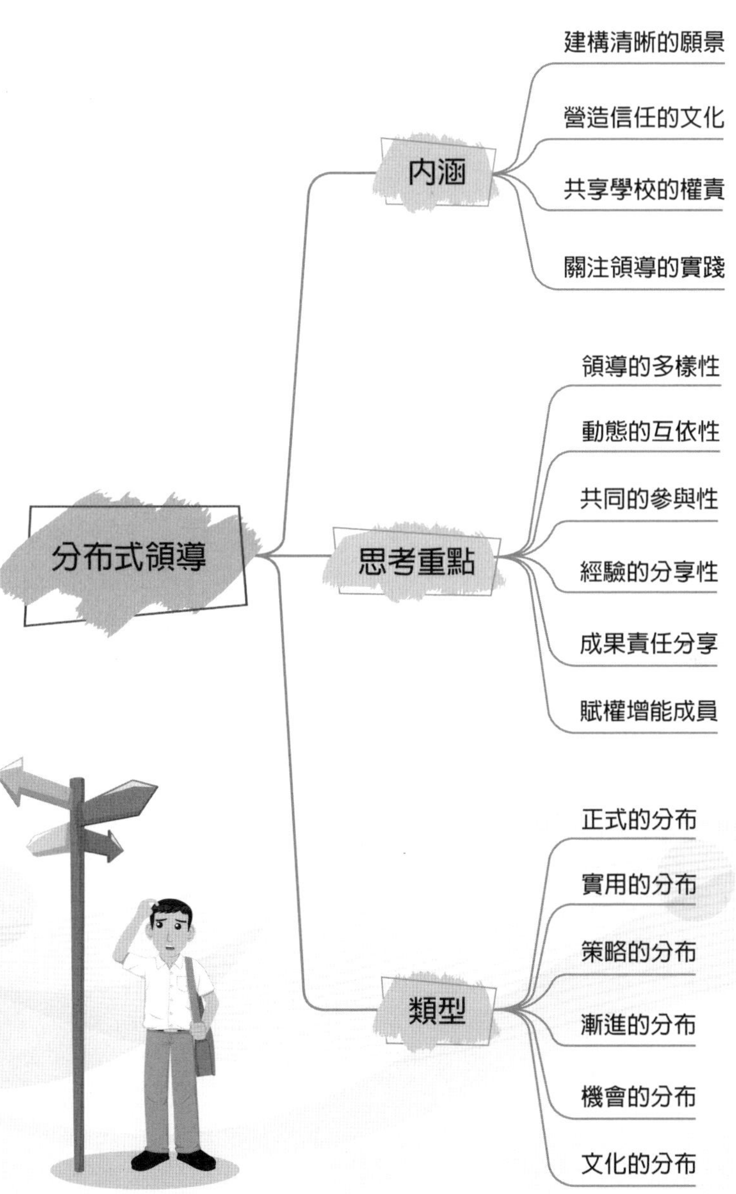

分布式領導
內涵
建構清晰的願景
營造信任的文化
共享學校的權責
關注領導的實踐
思考重點
領導的多樣性
動態的互依性
共同的參與性
經驗的分享性
成果責任分享
賦權增能成員
類型
正式的分布
實用的分布
策略的分布
漸進的分布
機會的分布
文化的分布

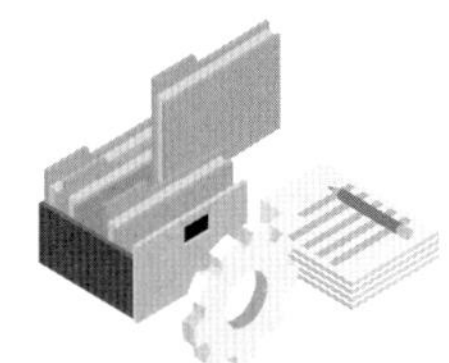

# Unit 3-4 自主學習





## 壹、前言

《十二年國民基本教育課程綱要》以自發、互動、共好為理念，希望培養孩子成為主動自發的自主學習者。從課綱理念、課程目標與核心素養的培養，自主學習的概念是課綱實踐的發展主軸。學校或教師如何引發學生自主學習，從學習動機、學習策略、思考策略及後設認知策略等，是培養學生自主學習的重要內涵。

## 貳、意涵

自主學習，以美國學者 Barry J. Zimmerman、加拿大學者 Edward L. Deci 和 Richard M. Ryan 所論述之概念最為學界所重視。前者特別強調學習者的自我監控能力；後者則是重視學習者的學習動機。自主學習強調學習者的學習動機，從動機出發而了解自我學習目標或方向，從而選擇或調整學習策略與方式，並對此歷程做檢視反思，其中涉及學習者的認知、情意與技能的學習，因此自主學習的意涵如下：

一、以學習者為中心，並以學習興趣為出發點，重視學習者的需求、自主性及潛能的激發。

二、強調學習者的主導性以及負責任的態度，重視學習者的意願、態度、方法與能力，並能在認知、情意、技能面展現出主動之表現。

三、以成就目標為導向，能在情感、認知和行為做自我調節。

四、重視後設認知的反思，能理解學習策略與學習結果的落實情形。

## 參、引導學生學會自主學習之原則

學生自主學習的能力須被培養，教師須創造機會，讓學生投入在有興趣的學習活動中，並且提供能讓學生不斷精進的有利環境，以使學生能深化自主學習的能力。簡單來說，引導學生學會自主學習，可以從學習的前、中、後階段來思考：

一、**前備階段：**需鞏固及提升學習動機，建立學習習慣及態度。

二、**表現階段：**重視自主學習的策略與訓練，並培育認知學習策略及行為。

三、**自我反思階段：**引導學生察覺自己的自主學習情形，知道選擇某種策略或者做出某種反應的原因和方法，能評估表現、自我歸因及檢視策略等。

## 肆、自主學習策略

一、**定標：**協助學生確定學習目標及學習內容。例如：我要學什麼、我要完成哪些學習任務等，並知道應如何才能達到目標。

二、**擇策：**協助學生選擇適當之學習策略。蒐集相關資訊，並應用回饋資訊調節學習策略。

三、**監評：**協助學生應用後設認知監控學習過程，透過小組同儕監控評量，藉由評量結果評估策略成效。總結經歷與體驗，從學習結果中坦誠評價自己的優點，亦針對不足處進行學習目標或策略之調整。

**四、調節：**協助學生藉由各種回饋與監控評量結果進行反思，並且修正錯誤、調整或強化策略。例如：修訂策略、改正目標、增進能力，甚至調節自我認知等，以期學生發展出適合自己的學習模式。

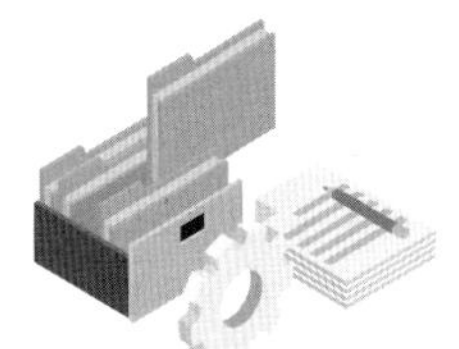

# Unit 3-5 系統領導

## 壹、意義

系統領導係指領導者運用其影響力，幫助鄰近或其他更多學校進步與發展，以提升學校系統領導能量，促進教育系統中所有學校能夠有績效、邁向卓越和成功（吳清山，2017）。

## 貳、內涵

一、發揮聯合優勢，展現協作力量。

二、連結在地學校，締結合作關係。

三、分享專業領導，轉化典範經驗。

## 參、理念

一、**分享優質領導經驗，幫助他校邁向成功卓越：**成功的領導者運用自己的影響力與成功經驗，幫助他校進步與發展，並使所有學校都能夠邁向成功卓越。

二、**建立跨校夥伴關係，發揮協作力量帶動發展：**立基「以學校帶動學校進步」的思維建立跨校合作夥伴關係，引導他校善用自我學校優勢與機會，補強弱勢與避開威脅點以進行學校革新。

三、**轉化他校成功經驗，縮小城鄉校際教育落差：**利用各種場合機會，分享成功創新學校典範，引導典範學校與他校建立長期合作夥伴關係，改善學校績效不佳情況。

四、**聚焦學生學習成效，營造信任分享、組織文化：**學校辦學目標在學生學習成效，校長領導目標需引領學校各層級系統了解學校發展方向與願景，需營造信任組織氛圍並能分享知識經驗，以提升學習成效表現。

五、**移轉優質領導典範，擘劃共好教育系統新境：**優質的領導不只在於自己的學校內，也可延伸到他校，這樣的校外領導實踐是有益的學習機會，並有助於自身學校的發展，並可達致共好的教育新境界。

## 肆、功能

一、精進校長自我專業，擴增宏觀視野及強化校長留任意願。

二、促進分布領導功效，培育學校領導人才及增進學校效能。

三、鼓勵延伸領導作為，激發合作共好並引領教育系統卓越。

## 伍、系統領導實際作為

一、**教育局處聘任督學：**教育局聘請優秀退休校長擔任縣市聘任督學，發揮及延續其治校經驗，對縣市政策與區域的教育發展提供整合的協助力量。

二、**跨校策略聯盟：**例如：臺北市自104學年度起實施高中學校策略聯盟推動計畫與分科校際交流平臺，強調的就是學校與學校之間在部分議題或領域上有更緊密的協力合作。

三、**課程與教學協作：**例如：桃園市國教輔導團利用前導學校推動課程經驗能量，將全市學校分組並以跨校協作方式共同探究十二年國教課綱（如彈性學習課程等的落實與運作）。

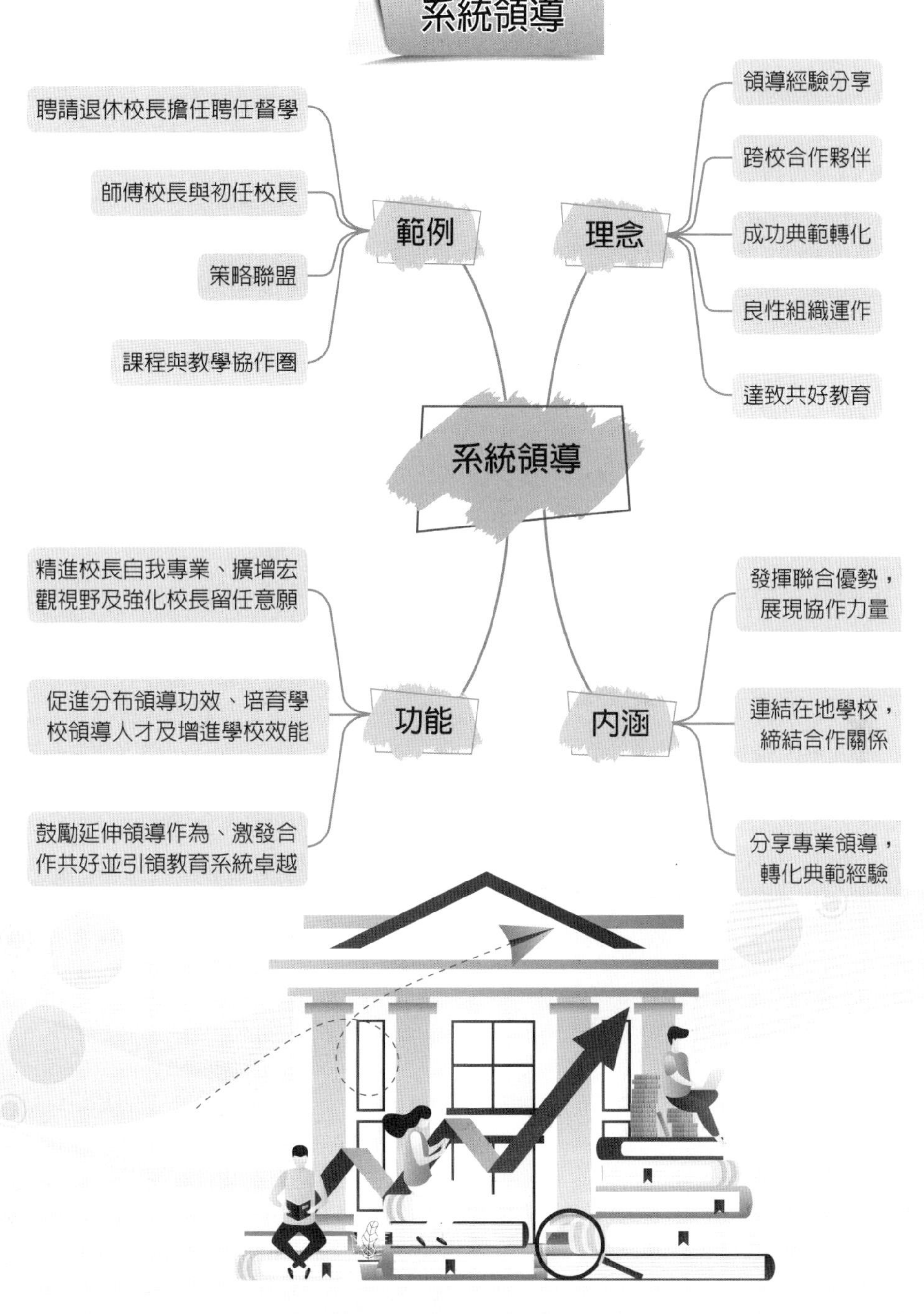
系統領導
範例
聘請退休校長擔任聘任督學
師傅校長與初任校長
策略聯盟
課程與教學協作圈
理念
領導經驗分享
跨校合作夥伴
成功典範轉化
良性組織運作
達致共好教育
系統領導
功能
精進校長自我專業、擴增宏觀視野及強化校長留任意願
促進分布領導功效、培育學校領導人才及增進學校效能
鼓勵延伸領導作為、激發合作共好並引領教育系統卓越
內涵
發揮聯合優勢，展現協作力量
連結在地學校，締結合作關係
分享專業領導，轉化典範經驗

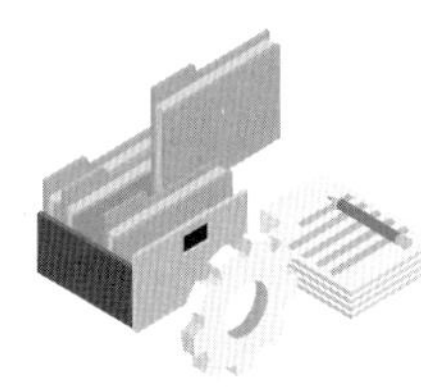

# Unit 3-6 社會交換理論

## 壹、理論源起

社會交換理論是結合經濟學、人類學及心理學發展而來的理論，主要是運用經濟學中成本報酬觀念來解釋人際互動。於1950年興起，陸續由哈佛大學Homans、哥倫比亞大學Blau及華盛頓大學Emerson等教授提出各自主要學說，使得社會交換理論更趨完整。

## 貳、基本假定與型態

社會交換理論主張在社會中的每個人都是理性的最大利益追求者，因此許多社會交換的行為可以促使交換個體達成報酬最大化和成本最小化。其基本假設與型態如下：

### 一、基本假設

（一）交換是一種社會行為。

（二）期望交換成本最小化、利益最大化。

（三）從他人身上獲取利益時，期望給予他人回饋。

### 二、型態

（一）談判或協商交易是雙方在有條件之下進行交換。

（二）贈送禮物或執行某種利他行為，較強調一方的貢獻，另一方是否有回報行為則只能取決於對方。

（三）合作型的交換關係，亦稱為有生產性的交換關係。

## 參、重要人物與理論

**一、Homans的交換行爲主義：**人際間的互動行為是一種過程，在這過程中雙方參與並交換有價值的資源。人們只有在覺得交換關係具吸引力時，才會繼續地與對方互動。雙方的溝通情況會影響交換雙方的互動行為。

**二、Blau的交換結構主義：**信任、相互衝突、相互承諾與相互了解是重要的構面。

**三、Thibaut及Kelly的交換結果矩陣：**將概念性的人際互動予以量化，雙方參與者的交換關係是以雙方的互動或互相影響為基礎。

**四、Emerson的交換網絡分析：**交換關係的雙方會以彼此間的相互依賴來決定他的相對權力。相互影響是指在交換雙方中都有能力來影響對方，雙方都具有某種程度的力量才有辦法影響他人。

## 肆、理論應用舉例

知識分享可被視為是一種人際之間的社會交換行為，現今網際網路虛擬社群的互動是頻繁而貼近每個人生活，而透過社會交換理論所提及的信任、互惠、酬賞、權力、相互依賴等構念，社群中的成員會因為信任或互惠等因素，而願意提供個人資訊、分享訊息或知識等。因此，我們可以看到諸如FB、LINE或IG群組所呈現的資訊或現象，皆可由社會交換理論來解讀。

## 社會交換理論

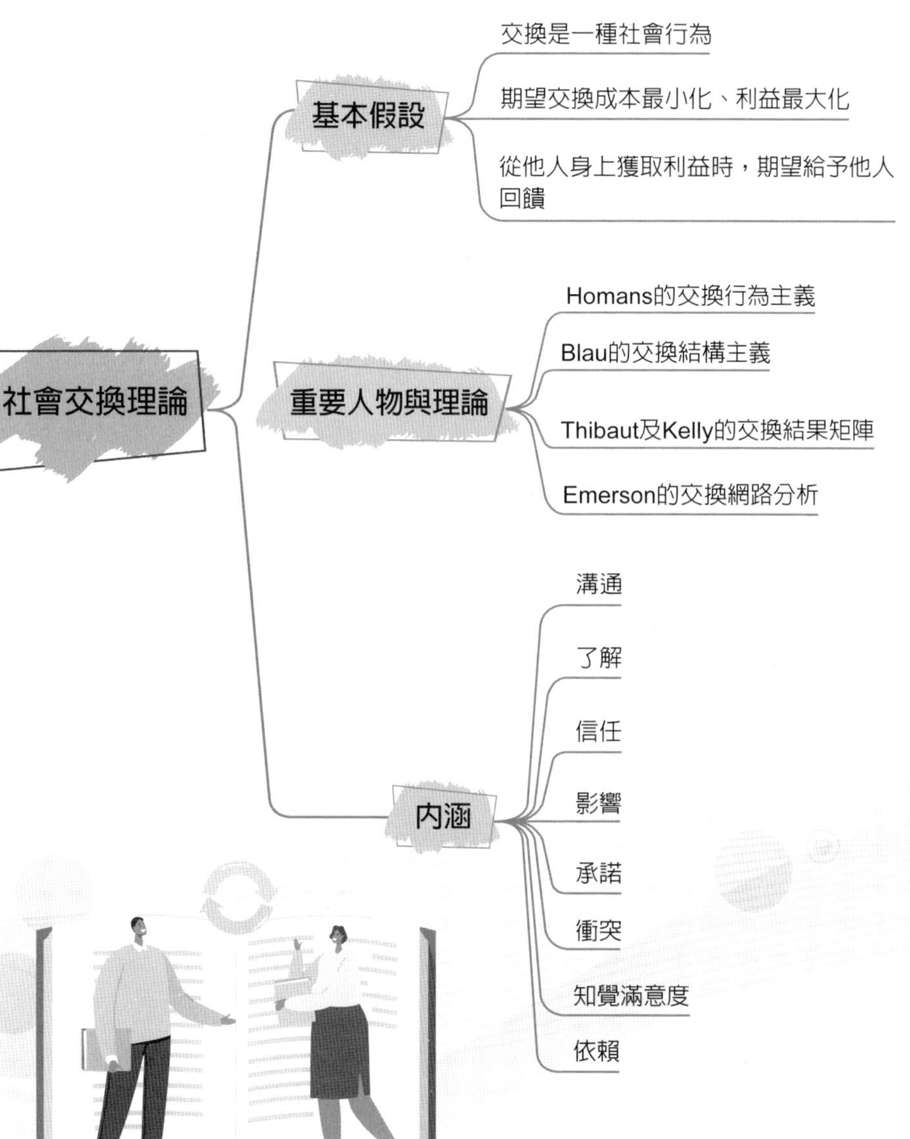
社會交換理論
基本假設
交換是一種社會行為
期望交換成本最小化、利益最大化
從他人身上獲取利益時，期望給予他人回饋
重要人物與理論
Homans的交換行為主義
Blau的交換結構主義
Thibaut及Kelly的交換結果矩陣
Emerson的交換網路分析
內涵
溝通
了解
信任
影響
承諾
衝突
知覺滿意度
依賴

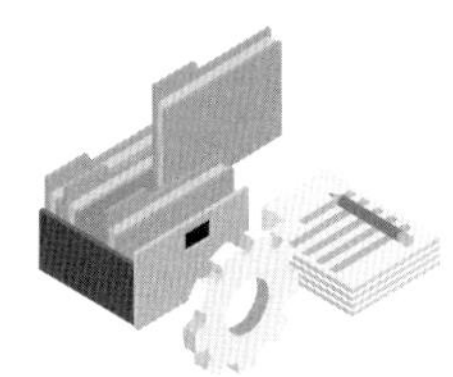

# Unit 3-7 品德教育

## 壹、意涵

### 一、定義

品德教育包含品格與道德教育，乃指培育學生具備品德核心價值與道德發展的知能，期以養成知善、樂善與行善兼具的品德素養，使個人與社群都能擁有幸福、關懷與公平正義的生活（教育部，2020）。

### 二、學習目標

《十二年國民基本教育課程綱要》品德教育議題的學習目標有三：增進道德發展知能；了解品德核心價值與道德議題；養成知善、樂善與行善的品德素養。

### 三、學習主題

**（一）品德核心價值**：品德教育需要培養各種品德核心價值，包括：尊重生命、孝悌仁愛、誠實信用、自律負責、廉潔自持、謙遜包容、欣賞感恩、關懷行善及公平正義等。

**（二）品德發展層面**：品德教育需要增進個人、社會、自然與世界等多元層面的發展，包括：良好生活習慣與德行、自尊尊人與自愛愛人、溝通合作並維繫和諧人際關係、重視群體規範與榮譽、關懷生活環境與自然生態永續發展、關心在地與全球道德議題並增進公民意識與行動等。

**（三）品德關鍵議題**：品德教育需要探究社會生活中各個重要道德議題，主要包括：生命倫理、家庭倫理、族群平權、科技倫理、關懷弱勢、社會公義及專業倫理等。

**（四）品德實踐能力與行動**：品德教育需要強化問題解決且創新發展、同理分享且多元接納、批判反思且理性論辯，以及知行合一且精益求精等品德形塑歷程中的實踐能力，並進而付諸行動（教育部，2020）。

## 貳、推動參據

一、《教育基本法》第二條，教育之目的以培養人民健全人格、民主素養、法治觀念、人文涵養、愛國教育、鄉土關懷、資訊知能、強健體魄及思考、判斷與創造能力，並促進其對基本人權之尊重、生態環境之保護及對不同國家、族群、性別、宗教、文化之了解與關懷，使其成為具有國家意識與國際視野之現代化國民。

二、2009 年修正之品格教育促進方案，著重「品德核心價值」與「行為準則」之深耕及推廣。

三、2009 年臺灣有品運動，推廣「品德、品質、品味」的生活，提出四項主軸計畫：「品德教育」、「藝術扎根」、「終身閱讀」、「環境永續」和五大核心價值強化有品運動的成效。

四、2014 年《十二年國民基本教育課程綱要》將品德教育列為十九項議題之一，以及核心素養社會參與中的道德實踐與公民意識，強調學校課程設計「具備道德實踐的素養，從個人小我到社會公民，循序漸進，養成社會責任感及公民意識，主動關注公共議題並積極參與社會活動，關懷自然生態與人類永續發展，進而展現知善、樂善與行善的品德。

## 參、推動策略

推動品德教育的 6E 教學策略：

一、**典範學習（Example）**：在課堂中介紹歷史、文學或現實社會裡值得學習的英雄或人物典範，重視身教言行典範。

二、**啟發思辨（Explanation）**：引導學生道德思辨、真誠對話，啟發他們的品德認知。

三、**勸勉激勵（Exhortation）**：激發學生的良善動機，鼓勵學生發揮的道德勇氣。

四、**環境形塑（Environment）**：形塑一個有品的民主環境。

五、**體驗反思（Experience）**：「做中學」，安排校內外勞動服務活動，鼓勵學生積極參與，讓他們有機會親身體驗自己對別人或社會有所貢獻。

六、**正向期許（Expectation）**：引導學生實踐品德目標，讓學生知善、樂善、行善。

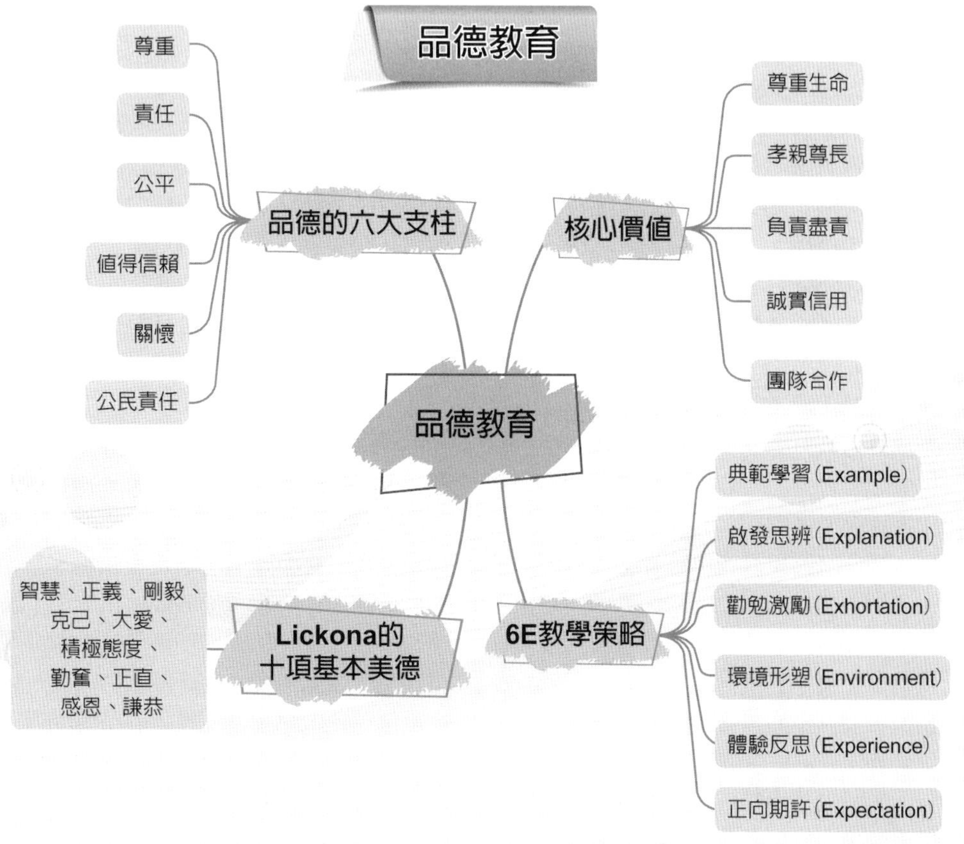

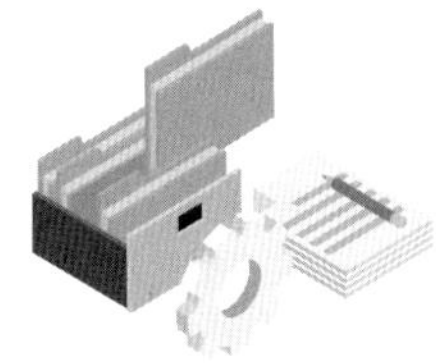

# Unit 3-8 校長辦學績效評鑑



## 壹、意涵

有系統地蒐集校長在教育政策下依其教育理念辦學及經營過程之相關資料，透過內部自我評鑑及外部評鑑進行價值判斷，來檢視績效達成的程度，協助校長提升教育品質及改進決策的歷程。

## 貳、法源依據

一、**《教育基本法》第十三條：**政府及民間得視需要進行教育實驗，並應加強教育研究及評鑑工作，以提升教育品質，促進教育發展。

二、**《國民教育法》第九條第三項：**縣（市）立國民中、小學校長，由縣（市）政府組織遴選委員會就公開甄選、儲訓之合格人員、任期屆滿或連任任期已達二分之一以上之現職校長或曾任校長人員中遴選後聘任之。

三、**《國民教育法》第九條第四項：**直轄市立國民中、小學校長，由直轄市政府教育局組織遴選委員會就公開甄選、儲訓之合格人員、任期屆滿或連任任期已達二分之一以上之現職校長或曾任校長人員中遴選後，報請直轄市政府聘任之。

四、**《國民教育法施行細則》第十一條：**應在校長第一任任期屆滿一個月前，視其辦學績效、連任或轉任意願及其他實際情況，決定其應否繼續遴聘。現職校長依本法第九條之三規定評鑑績效優良者，得考量優先予以遴聘。

五、**《公立高級中等以下學校校長成績考核辦法》第五條：**校長之年終成績考核、另予成績考核，應就下列事項，綜合評定其分數，並依前條規定，定其等次：

（一）執行教育政策及法令之績效占25%。

（二）領導教職員改進教學之能力占25%。

（三）辦理行政事務之效果占百分之20%。

（四）言行操守及對人處事之態度占20%。

（五）其他個案應列入考慮之項目占20%。

## 參、目的

一、**形成性方面：**了解校長領導表現之優劣得失及困難與需要，以作為校長辦學之參考，提供協助以改進領導策略，進而提升辦學績效，同時也可提供校長適當進修活動之參考，以促進專業發展。

二、**總結性方面：**可作為判斷校長表現水準、晉級、獎勵、調遷、給薪及表揚或處理不適任校長的依據。

## 肆、評鑑層面

各縣市辦理校長辦學績效評鑑其內容向度多元且頗多相似，主要從教育政策、學校經營、領導能力、教師專業成長、課程教學及公共關係等向度來進行，約略可分為以下幾個層面來進行評鑑：一、策略規劃與行政領導；二、課程領導與管理；三、學生身心健康管理；四、環境設施與管理；五、資源開發與管理；六、人資發展與管理；七、學生學習表現；八、學校特色發展。

# 校長辦學績效評鑑

## 校長辦學績效評鑑

### 發展方向
- 評鑑專業化
- 兼顧專業成長與績效責任
- 共同參與及賦權增能

### 法源
- 《教育基本法》第13條
- 《國民教育法》第9條
- 《國民教育法施行細則》第11條
- 《公立高級中等以下學校校長成績考核辦法》第5條

### 評鑑層面
- 策略規劃與行政領導
- 課程領導與管理
- 學生身心健康管理
- 環境設施與管理
- 資源開發與管理
- 人資發展與管理
- 學生學習表現
- 學校特色發展

### 目的
- 形成性：了解校長領導表現之優劣得失及困難與需要，提供協助及進修增能參考依據
- 總結性：作為判斷校長表現水準、晉級、獎勵、調遷、給薪及表揚或處理不適任校長的依據

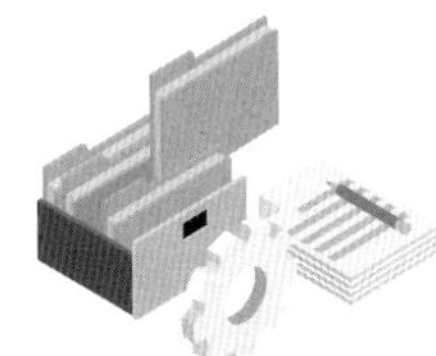

# Unit 3-9 校園性平事件

## 壹、定義

依據《性別平等教育法》第二條，指性侵害、性騷擾或性霸凌事件之一方為學校校長、教師、職員、工友或學生，他方為學生者，即為校園性平事件。

## 貳、內容

一、**性侵害：**指《性侵害犯罪防治法》所稱性侵害犯罪之行為。

二、**性騷擾：**指符合下列情形之一，且未達性侵害之程度者：

（一）以明示或暗示之方式，從事不受歡迎且具有性意味或性別歧視之言詞或行為，致影響他人之人格尊嚴、學習、或工作之機會或表現者。

（二）以性或性別有關之行為，作為自己或他人獲得、喪失或減損其學習或工作有關權益之條件者。

三、**性霸凌：**指透過語言、肢體或其他暴力，對於他人之性別特徵、性別特質、性傾向或性別認同進行貶抑、攻擊或威脅之行為且非屬性騷擾者。

## 參、處理程序

一、**知悉與通報：**依據《性別平等教育法》第二十一條，學校校長、教師、職員或工友知悉服務學校發生疑似校園性侵害、性騷擾或性霸凌事件者，除應立即依學校防治規定所定權責，依《性侵害犯罪防治法》、《兒童及少年福利與權益保障法》、《身心障礙者權益保障法》及其他相關法律規定通報外，並應向學校及當地直轄市、縣（市）主管機關通報，至遲不得超過24小時。

二、**移交性平會：**依據《校園性侵害性騷擾或性霸凌防治準則》第十八條，學校（學生事務處或教導處）接獲申請／檢舉調查後應於三日內將申請人或檢舉人所提事證資料交付性平會調查處理，並依據性平法第二十九條及防治準則第二十條，應於二十日內以書面通知申請人或檢舉人是否受理。

三、**成立調查小組：**依據防治準則第二十一條，調查小組以3人或5人為原則，其成員之組成，依性平法第三十條第三項規定，調查小組成員應具性別平等意識，女性成員不得少於成員總數二分之一，且其成員中具性侵害、性騷擾或性霸凌事件調查專業素養之專家學者人數，於學校應占成員總數三分之一以上，於主管機關應占成員總數二分之一以上；事件當事人分屬不同學校時，並應有被害人現所屬學校之代表。

四、**進行調查：**依據性平法第三十一條第一項規定學校或主管機關性別平等教育委員會應於受理申請或檢舉後二個月內完成調查。必要時，得延長之，延長以二次為限，每次不得逾一個月，並應通知申請人、檢舉人及行為人。

五、**調查報告與懲處：**性別平等教育委員會調查完成後，應將調查報告及處理建議，以書面向其所屬學校或主管機關提出報告。學校或主管機關應於接獲前項調查報告後二個月內，自行或移送相關權責機關依本法或相關法律或法規規定議處，並將處理之結果，以書面載明事實及理由通知申請人、檢舉人及行為人。依據防治準則第三十條校園性侵害、性騷擾或性霸凌事件經事件管轄學校或機關所設性平會調查屬實後，事件管轄學校或機關應依本法第二十五條第一項規定，對行為人予以申誡、記過、解聘、停聘、不續聘、免職、終止契約關係、終止運用關係或其他適當之懲處。依據性平法第二十五條第二項第二款規定命行為人接受8小時之性別平等教育相關課程。

六、**追蹤輔導：**對被行為人施以心理輔導、法律諮詢管道、課業協助、經濟協助、其他性平會認為必要之保護措施或協助。另事件管轄學校或機關應視實際需要，將輔導、防治教育或相關處置措施及其他必要之資訊，提供予次一就讀或服務之學校。

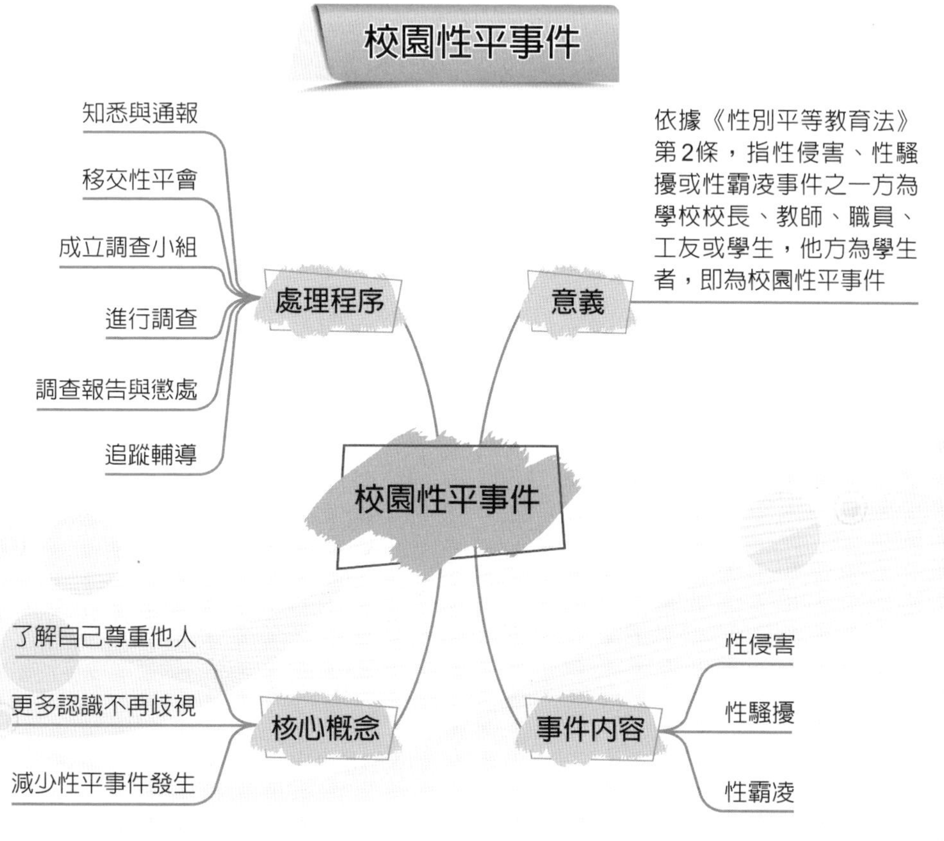

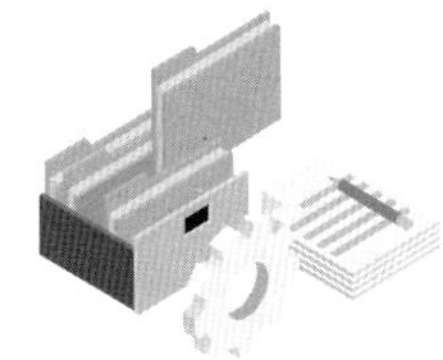

# Unit 3-10 特許學校

## 壹、源起

特許學校是 20 世紀 90 年代以來美國基礎教育改革的產物，一種由政府與民間共同辦學的模式。具有公立學校公平、公正、低學費的優勢，又能夠顧及私立學校重視經營績效的優點，同時也可以激發創新的教育實驗。

## 貳、意涵

基本上，特許學校是公辦民營類型的一種教育單位，是政府以某些家長的特定需求，並經法定程序所提供給相關人士或特定團體獨立辦學之特別授權辦學模式。

## 參、特徵

一、**在共同的遠景層面：**學校與家長擁有共同的學校願景與發展目標。

二、**在組織與行政層面：**可以免除公立學校法令限制而自設工作要項及管理制度。

三、**在課程與教學層面：**可以自主彈性決定課程內容及授課方式，也可以依自行開發之課程進行實驗教學。

四、**在績效的評核層面：**需明訂學生的學習目標以及學習成效標準，並以此成效負責且作為政府評估參據。

五、**在預算來源層面：**經費取得與公立學校一樣，也接受校外的捐獻。

六、**在學生入學層面：**學生來源與公立學校相同，不得拒絕學生入學、不可分發學生或特別限制學生人數，同時不能有宗教色彩並且禁止入學測驗。班級編制也與公立學校無異。

## 肆、法源依據

一、**《教育基本法》第七條第二項：**「政府為鼓勵私人興學，得將公立學校委託私人辦理；其辦法由該主管教育行政機關定之。」

二、**《國民教育法》第四條第三項：**「前項國民小學及國民中學，得委由私人辦理，其辦法，由直轄市或縣（市）政府定之。」

三、**《公立高級中等以下學校委託私人辦理實驗教育條例》第三條第一項第一款：**核准設立學校之主管機關，依學校辦學特性，針對學校土地、校舍、教學設備之使用、學區劃分、依法向學生收取之費用、課程、校長、教學人員與職員之人事管理、行政組織、員額編制、編班原則、教學評量、學校經費運用及學校評鑑等事項，與受託人簽訂行政契約，將學校之全部委託其辦理，或將學校之分校、分部、分班或可以明確劃分與區隔之一部分校地、校舍，於新設一所學校後委託其辦理。

## 伍、我國特許「模式」學校實例

一、宜蘭縣人文國民中小學。

二、宜蘭縣立慈心華德福教育實驗高級中等學校。

三、宜蘭縣蘇澳鎮岳明國小。

四、新北市信賢種籽親子實小。

五、桃園市諾瓦中小學。

六、雲林縣蔦松國中。

# 特許學校

- 特許學校
  - 法源
    - 《教育基本法》第7條
    - 《國民教育法》第4條
    - 《公立高級中等以下學校委託私人辦理實驗教育條例》第3條
  - 美國特許學校類型（依負責人之不同）
    - 企業人士主導之學校
    - 特殊教育理念者主導之學校
    - 教師主導之學校
    - 家長主導之學校
    - 特許學校經營組織主導之學校
  - 實例
    - 國外
      - 美國愛迪生計畫夥伴學校
      - 香港教師會李興貴中學
    - 國內
      - 宜蘭縣人文國民中小學
      - 宜蘭縣立慈心華德福教育實驗高級中等學校
      - 宜蘭縣蘇澳鎮岳明國小
      - 新北市信賢種籽親子實小
      - 桃園市諾瓦中小學
      - 雲林縣蔦松國中

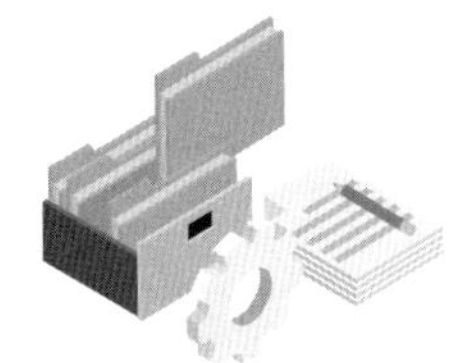

# Unit 3-11 班級經營

## 壹、意義

係指教師應用其專業知識和能力，依循一定的規準並適切地進行班級中人、事、物的處理，以發揮教學和輔導的功能，帶領班上學生達成學習目標的實踐過程。

## 貳、內涵

一、**教師教學品質：**教師依據課程綱要與教學目標，妥善擬定教學計畫、適當使用教材及教學媒體，運用有效教學方法、有效安排教學活動、掌握教學進度與時間，根據學生學習情況的差異性適時給予指導與適當的評量方式，以幫助學生在認知、情意和技能等面向的學習達到學習效果。

二、**學生學習效果：**教師能夠引起學生學習動機、讓學生能夠專心上課並積極參與學習活動，並在學習歷程中，培養思辨、解決問題能力等。

三、**班級常規表現：**師生共同訂定明確合理的班級規章，以維持良好的班級生活規範與秩序，並讓各項教學活動得以順利進行。善用獎懲與輔導方式，以形塑良好學生行為、培養自我管理能力與正向心理發展。

四、**班級氣氛營造：**教師適當地引導學生共同營造溫馨和諧、接納關懷、理解包容、學習精進、合作共好的氣氛，以創造良好的學習氣氛、激發學生的向心力和歸屬感，並以身為班級一分子為榮。

五、**學習環境規劃：**教師能根據課程內容與教學方式妥善規劃教室空間與環境布置，進行如教學情境布置、學生座位安排、學習作品展示、班級圖書使用、教室空間配置等，以使學生能在愉快舒適的環境裡進行各項學習活動，進而充分發揮境教功能並開展學生學習潛能。

六、**親師關係建立：**教師能主動積極、有效運用溝通及聯繫管道，與家長保持良性互動並建立互信和諧的關係，使家長能感受到教師班級經營的用心，進而全力支持及支援各項班級活動，讓親師彼此在合作、相互支持的情形下幫助學生學習與發展。

## 參、目的

一、營造良好班級秩序。二、提供優質學習環境。三、培養學生自治能力。四、增進師生情感互動。五、優化教師教學品質。六、發揮境教潛在功能。七、引導學生全人發展。

## 肆、影響班級經營因素

一、**教師個人因素：**如教師性別、任教年資、觀念與人格特質、教師專業精神、情緒管理、教育信念、輔導與管教方式、領導風格等。

二、**班級因素：**如學生特質與組成、時間管理及班級氣氛等。

三、**學校因素：**校長領導風格、行政主管的要求、學校政策與資源支持、同儕關係與互動等。

四、**學校外在因素：**如教育政策、家長教育觀念與要求、數位媒體與社會文化等。

## 伍、班級經營策略

一、理解學生差異，建立積極學習班風。二、師生互為主體，共建可行班級常規。三、展現教育專業，進行有效教學活動。四、多元學習方式，激勵學生學習動機。五、善用獎懲輔導，培養正向人格發展。六、利用多元管道，做好親師溝通合作。七、營造良好關係，爭取學校同儕支持。

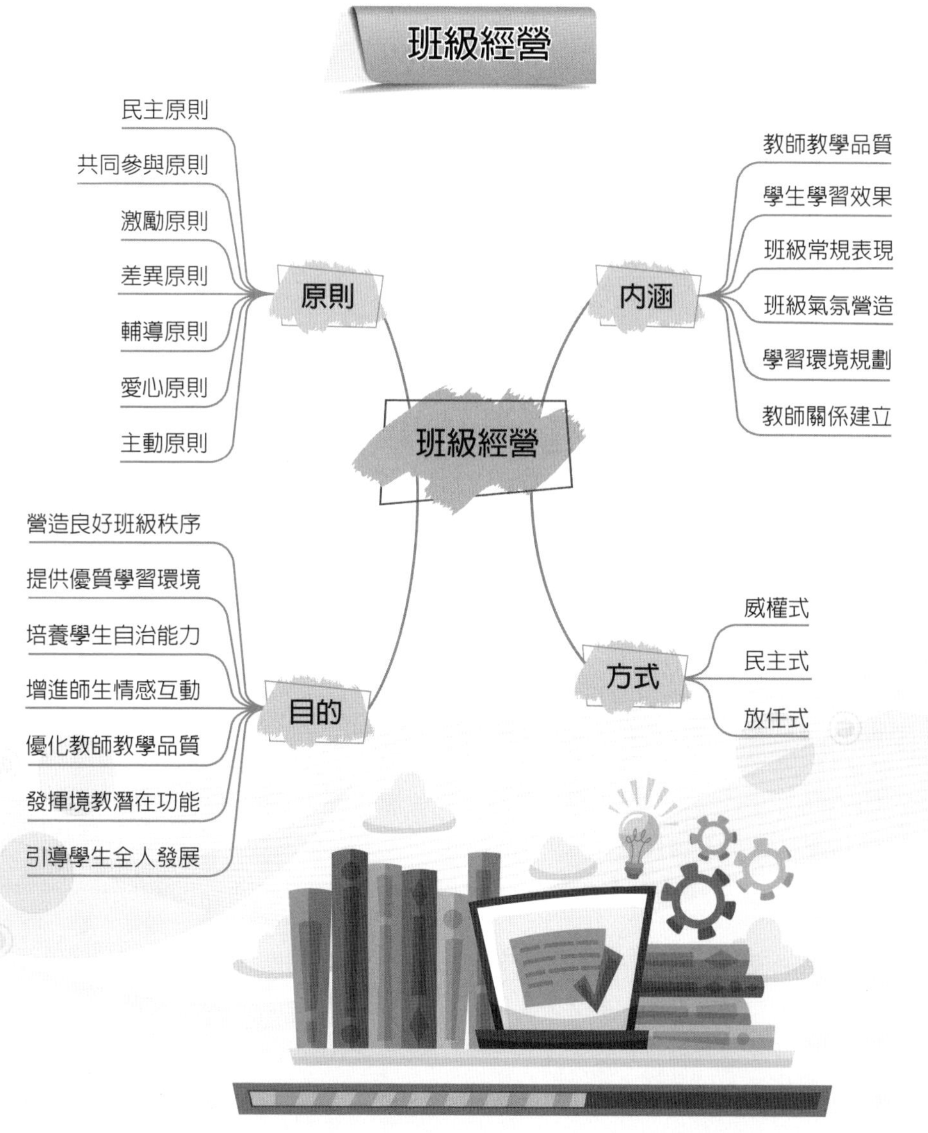

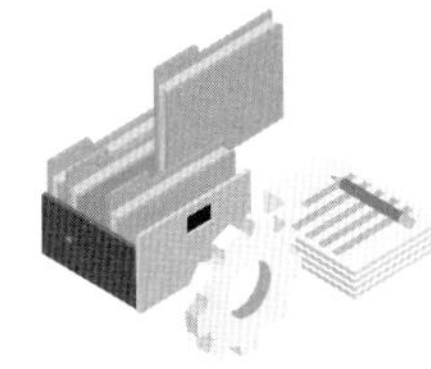

# Unit 3-12 偏鄉學校教育

## 壹、意涵

係指偏遠地區學校的學生與教師，依其地區特性提供積極性的教育資源，以確保學校教育發展與學生教育發展水平，進而達致教育機會均等的理念。

## 貳、相關法源

一、《中華民國憲法》第一百六十三條：國家應注重各地區教育之均衡發展，並推行社會教育，以提高一般國民之文化水準，邊遠及貧瘠地區之教育文化經費，由國庫補助之。其重要之教育文化事業，得由中央辦理或補助之。

二、《教育基本法》第四條：人民無分性別、年齡、能力、地域、族群、宗教信仰、政治理念、社經地位及其他條件，接受教育之機會一律平等。對於原住民、身心障礙者及其他弱勢族群之教育，應考慮其自主性及特殊性，依法令予以特別保障，並扶助其發展。

三、為實踐教育機會平等原則，確保各地區教育均衡發展，並因應偏遠地區學校教育特性及需求，2017 年 12 月發布實施《偏遠地區學校教育發展條例》，針對偏遠地區學校之設置與其組織、人事、經費及運作等事項有明確的規範。

## 參、偏遠地區學校教育面對之困境

一、**城鄉差距方面：**環境交通不利、文化刺激不足以及教育經費不足等，影響教師調入意願、教師進修意願、學生學習刺激誘因相對不足等。

二、**學校環境方面：**校長多為初任，缺乏經費與支援、師資結構不穩，無法凝聚學校向心力及理解學校願景、教師員額不足，身兼數職，公文量大、業務及雜事多、研習多等影響教學與活動設計品質及少子化衝擊及人口外流現象，學校易成為裁併檢討改善對象。

三、**家庭背景方面：**家長社會經濟水準不高、家庭教育功能不彰等因素，造成親師生功能無法共同架構有利的學習支持力量。

四、**學生因素方面：**學生人數少造成同儕人際互動頻率減少，以及楷模學習對象不足、學習動機不強及學習性資源不夠等。

## 肆、偏遠地區學校發展之教育思維

一、扎根基本學力，發展多元特色。

二、優化教師教學，營造社群文化。

三、展現專業領導，倡導關懷並重。

四、引入數位科技，翻轉延伸學習。

五、策略聯盟攜手，整合在地資源。

## 伍、可有的作為

一、以身作則專業領航，建立優質行政服務團隊後盾。

二、儲備培養優質師資，形塑友善價值發展工作環境。

三、形塑教師專業文化，厚實校本課程發展專業知能。

四、整合偏鄉特色資源，盤點推動展現學校亮點特色。

五、引入數位學習資源，善用科技平臺資源豐厚學習。

六、善用民間公務資源，營造優質教學學習環境設備。

# 偏鄉學校教育

- 偏鄉學校教育
  - 理論實踐
    - 教育機會均等
    - 教育公平正義
  - 法源
    - 《中華民國憲法》第163條
    - 《教育基本法》第4條
    - 《偏遠地區學校教育發展條例》
  - 發展思維
    - 扎根基本學力、發展多元特色
    - 優化教師教學、營造社群文化
    - 展現專業領導、倡導關懷並重
    - 引入數位科技、翻轉延伸學習
    - 策略聯盟攜手、整合在地資源
  - 面對之困境
    - 城鄉差距：環境交通不利、文化刺激不足以及教育經費不足等，影響教師調入意願、教師進修意願、學生學習刺激誘因相對不足等
    - 學校環境：校長多為初任，缺乏經費與支援、師資結構不穩，無法凝聚學校向心力及理解學校願景、教師員額不足，身兼數職、公文量大、業務及雜事多、研習多等影響教學與活動設計品質及少子化衝擊及人口外流現象，學校易成為裁併檢討改善對象
    - 家庭背景：家長社會經濟水準不高、家庭教育功能不彰等因素，造成親師生功能無法共同架構有利的學習支持力量
    - 學生因素：學生人數少造成同儕人際互動頻率減少，以及楷模學習對象不足、學習動機不強及學習性資源不夠

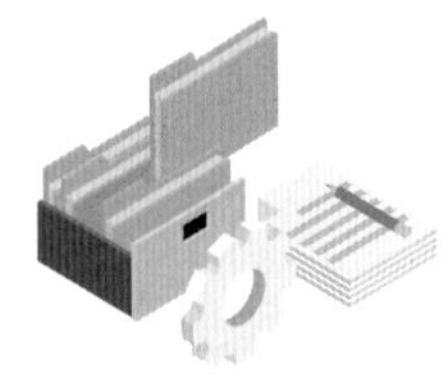

# Unit 3-13 教育優先區

## 壹、源起與目標

### 一、源起

教育優先區係指被政府列為在物質或經濟上具有貧乏或不利情形，須優先予以改善以達致教育機會均等理想的地區。教育優先區此一名詞最早出現於 1976 年英國的《普勞頓報告書》中，為避免學童因物質或經濟貧乏而造成教育弱勢及教育均等理念的喪失，主張政府應該介入改善學校校舍及學習環境等。基於此理念，我國的教育優先區計畫希望能「照顧學習弱勢族群學生」來縮短城鄉教育差距，並達成「教育機會均等」與「社會公平正義」的理想。於 1994 年起，教育部補助臺灣省教育廳試辦「教育優先區計畫」，並於 1996 年擴大辦理並逐年檢討，依據實際狀況及需要修訂指標及補助項目。

### 二、目標

依據我國教育優先區計畫，推動的目標有如下幾點：

（一）規劃教育資源分配之優先策略，有效發揮各項資源之實質效益。

（二）改善文化不利地區之教育條件，解決城鄉失衡之國教特殊問題。

（三）提升處境不利學生之教育成就，確保弱勢族群學生之受教權益。

（四）提供相對弱勢地區多元化資源，實現社會正義與教育機會均等。

（五）促進不同地區之國教均衡發展，提升人力素質與教育文化水準。

## 貳、思維本質

一、**追求公平正義：**滿足平等的自由權原則、機會平等原則與差異原則，在這些原則的前提下，教育機會和資源才是達致弱勢照顧的教育理想。

二、**提供適足性教育：**給予學生充分教育資源，依據學區、學校、學生不同的特質而調整資源，以及關注個別學生所欲達成的教育成就標準或學習目標。在教育內容和情境上的均等考量下提供積極性差別待遇，投入不同教育資源以獲得過程和結果上的公平，進而達成每個孩子潛能發展之適足性的教育目標。

## 參、補助指標

一、原住民學生比率偏高之學校。

二、低收入戶、隔代教養、單（寄）親家庭、親子年齡差距過大、新住民子女之學生比率偏高之學校。

三、國中學習弱勢學生比率偏高之學校。

四、中途輟學率偏高之學校。

五、離島或偏遠交通不便之學校。

## 肆、補助項目

一、推展親職教育活動。

二、補助學校發展教育特色。

三、充實學校基本教學設備。

四、發展原住民教育文化特色及充實設備器材。

五、補助交通不便地區學校交通車。

六、整修學校綜合球場。

# 教育優先區

- 教育優先區
  - 補助項目
    - 推展親職教育活動
    - 補助學校發展教育特色
    - 充實學校基本教學設備
    - 發展原住民教育文化特色及充實設備器材
    - 補助交通不便地區學校交通車
    - 整修學校綜合球場
  - 教育優先區計畫之目標
    - 規劃教育資源分配之優先策略，有效發揮各項資源之實質效益
    - 改善文化不利地區之教育條件，解決城鄉失衡之國教特殊問題
    - 提升處境不利學生之教育成就，確保弱勢族群學生之受教權益
    - 提供相對弱勢地區多元化資源，實現社會正義與教育機會均等
    - 促進不同地區之國教均衡發展，提升人力素質與教育文化水準
  - 補助指標
    - 原住民學生比率偏高之學校
    - 低收入戶、隔代教養、單（寄）親家庭、親子年齡差距過大、新住民子女之學生比率偏高之學校
    - 國中學習弱勢學生比率偏高之學校
    - 中途輟學率偏高之學校
    - 離島或偏遠交通不便之學校
  - 思維本質
    - 追求公平正義
    - 提供適足性教育

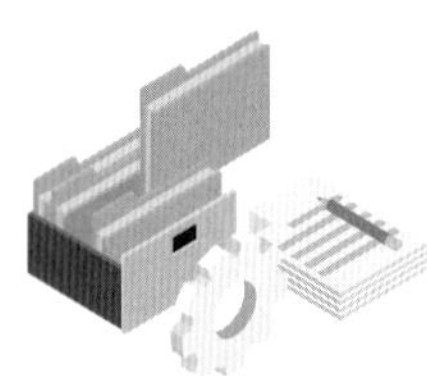

# Unit 3-14 教師文化





## 壹、定義

教師文化屬於學校文化的一部分，是學校次文化的一種。教師同儕間的互動，會形成一種非正式的互動形式，也會形成某種價值與規範，進而對成員產生約束力。因此，教師文化乃是學校文化下，教師同儕互動的非正式團體所共享的價值、信念和規範，它與學校文化息息相關，卻又具有獨特的性質，教師可經由學習獲得並承襲該校的教師文化。

## 貳、內涵

### 一、基本假定

學校教師對學校內外的人、事、物所擁有的一種潛藏信念，是一種理所當然、我們就是這樣做的共有認知，是內隱不易覺察、心照不宣，是教師們解決問題所根據的信念假定。

### 二、價值規範

是判斷可欲性與正當性的行為規準，教師對情境、活動經過評斷之後所認定適合的行為，並以此來解決面對的問題，這樣的行為也影響了教師與他人的互動關係。

### 三、人造器物

是教師在基本假定、價值規範影響下所創造出來的學校日常生活型態、制度、典禮或言語運用等。

## 參、特性與規範

### 一、特性

Lortie 提出教師文化具即時主義、保守主義、個人主義的特性：

**（一）即時主義**：滿足於學生的當下狀況，而思考未來發展。

**（二）保守主義**：經常抗拒改革，不喜大幅調整及批判。

**（三）個人主義**：傾向自我教學而與同儕保持距離，少有過多的投入與對話。

### 二、規範

Hargreaves 認為教師的次文化會對教師形成規範與約束：

**（一）教室自主**：教師教學自主，不受學校或其他教師干涉。

**（二）忠於同仁**：以群體利益為優先，同仁相互信賴與關心。

**（三）平凡的規範**：不求特例或突出表現，同仁步調一致。

## 肆、營造優質的教師文化

一、營造專業學習社群，打破單打獨鬥個人文化。

二、聚焦學生學習成效，引入教育新知政策交流。

三、提供鼓勵支持發展，破除改革抗拒保守心態。

四、以人為主的關懷，建立支持和友善的教師工作環境。

五、跨越封閉性的教室藩籬，營造合

作性教師文化。

六、加強教師情緒素養能力，提供情緒紓壓管道。

七、擬定教師進修獎勵辦法，提升教師專業素養。

八、善用典範學習力量，形塑正向教師文化。

## 教師文化

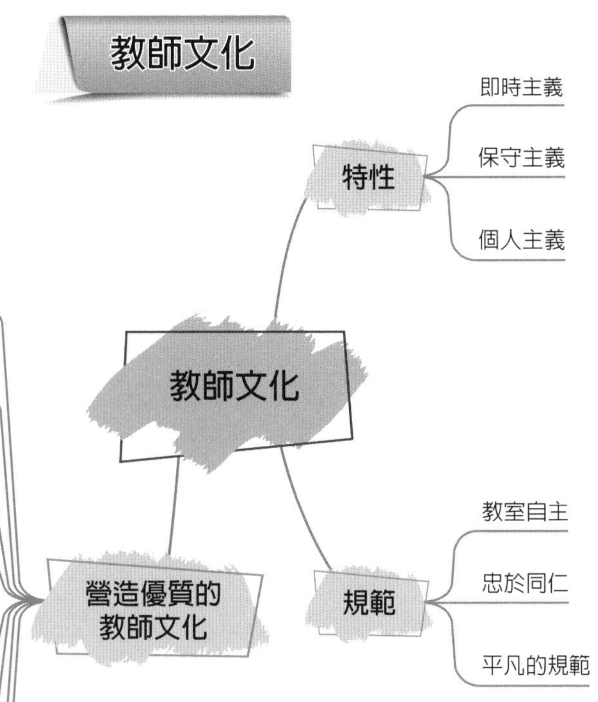

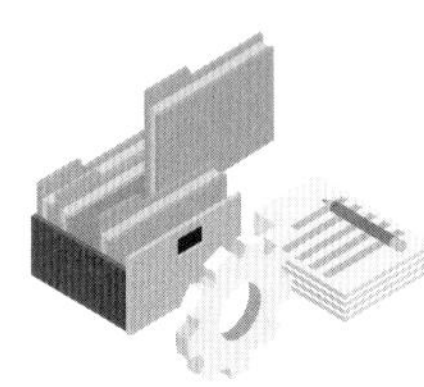

# Unit 3-15 教師幸福感

## 壹、意涵

一、**意義**：幸福是一種較長且持續時間的心靈滿足，幸福感來自兩方面的滿足，首先是來自於對生理及物質追求的滿足，如生理需求及物質條件的滿足；其次它來自於心靈需求的滿足，當個體所追求的不同生命目標及價值能達成時，即可獲得所謂的幸福。因此，教師幸福感係指教師在生活或工作環境中，在生理、物質及心靈需求等方面的感受與滿意程度。

二、**內涵**

**（一）正向情緒**：指教師內心充滿愛、陽光、真誠等正向心理思維與反應。

**（二）全心投入**：指教師對教育工作全心投入與目標融為一體。

**（三）正向關係**：指教師的內外部關係良好且正向發展，而獲致他人的肯定。

**（四）生命意義**：指教師能找到生活的重心與價值，而努力去達成成就他人或自我價值的生命目標。

**（五）工作成就**：指教師能勝任教學或行政工作上的挑戰，並發揮自我潛能與展現優點。

## 貳、理論依據

一、**需求滿足理論**：幸福感是人們達成目標後所產生的滿足狀態。

二、**特質理論**：以認知、記憶、制約理論等人格特質解釋幸福感，即幸福取決於人們看待世事的心態或角度、看待事情是透過幸福記憶而產生或誘發幸福感的發生。

三、**動力平衡關係理論**：幸福感是一種同時受人格特質及生活事件影響所呈現的動力平衡狀態。

## 參、影響教師幸福感因素

一、**人格特質**：具有開放性、嚴謹性、外向性、和善性或屬於內控型人格特質的人，較易具有幸福感。

二、**工作壓力**：教師所知覺到的工作壓力越大，其所感受到的幸福感就越低。

三、**社會支持**：教師所獲得的情緒性支持、工具性支持、訊息性支持與評價性支持等社會支持越多，其幸福感越佳。

四、**休閒滿意度**：教師個人從事休閒活動所知覺到的滿意程度會影響其心理健康，休閒滿意度與幸福感有顯著相關。

## 肆、營造教師幸福感的可行作為

一、**培養正向教師心理特質**：營造正向學校文化、友善的組織氛圍、建立人性化制度等，以專業、共同成長、激勵等文化引導教師正向心理發展與互動。

二、**適度調節教師工作壓力**：教師的壓力主要來自於學生的學習成就與動機、班級經營成效、時間壓迫與工作負荷、他人的評價、自尊與地位、同事關係的處理、角色衝突與混淆及工作環境差等，因此可以從簡化教師行政工作、適才適所的職務安排、社群團隊的建立、引導教師優勢的展現及提供心理諮商輔導等方式來調節教師的工作壓力。

**三、建立良善人際互動關係：**舉辦親師生互動活動，例如：親職教育日、家長座談會、社區運動會與園遊會等，以提高親師生互動頻率，並增進彼此之間情感交流，鼓勵並提供教師專業對話分享平臺、鼓勵教師共備觀議課、持續自我精進、充實專業成長。

**四、培養健康教師休閒習慣：**辦理學校文康活動、教師社團、鼓勵教師培養工作之餘之休閒運動習慣等，適時抒發壓力，以促進並保持健康的身心狀態。

**五、促進教師自我價值實現：**提供專業成長的機會、鼓勵教師參加相關比賽、公開場合獎勵教師優良事蹟等，以提升教師生命價值與工作成就感。

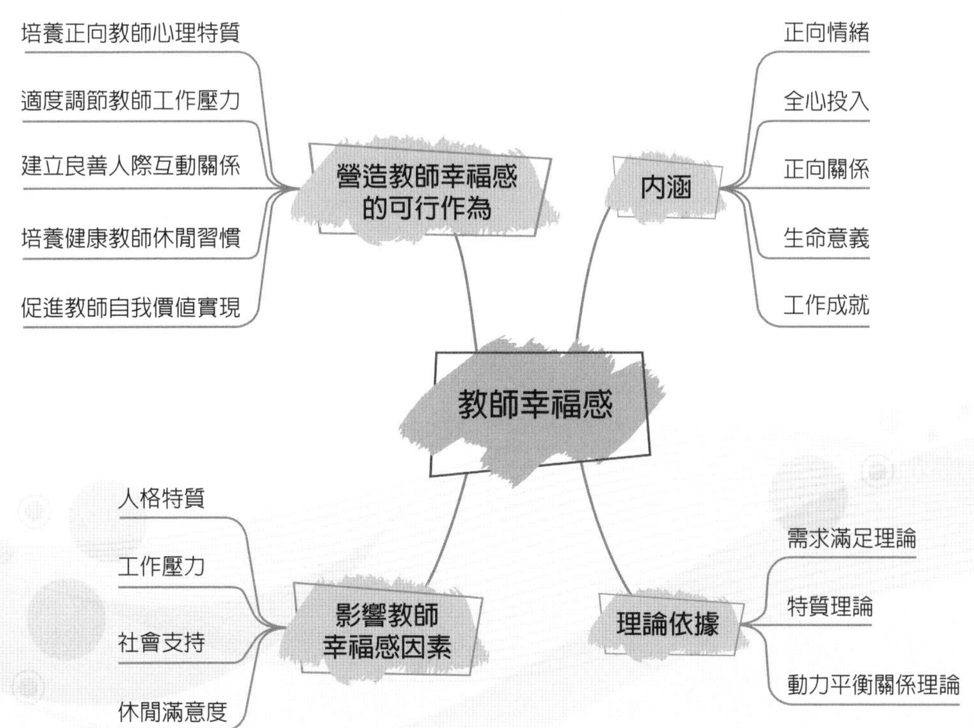

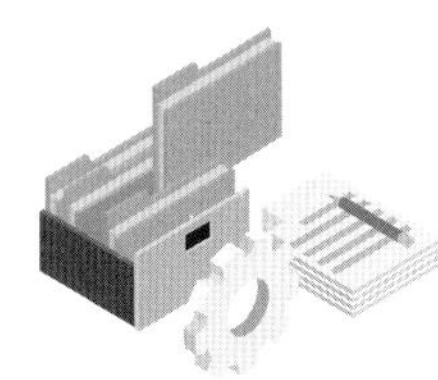

# Unit 3-16 教師賦權增能

## 壹、意義

教師賦權增能是一個多面向的概念，此概念的基本假定是認為教師有能力進行專業判斷與決策，也該有機會參與決定。透過教師權能增長，可以確保學生學習成效與教育理想的達成。因此，教師賦權增能係指透過權能的分享、增長與教師內在的省思，展現教師專業能力、提高教師自我效能與滿意度，以增強學生學習成就並提升學校教育品質。此乃是一個永續不斷的動態歷程，在權力增加面上，擴大教師的自主權與決策權以展現其專業權威，提升社會地位；在能力增長面上，鼓勵教師專業發展，進而擁有高效感知與表現，教師因為經由權力與能力互相增長的互動歷程，方可達成學校發展及教師專業成長目標。

## 貳、內涵

一、**參與決定權：**係指教師能參與學校發展之各項會議，有關課程與教學、教材、學生生活管理與輔導、學校設備、預算、法規、人事及獎懲等制度規範的訂定。

二、**專業成長權：**係指協助教師在學校行政運作與發展、課程與教學、社群互動協作、輔導管教或班級經營等面向，提升其專業知能，進而激發教師組織承諾及增進教學效能。

三、**專業自主權：**係指教師在教學面上能決定課程、教學方式、教材與教法、輔導與管教、班級經營等事項，並不受外力不當干涉或介入。

四、**專業權威：**係指教師獲得的專業尊重、地位及影響力。

五、**自我效能：**透過增長教師的專業知能技巧來讓教師有能力面對行政、教學、學生學習等挑戰，充分發揮教師應具有的功能。

## 參、實施策略

### 一、權力分享，責任擔當

（一）營造信任文化，暢通溝通管道。

（二）利用專案機會，展現雁行領導。

（三）提供各項資源，激勵勇於任事。

### 二、發展能力，解決問題

（一）組建專業社群，進行備觀議課對話。

（二）鼓勵進修研習，發展跨域第二專長。

（三）引導另類思考，激發教導多元觀點。

### 三、自我激勵，發揮價值

（一）利用公開場合，表揚優良教學行為。

（二）善用各項比賽，鼓勵參賽創新教學。

（三）適才職務輪調，建立揚才獎勵制度。

## 肆、限制與配套措施

一、**時間與精力的限制：**教師參與決策或學校相關事務需要時間，也會耗損教師在面對學生學習或教學上的精力。因此，需有規劃適當的授（排）課時間或節數、完善的分工合作機制等配套來化解此限制。

二、**經費上的限制**：教師參與社群或專業成長需有經費上的挹注，因此需善用許多計畫申請或外部資源挹注來協助教師專業成長。

三、**訓練上的不足**：校務發展或課程與教學的規劃需與時俱進，教師需吸收現代新知方能化解及創新作為。學校需規劃或鼓勵教師積極進修或參與社群，以提高解決問題智慧與能力。

四、**科層體制的限制**：要培養教師能動性與主動性，需破除層級節制的僵化規章或習以為常的被動角色思維，善用扁平化組織的合作或機會，鼓勵教師發揮雁形領導知能，展現高效能力。

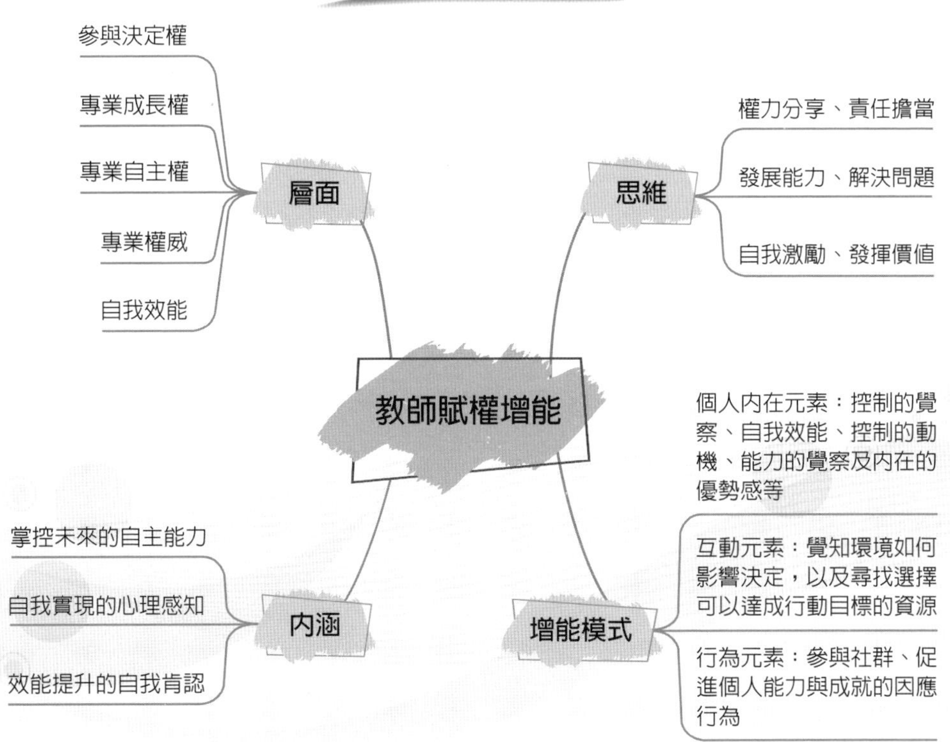

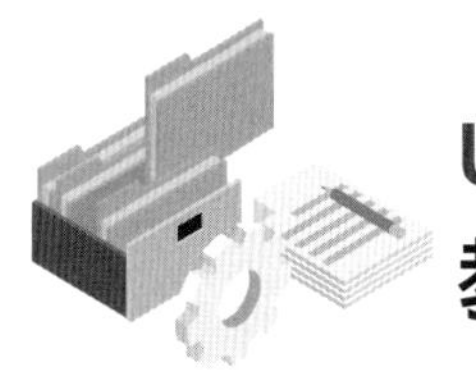

# Unit 3-17 教學視導

## 壹、意涵

教學視導乃為增進教師教學效能，提升學生學習成效，進而達成組織目標，所進行一連串有計畫、有組織的指導、支持、輔導與協助教師教學及專業發展的歷程（劉仲成，2003）。

## 貳、重要性

一、提升教師教學品質。

二、促進教師專業發展。

三、提供教學支持回饋。

四、增進學生學習成效。

五、激勵教師心理士氣。

## 參、內容

一、**教室實際教學層面：**包括課程計畫、學校本位課程發展、教學策略、教材教法、學習評量、班級經營、學生輔導。

二、**協助教師教學層面：**包括營造優質的學習環境、給予教師視導回饋。

三、**教師專業發展層面：**教師的在職進修、專業學習社群的營造、行動研究。

## 肆、模式

### 一、臨床視導

（一）視導人員與教師面對面的交互作用，討論教學問題，從實際教學中獲得第一手資料，共同分析研究，以改進教學（歐用生，1996）。

（二）臨床視導的步驟：1. 建立教師與視導人員的關係；2. 與教師安排教學；3. 設計觀察的策略；4. 觀察教學；5. 分析教與學的過程；6. 安排會商的策略；7. 會商；8. 重新安排教學（Cogan, 1973）。

### 二、同儕視導

基於促進教師專業成長的目的，鼓勵教師透過彼此間相互觀察教室教學、回饋、分享專業實務經驗的方式，以提升教學品質。

### 三、區別化視導

（一）教師從不同的視導方式中，擁有某種程度之權力來選擇適合自己的視導方式，也即是一種提供教師能依其意願，選擇願意接受的視導與評鑑措施之方式。

（二）密集式的發展、合作式的發展及自我指導的發展。

### 四、發展性視導

（一）依照教師本身不同階段的專業需求、教學能力、工作動機等，採取不同的視導方式，增進教師的教學效果。因此，教學視導人員依教師專心投入與概念思考發展程度的不同，而採取不同的視導策略或方案。

（二）主導控制式（directive control）、主導資訊式（directive informational）、協同合作式（collaborative）、非主導式（nondirective）。

### 五、教室走察

由校長簡短、頻繁的參觀教室與教師教學，進而給予回饋意見與教師討論相關的教學意見。

# 教學視導

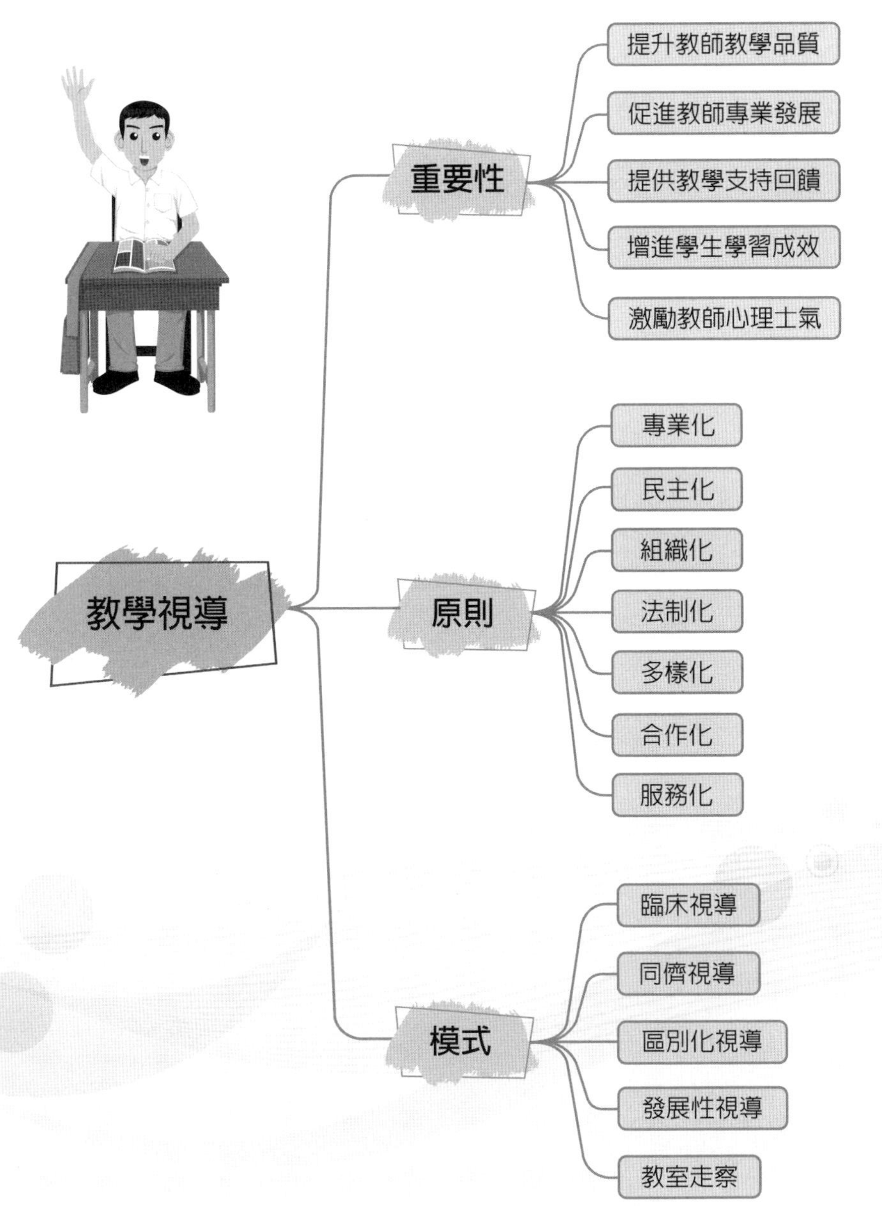

教學視導
重要性
提升教師教學品質
促進教師專業發展
提供教學支持回饋
增進學生學習成效
激勵教師心理士氣
原則
專業化
民主化
組織化
法制化
多樣化
合作化
服務化
模式
臨床視導
同儕視導
區別化視導
發展性視導
教室走察

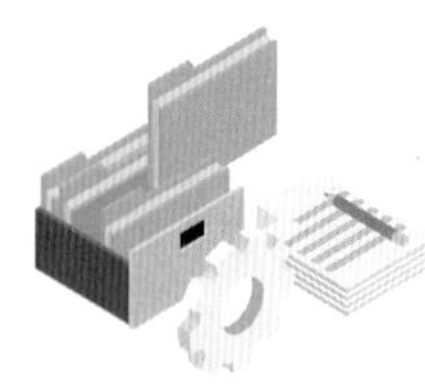

# Unit 3-18 教導型組織

## 壹、理論源起

1997年Tichy及Cohen共同出版《領導引擎：企業贏家如何培育各級領導人》一書，指出組織不僅要不斷「學習」，更要發揮「教導的功能」，每一位主管都能親自傳授經驗，以培育各階層的領導人，使組織發動強韌的競爭力，創造永續的成功。

## 貳、意涵

### 一、意義

（一）領導人培育領導人。

（二）領導人培養領導人的組織。

（三）每一個階層的領導人同時就是「導師」的組織。

（四）不僅要不斷「學習」，更要發揮「教導」的功能。

### 二、內涵

（一）成功的領導人親自帶領，並培養其他領導人。

（二）成功的領導人都有一套值得傳授他人的心法。

（三）成功的領導人會善用自己的經驗故事來激勵他人。

（四）成功的領導人都有一套詳細的領導培育計畫。

## 參、領導者的要務工作

領導人最重要的工作，就是切實做到以下七件事（吳怡靜，1998）：

一、從過去的經驗學習。

二、發展出可傳授的心得。

三、發展出企業如何增加價值、在市場致勝的想法。

四、灌輸可以幫助組織達成目標的價值觀。

五、創造正面的情緒能量。

六、忍痛做出困難的決策。

七、將所有的要素綜合成為一則生動有力的故事，用來激勵他人勇往直前，追求更好未來。

## 肆、發揮面向

一、以身作則，專業示範。

二、賦權增能，激發活力。

三、扁平組織，多元參與。

四、知識分享，循環教導。

五、理念價值，系統培育。

## 伍、實踐策略

**一、校長以身作則，進行專業示範：**例如：行政作業指導、帶領危機處理、公開授課。

**二、賦權增能教師，讓人人都成材：**例如：利用機會倡導學校願景，提升教師思考視野、鼓勵進修發表、給予機會提供教師歷練機會。

**三、擴大參與範圍，多元互助協力：**如處室輪調、專案管理、合辦大型活動等。

**四、營造組織信任，激發對話分享：**例如：民主領導、公開讚揚優良事蹟、獎勵成員觀點發表分享與知識管理等。

**五、發揮核心技術，傳授觀念想法：**重視校史人物事蹟、發揮故事領導、營造團隊共好互動合作經驗等。

# 教導型組織

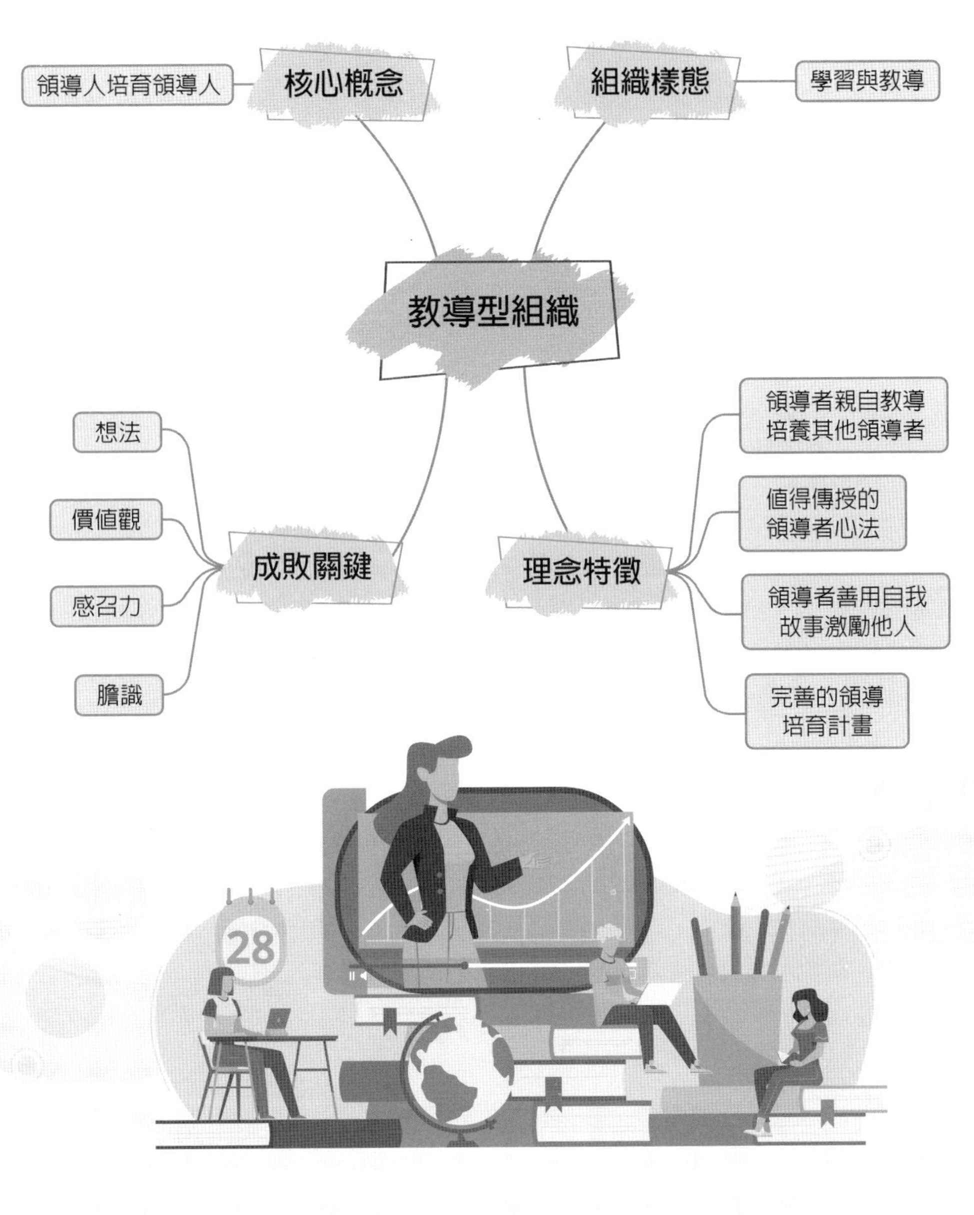

教導型組織
核心概念
領導人培育領導人
組織樣態
學習與教導
成敗關鍵
想法
價值觀
感召力
膽識
理念特徵
領導者親自教導培養其他領導者
值得傳授的領導者心法
領導者善用自我故事激勵他人
完善的領導培育計畫
28

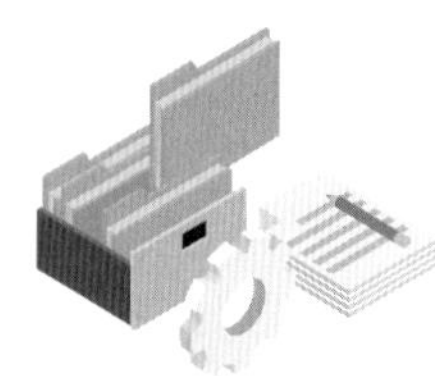

# Unit 3-19 混齡教學

## 壹、意義

混齡教學是一種打破年齡、年級限制的教學型態，是一種運用混齡班級的組成模式，設計適合不同年齡學童的課程規劃或內容，引起學生的學習動機及進行差異化的教學活動，以達致有效學習目標的一種教學模式。

## 貳、法源依據

一、《偏遠地區學校教育發展條例》第十條第一項第四款：「混齡編班或混齡教學；其課程節數，不受課程綱要有關階段別規定之限制。」

二、《公立國民小學及國民中學合併或停辦準則》第四條，學校之合併或停辦應確保學生就學權益，學生總人數不滿 50 人之學校，地方主管機關得鼓勵學校採取混齡編班、混齡教學之方式，或將學校委託私人辦理。學校新生或各年級學生有 1 人以上者，均應開班，並得辦理混齡編班、混齡教學。中央主管機關得給予經費補助。

## 參、理論參據

一、**認知發展理論：**課程與教學要依兒童的心智發展來設計，而不是以年級來區分。因此教師在設計課程時，應評估學生的心智能力，規劃不同的課程內容，進行適性的教學並進而提升學生的學習興趣。

二、**鷹架理論：**在混齡班級中，學習者經由老師或不同年齡的學習者或同儕的幫忙與引導，能發揮鷹架的作用並提升學習者的能力。

三、**社會學習理論：**混齡教學提供學生社會學習的機會，藉由觀察他人的行為學習到行為的後果，並達成學習的目標。

## 肆、教師採行混齡教學須具備的概念與作法

一、承認每個學童是獨特個體，具有多樣性和複雜性。

二、了解每位學童的背景、程度、經驗及身心發展情形。

三、確信學生不是被動知識接受者，而都是主動學習者。

四、掌握與理解每位學生學習狀況與學習歷程。

五、促進每位學生在新舊經驗學習的連接與整合（吳清山，2016）。

## 伍、推動困境

一、混齡教學科目大多以非主科如藝能科目為主。

二、學校對混齡教學教師所提供之支持力度不足。

三、親師及社區人士對混齡教學認識有限，產生混齡教學推動阻力。

四、教師在混齡教學策略的知與行之間存在落差。

## 陸、可有的作為

一、強化教師混齡教學專業知能。

二、增強溝通家長混齡教學概念。

三、建構適配混齡教學科目內容。

四、提供混齡教學支持系統資源。

五、進行混齡教學成效追蹤調整。

# 混齡教學

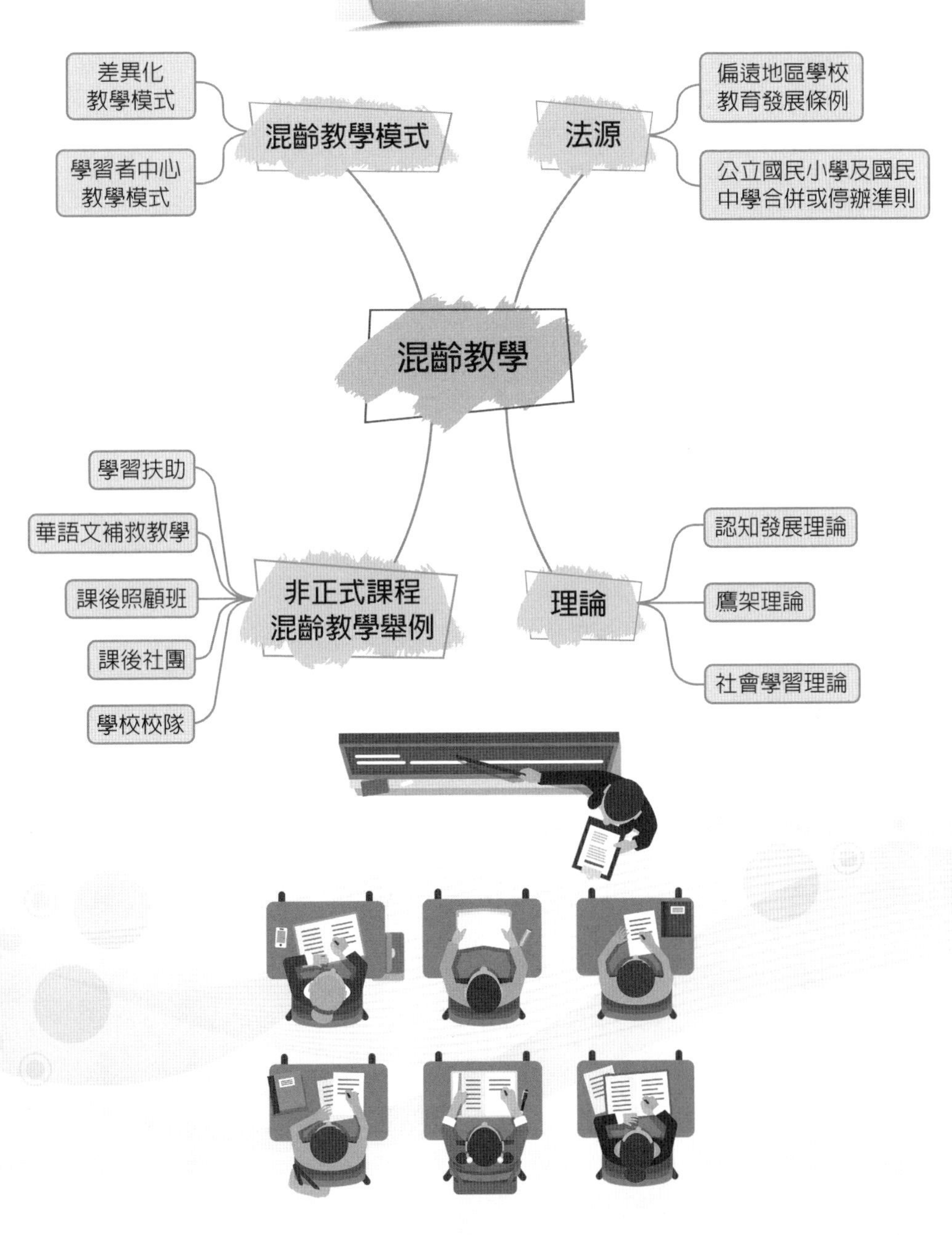

混齡教學
混齡教學模式
差異化
教學模式
學習者中心
教學模式
法源
偏遠地區學校
教育發展條例
公立國民小學及國民
中學合併或停辦準則
非正式課程
混齡教學舉例
學習扶助
華語文補救教學
課後照顧班
課後社團
學校校隊
理論
認知發展理論
鷹架理論
社會學習理論

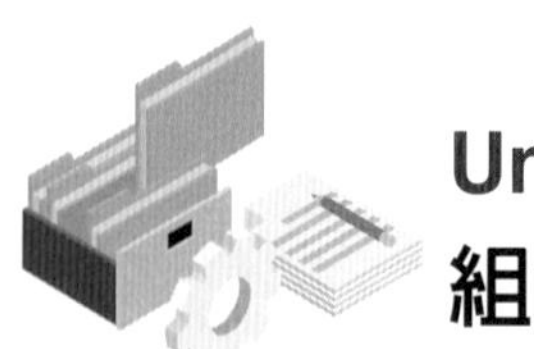

# Unit 3-20 組織公平

## 壹、源起與發展

公平概念的探討可遠溯至希臘時代，在 1960 年代一些關注社會互動中分配結果公平之理論陸續被提出，促使組織公平成為社會科學所關注的一個議題。

組織公平理論源起於 Homans 的社會交換理論，而後 Adams 以 Homans 理論為基礎提出公平理論，強調分配公平的概念。然而分配公平的概念不能完全解釋組織成員對不公平的理解所產生的反應，而逐漸轉向程序公平概念的研究。

另外，在組織程序執行的過程中，往往忽略員工對於人際互動品質的感受，如尊重員工、說明與解釋決策的形成、接納員工的意見、同理心的展現等，因此組織公平的探究也強調互動公平的概念。

## 貳、意義

係指組織成員或團體以其價值觀及角色定位，覺知組織資源分配如有關個人或團體相關利益、制度、政策和措施等是否具公平合理性，並根據該覺知而表現後續之行為或反應。

## 參、向度

### 一、分配公平

係指組織成員對於工作投入與組織資源分配結果的公平性認知，組織成員會對其付出與組織所提供之酬賞進行比較，審視組織在決策或資源分配的公平性。

### 二、程序公平

係指組織成員覺知組織決策程序或過程是否公平的程度，組織成員會評估組織作決策的過程，所依據決策標準或評估方法在程序上是否符合公平性的認知。

### 三、互動公平

係指組織成員對於組織在制定或執行分配過程時，所知覺之人際待遇的公平性。互動公平又可分為人際公平與資訊公平：

#### （一）人際公平

係指組織內人際間對待的公平，組織成員在組織程序進行中因人際互動所感知之公平。

#### （二）資訊公平

關注的是組織所提供與程序和結果相關的資訊之數量和品質，強調組織決策過程中的資訊對稱性。

## 肆、啟示

一、增進組織公平知覺，提升學校經營績效。

二、完善明確組織分工，建立公平獎懲制度。

三、提供意見對話管道，廣徵多元決策觀點。

四、善用非正式之溝通，了解學校成員想法。

五、重視個別差異觀點，適時滿足成員需求。

# 組織公平

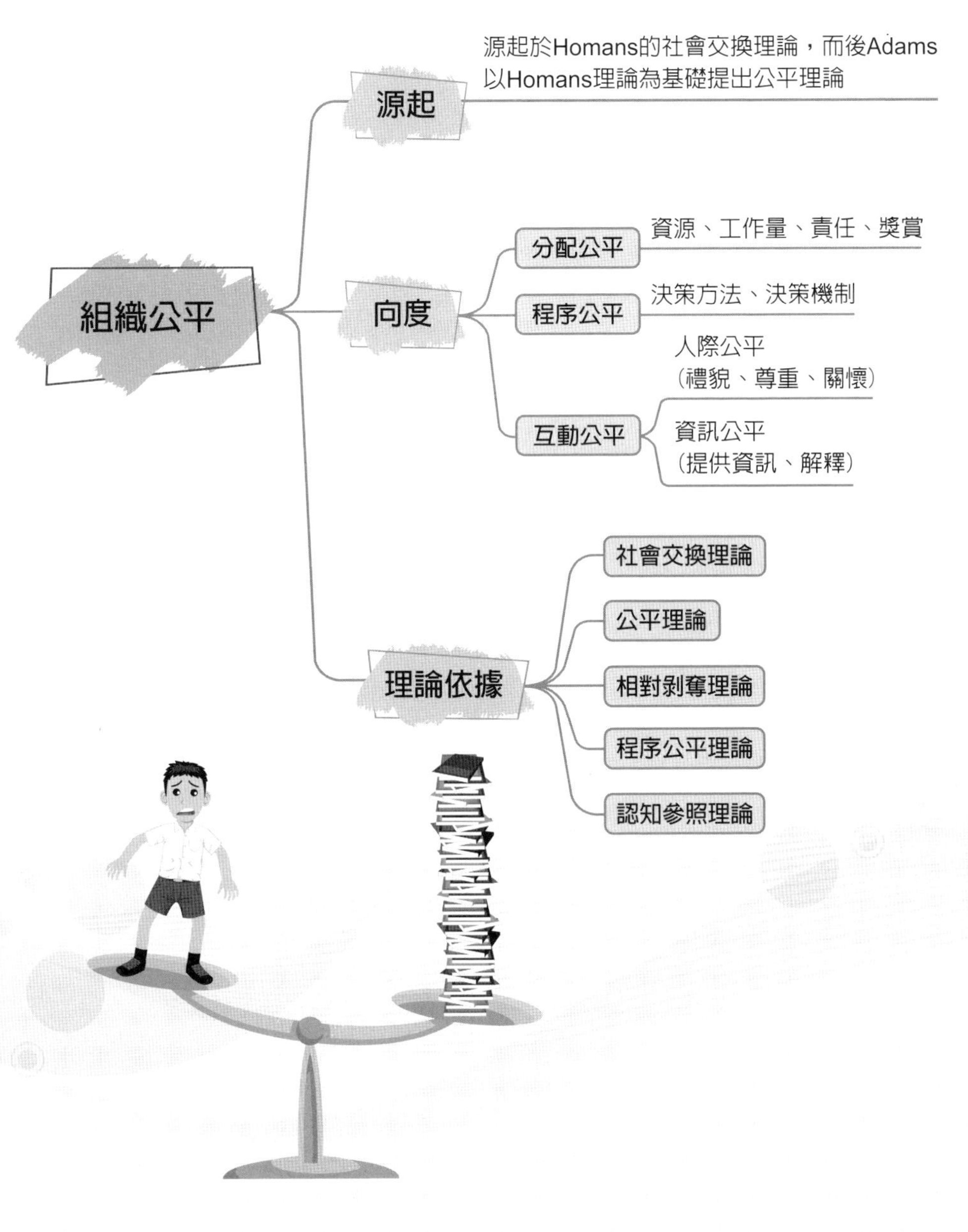
組織公平
源起
源起於Homans的社會交換理論，而後Adams以Homans理論為基礎提出公平理論
向度
分配公平
資源、工作量、責任、獎賞
程序公平
決策方法、決策機制
互動公平
人際公平（禮貌、尊重、關懷）
資訊公平（提供資訊、解釋）
理論依據
社會交換理論
公平理論
相對剝奪理論
程序公平理論
認知參照理論

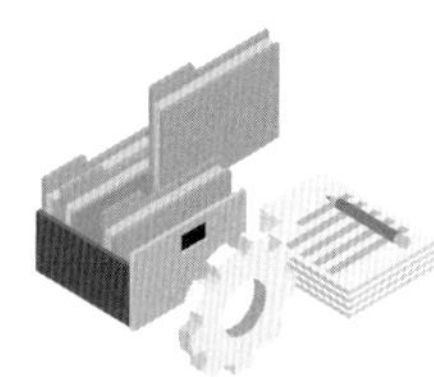

# Unit 3-21 組織公民行為





## 壹、源起

「組織公民行為」的概念源於 1964 年 Katz 的「角色外行為」的主張，該主張強調組織成員如果只依章行事，是難以達成組織績效的，因此需要員工展現角色外的自發行為。Smith、Organ 及 Near 借用 Katz 的概念，並以角色理論為出發點，說明組織成員在組織中會如何形塑出組織所要求的角色行為，提出「組織公民行為」一詞，並於 1988 年提出完整的定義，將組織公民行為認定為一種正面與積極的行為，這樣的行為不是工作內容所要求與獎酬制度所產生的行為，是一種超越成員應盡本分的角色外行為。

## 貳、意義

一、組織成員不求組織給予獎賞，超越正式合約規定與組織一般期望標準而表現出超越組織角色規範標準以外的行為。

二、組織成員憑藉著積極信念與正向情意構築的心理契約，自發性地展現的利社會美德行為。

三、組織成員在正式工作要求之外，所從事有助於提升組織效能的無條件自願付出行為。

四、是組織成員自發性、非角色內必要的行為，成員會主動分享與合作，不計眼前的個人得失，以利他人或組織的行為。

五、是組織發揮無窮潛力的重要來源，對組織長期效能及成功運作扮演關鍵性角色。

## 參、內涵

一、**敬業守法：**克盡職責、表現良好、恪守相關規定等超越組織基本要求標準之行為。

二、**主動助人：**主動且樂意在工作上協助同事，並能與同事進行協調溝通。

三、**不爭利營私：**不因追求個人利益而破壞學校和諧或表現出利益衝突之行為，也不會利用公務時間處理私人事務。

四、**尊重學校體制：**行動或決策前徵詢意見，重大改變知會主管或學校相關單位，以防範工作上可能發生之問題。

五、**自我要求：**在工作上之表現超過基本規範或要求，也會儘早做好工作計畫或規劃。

六、**關懷學校利益：**關心學校發展並積極參與學校事務，以對於學校或學生有利的行為作為思考本質，以達致高效之教育品質。

## 肆、啟示

一、營造和諧專業組織文化，激發教師正向心理發展。

二、強化教師學校組織認同，提供教師參與決策機會。

三、鼓勵教師專業表現分享，促進同儕合作跨校聯盟。

四、建立良善可行典範規章，知識管理提升組織效能。

# 組織公民行為

- 組織公民行為
  - Organ主張組織公民行為之構面
    - 公民美德
    - 利他行為
    - 謹慎盡責
    - 運動家精神
    - 謙恭有禮
  - 源起
    - 「組織公民行為」的概念源於1964年Katz的「角色外行為」的主張
  - Katz認為卓越組織工作行為的三大要件
    - 留任行為：員工必須參與及留任於組織中
    - 角色內行為：成員行為必須符合組織所要求的特定角色標準
    - 角色外行為：成員主動從事超越正式職務以外角色要求的利他工作事項
  - 內涵
    - 敬業守法
    - 主動助人
    - 不爭利營私
    - 尊重學校體制
    - 自我要求
    - 關懷學校利益

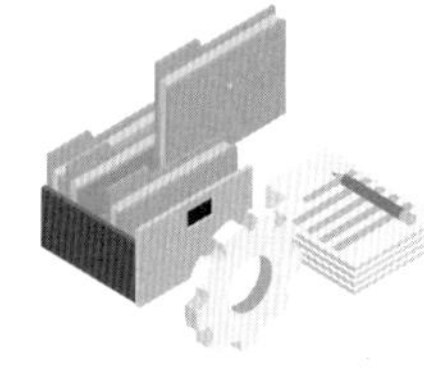

# Unit 3-22 組織信任

## 壹、前言

組織信任這個概念可以追溯到 1967 年由 Likert 所進行的組織中的信任之研究，研究主張組織中的信任關係可以幫助組織的未來發展。這概念之探究，起初主要著重在信任的形成原因，而後不再只專注於信任的形成原因，而開始著眼於信任的真正內涵之探討，如信任究竟是如何影響組織。此概念研究之重要，乃因其對於組織或學校的發展有著重要的助益與啟示。

## 貳、意涵

### 一、基本假設

（一）信任建立在預期對方會表現出正向的行為。

（二）信任表示個人願意承擔吃虧的風險。

（三）信任會因不同對象而有不同的信任關係。

### 二、意義

組織信任係指在組織中的成員，因人際互動而彼此願意承擔因對方行動所造成的風險，這是組織內成員對於組織制度、領導者或對同事及組織部門間表達信任的一種心理狀態。

## 參、構面

一、**組織信任**：組織成員對組織的整體運作如學校制度與發展，成為福利保障、專業能力發展等之信任程度。

二、**同儕信任**：對同事工作能力、言行一致、公平對待的信任關係。

三、**上司信任**：組織成員對主管領導能力、品德操守、專業管理及誠信對待等的信任關係。

## 肆、特質

一、**善意互動性**：組織信任隱含相信或期許組織或他人會對自己有善意的互動。

二、**承擔風險性**：組織信任涉及個人願意承擔風險或吃虧的可能。

三、**回應性**：組織信任具有回應性，當成員值得或已被信任時，表現出值得或已被信任的行為機率越高。

四、**初始性**：組織信任具有初始性，組織成員對於組織或他人的信任感會依據對方的表現來調整或呈現成員自己的應對行為。

五、**動態性**：組織信任具有動態性，組織成員對於組織或他人彼此的信任度越高，則會增強其信任感與表現，反之亦然。

## 伍、困難

一、**組織信任**：組織成員對組織運作的信任程度。

二、**同儕信任**：結黨派系、螃蟹文化、行政與教學對立。

三、**上司信任**：主管偏心、校長領導流於作秀或追求個人表現、主管未關心教師等。

## 陸、啟示

一、建立組織運作制度與規章，提升成員組織信任感。

二、營造友善互助教師文化，厚實同儕信任支持力度。

三、發揮專業民主公平領導，倡導關懷贏得教師支持。

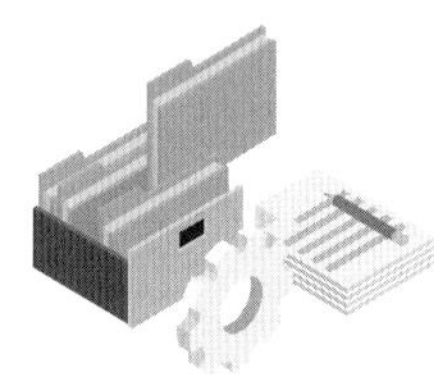

# Unit 3-23 組織溝通

## 壹、意義

溝通是個體或團體交換相互訊息以集思廣益、建立行動共識及協調行動方案、滿足彼此需求，進而達成預定目標的歷程。因此，組織溝通乃是組織中的發訊者透過媒體或管道交換訊息與情感，以建立共識、協調統合行動、維持組織運作，謀求集思廣益，滿足成員需求並達成預定的教育目標的歷程。

## 貳、基本元素

包括：發訊者、訊息、通路、收訊者、回饋作用及知覺等元素。

## 參、類型

一、**正式溝通**：訊息直接透過組織結構，循序的進行交流而不得越級或跨越部門，其路徑包括上行溝通、下行溝通及水平式溝通。

二、**非正式溝通**：循正式組織程序以外之途徑傳遞訊息，其路徑包括：單線方式、機率方式、密語方式及集群方式。

## 肆、障礙

一、**一般性障礙**：如知覺、語意、心理、地位、地理、溝通方法、資訊超載及時間壓力等。

二、**上行溝通障礙**：如報喜不報憂、地位情結、溝通內容被逐級沖淡或曲解、主管的領導作風及觀念的偏差等。

三、**下行溝通障礙**：如保障優勢地位、層級失真等。

四、**平行溝通障礙**：如專業分工的障礙、本位主義、權責不清及影響力有限等。

## 伍、有效溝通的原則

林新發（1999）指出有效溝通的原則如下（引自黃怡雯，2007）：

一、平時建立良好的溝通基礎。

二、培養傾聽技巧，適當運用引導技術。

三、藉訴諸以利、曉之以理等方法，使訊息具有說服力。

四、善用溝通的媒介，使訊息明確易懂。

五、選用適當的溝通方式，視情況配合身體語言進行溝通。

六、溝通的管道要普及暢通。

七、善用言辭或溝通技巧，維護對方的尊嚴。

八、布置適宜的環境，適度控制溝通的時間。

九、溝通應基於理性並具有共識。

十、運用協調的方法和技術，妥善處理僵局。

## 陸、作法

一、**人**：確定收訊者特質、平時培養被信賴度、培養傾聽的技巧、善用身體語言、爭取必要人員的參與，並兼顧發訊者與收訊者的利益。

二、**事**：界定問題的範圍、重要訊息要重複傳遞、內容要具說服力，並且能控制訊息的數量。

三、**時：**控制溝通的時間、慎選溝通的時間、適時提供事實以防杜謠言。

四、**地：**場所要適宜、座位安排要恰當、注意採光、通風與溫度。

五、**物：**溝通媒介宜明確易懂且利用所有可用的媒介、兼用非正式溝通管道多做雙向溝通。

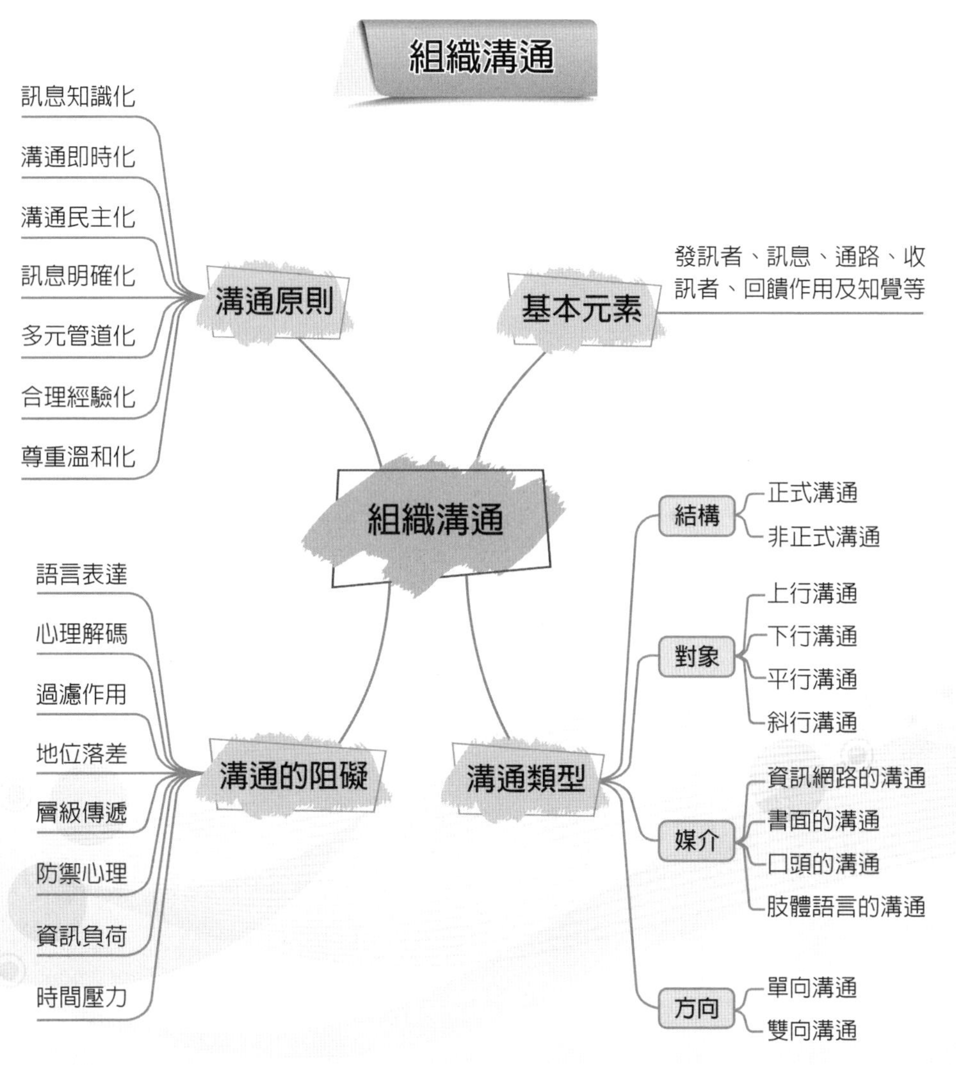

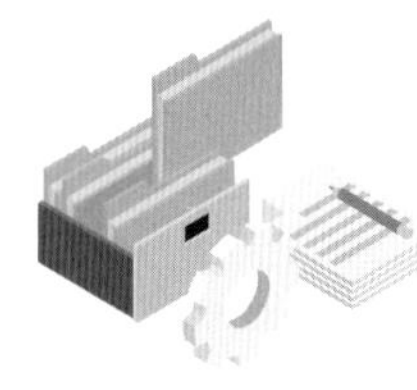

# Unit 3-24 組織衝突



## 壹、觀點演變

根據 Robbins（1998）的看法，組織衝突觀點的演進，約可分為三個時期：

**一、結構功能論觀點：**對衝突持負面觀點，衝突的產生乃源於溝通不良、缺乏互信所產生的結果，需找出衝突根源並加以排除。

**二、人際關係論觀點：**主張衝突為一種自然現象，衝突無法避免且它對組織績效具正面效益。

**三、互動論理論觀點：**認為適當衝突有益於組織發展，組織領導者若能控制衝突程度，將有助於成員自省及創新並促發組織革新及發展。



## 貳、原因

**一、表層外顯差異因素：**彼此溝通不佳、對工作目標想法不一、權責不明、角色內外間衝突、權力落差、酬賞不公、組織文化間的矛盾、價值觀的差異、法令和程序的僵化、組織氣氛的不當影響、外部環境的壓力等。

**二、深層認知感受因素：**成員角色扮演的期望落差、團體間的利益衝突、人際互動情緒影響或對任務工作的認知歧異。

**三、根層結構糾結原因：**組織工作的無法切割產生之互依性或有限的資源而產生的競合關係。

## 參、類型

**一、關係衝突：**成員相處的關係緊張、因工作而生氣或處理事情而顯現的態度或情緒所產生的衝突。

**二、任務衝突：**成員對工作內容或目標有意見不一致或衝突的想法所產生的衝突。

**三、程序衝突：**成員對採取的行動不一致、任務分工想法不一致、責任歸屬或資源分配等所產生的衝突。

## 肆、處理方式

依據 Thomas（1992）的主張，組織衝突的處理可有如下五種方式：

**一、競爭（domination）：**堅持己見，彼此皆希望或強迫對方接受自己的看法與意見，無妥協餘地。

**二、合作（collaboration）：**各持立場，但願意坦誠溝通並合作探究，以共謀解決方法。

**三、妥協（compromise）：**各退一步，交涉協議以尋求交集。

**四、逃避（avoidance）：**只求表象太平無紛爭，但暗潮洶湧。

**五、順應（accommodation）：**以消極態度互相配合以平息衝突，但實質問題未能獲得真正解決。

# 組織衝突

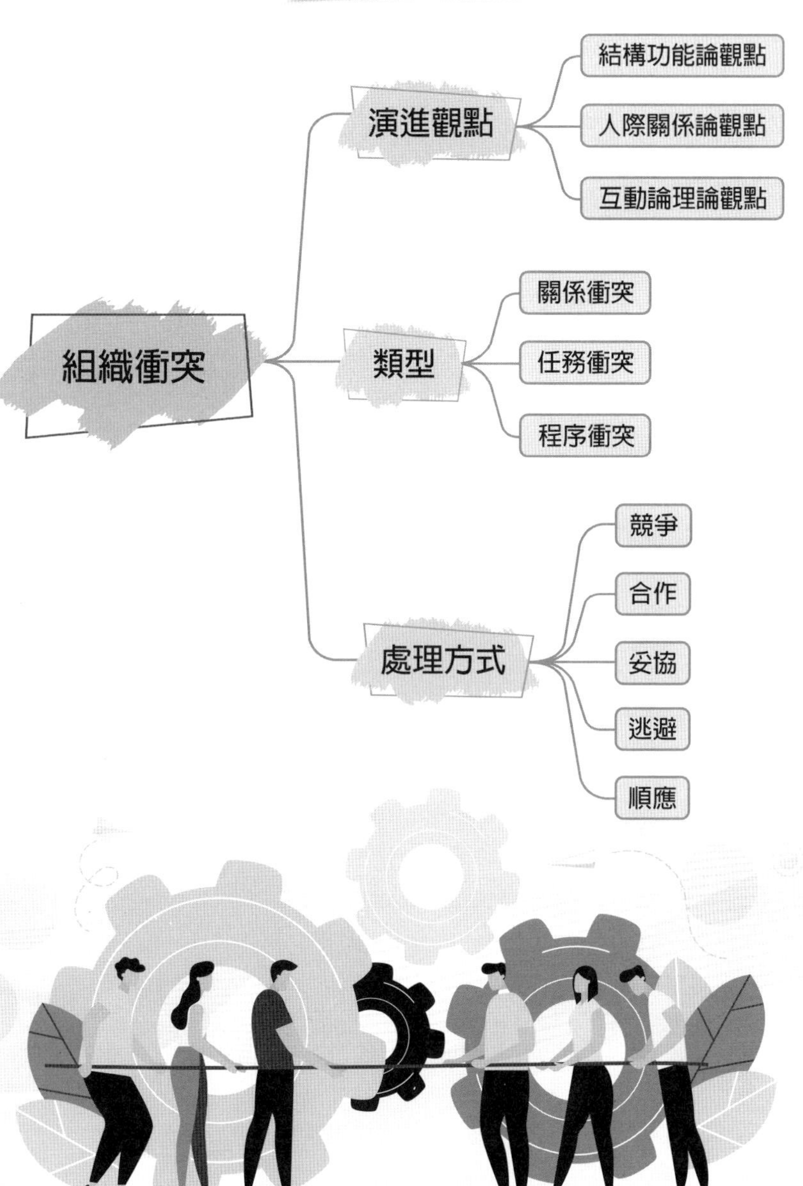

組織衝突
演進觀點
結構功能論觀點
人際關係論觀點
互動論理論觀點
類型
關係衝突
任務衝突
程序衝突
處理方式
競爭
合作
妥協
逃避
順應

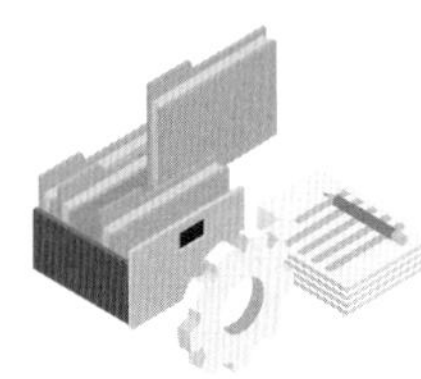

# Unit 3-25 媒體素養教育

## 壹、意涵

### 一、意義

為使學生能近用、分析、評估及產製各種媒體訊息，以達有效溝通之目的，媒體素養教育乃是透過教育的歷程與手段來培育學生具備媒體解讀、分析、批判素養，認識大眾媒體本質、媒體運用技術、了解媒體訊息如何被製造與組織，區辨判斷媒體訊息的真假虛實及其對生活的影響，使學生具備嫻熟使用媒體的能力。

### 二、內涵

**（一）媒體機構**：了解誰在傳播訊息與傳播的目的。

**（二）媒體種類**：了解媒體的形式為何，能區辨傳播媒介、形式與節目類型，並比較不同的媒體型態如何影響閱聽人的理解。

**（三）媒體科技**：了解媒體採用哪些科技來產製訊息、如何使用，以及因為不同的科技所產生效果為何。

**（四）媒體語言**：知道媒體如何產製意義，知悉媒體語言的規則與敘事結構為何，以思辨媒體訊息與創作自己的文本。

**（五）媒體閱聽人**：了解誰在接收訊息以及他對媒體所持的態度，諸如閱聽人如何被建構、界定與描述；閱聽人如何發現、選擇與消費媒體文本，以及閱聽人如何理解文本。

**（六）媒體再現**：了解媒體如何再現議題或媒體中刻板印象的呈現。

## 貳、媒體素養教育取向的演進

**一、保護取向：**將媒體閱聽者視為被動的受害者，要教導學生抗拒媒體的操弄；認為媒體框限學生的認知與視野，認為傳統印刷文化優於網路媒體文化。

**二、愉悅取向：**將學生視為是媒體使用的參與者，學生在使用媒體時會產生愉悅，然而這取向未能進行意識形態之批判或覺察。

**三、準備取向：**強調應培養學生具備現代民主社會所需要的資訊溝通技能，這取向也未能理解教育中的政治層面，弱化了媒體教育作為挑戰壓迫與強化民主之工具的可能性。

**四、批判取向：**重視對意識形態、權力、與宰制的理解，挑戰多數媒體教育中的相對論者與政治中立的想法，藉此引導師生探索權力與資訊如何連結。

## 參、媒體素養教育的使命（教育部，2002）：

一、形塑健康媒體的社區和文化環境。

二、培養使用媒體、思辨媒體、近用媒體的行動轉化與實踐。

三、了解媒體資訊對民主社會健全發展的影響和重要性。

四、建構民主社會的公民傳播權。

五、培育學生與公民獨立學習和批判思考與問題解決能力。

## 肆、實施媒體素養教育可有之思維

一、了解教師自我觀點，反思媒體課程實施動機。

二、盤點各種媒體立場，呈現多元媒體教學觀點。

三、引導學生自我探索，釐清媒體互動需求動機。

四、理解媒體語言形式，引領學生思辨對媒體的愛惡要素。

五、包容尊重媒體經驗，接納學生思用媒體的方式。

六、創造開放多元環境，引領社區家長共同發展。

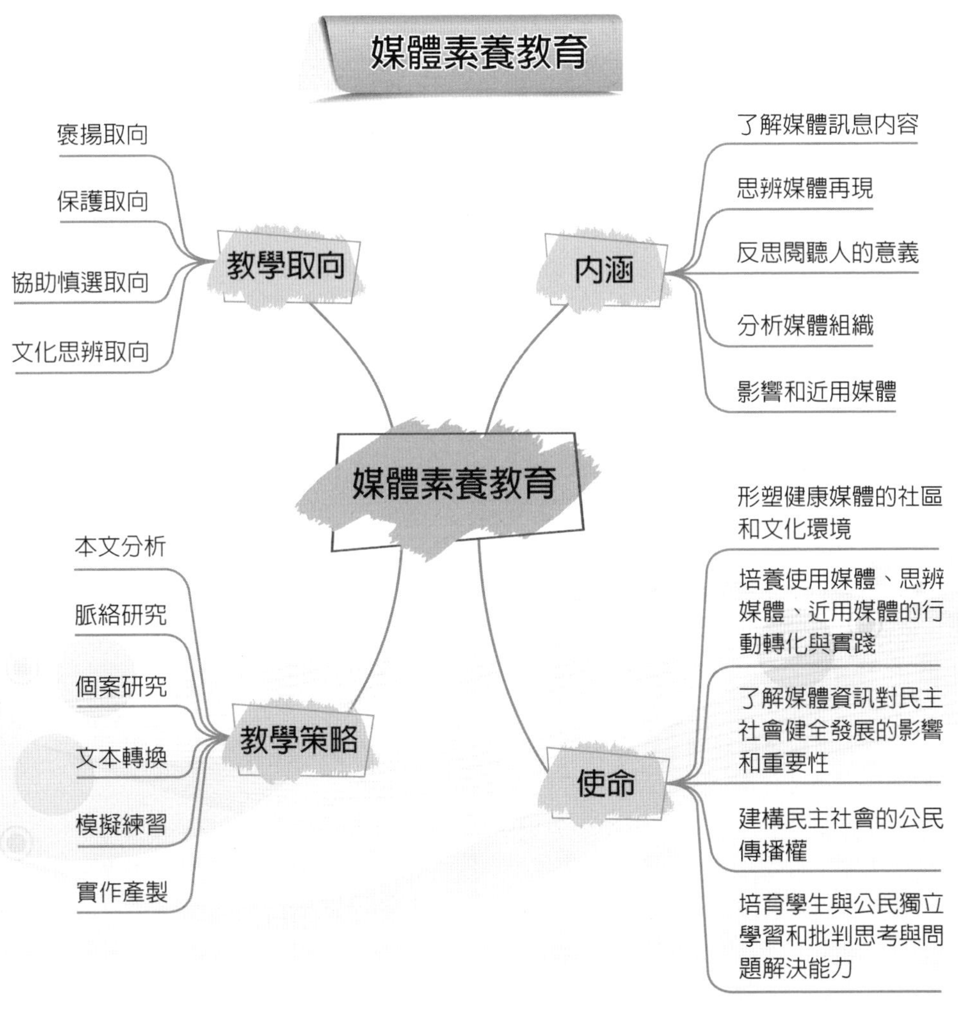

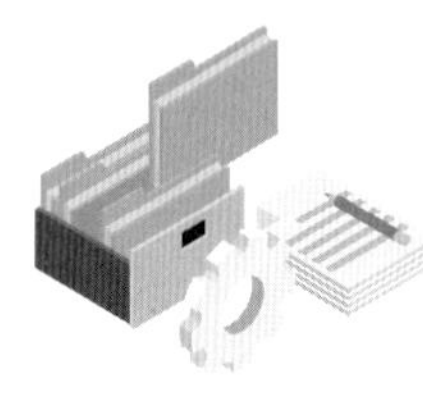

# Unit 3-26 課程發展委員會

## 壹、法源依據

一、**《國民教育法施行細則》第十四條第一項第三款：**成立課程發展委員會，下設各學習領域課程小組；其規模較小學校得合併設置跨領域課程小組。

二、**《十二年國民基本教育課程綱要總綱》之柒、實施要點：**學校為推動課程發展應訂定「課程發展委員會組織要點」，經學校校務會議通過後，據以成立學校課程發展委員會。學校課程發展委員會下得設各領域／群科／學程／科目教學研究會。學校得考量學校規模與地理特性，聯合成立校際之課程發展委員會。

## 貳、組織運作及功能

一、**組成及運作方式：**由學校校務會議決定，委員會成員應包括學校行政人員、年級及領域／群科／學程／科目（含特殊需求領域課程）之教師、教師組織代表及學生家長委員會代表，高級中等學校教育階段則需再納入專家學者代表，各級學校並得視學校發展需要聘請校外專家學者、社區／部落人士、產業界人士或學生。

二、**運作發展項目：**委員會成員須掌握學校教育願景，發展學校本位課程、審議學校課程計畫、審查全年級或全校且全學期使用之自編教材以及進行課程評鑑等。而前開課程計畫需由學校課程發展委員會三分之二以上委員出席，二分之一以上出席委員通過，始得陳報各該主管機關。

三、**重要功能：**學校課程計畫之規劃、決定各年級各學習領域學習節數、審查自編教科用書及設計教學主題與教學活動，並負責課程與教學評鑑等。

## 參、課發會常見之運作不足之處

一、**流於形式討論缺乏專業對話：**課發會常討論的內容是攸關授課節數的協調與教材的選定等，欠缺專業課程發展對話。

二、**教師欠缺課程發展相關知能：**教師較少討論課程教材的結構性或加深加廣的螺旋規劃、較少考量教學活動與教材的結合，因此很難從活動中看出有意義的學習進程規劃。

三、**彈性學習課程及課程評鑑的缺漏：**彈性學習課程及課程評鑑此為吃力不討好之工作，且易被檢視課程發展能力，教師多視為畏途而少著力討論。

四、**行政主導多於教師專業展現：**學校課程計畫或課程發展受限於政策規範，業責單位教務處所負的責任較重，社群對話或專業規劃似乎較難展現。

## 肆、厚實課程發展委員會功能之策略

一、培養學校課程領導人專業知能。

二、校長發揮課程與教學專業領導。

三、著力部定校訂課程強化課程評鑑。

四、課程協作策略聯盟課程經驗分享。

# 課程發展委員會

## 課程發展委員會

### 成員

- 學校行政人員
- 年級及領域/群科/學程/科目（含特殊需求領域課程）之教師
- 教師組織代表
- 學生家長委員會代表

### 運作發展項目

- 發展學校本位課程
- 審議學校課程計畫
- 審查全年級或全校且全學期使用之自編教材
- 進行課程評鑑

### 法源依據

- 《國民教育法施行細則》第十四條第一項第三款
- 《十二年國民基本教育課程綱要總綱》柒、實施要點

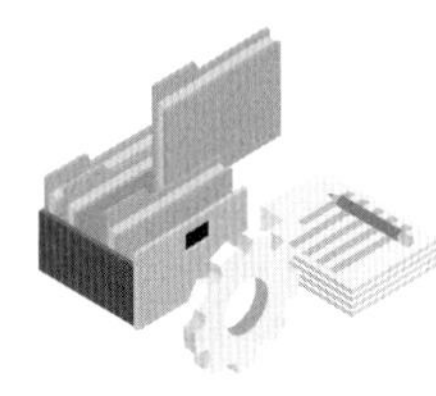

# Unit 3-27 魅力領導

## 壹、源起

魅力一詞源自於希臘文，意指上天賜予的天賦異稟特質。社會學家 Weber 指出魅力是影響力展現的一種形式，它並非來自於傳統的正式權威，而是來自於部屬對領導者特殊能力的認同與追隨。

## 貳、意涵

### 一、意義

魅力領導的核心概念在於引發部屬的內在改變，從而獲致其對部屬與組織的影響效果，它是鼓舞追隨者表現優質績效的一種領導方式。具有魅力的領導者通常有高度自信心，能堅持理想並塑造改革形象，表現創新行為，敏於環境變化等人格素質與行為表現，因而對被領導者產生魅力，被領導者則樂於接受其領導。

### 二、內涵

#### (一) 環境評估階段

對環境的敏感度、對組織成員的需求敏感度。

#### (二) 願景形塑階段

提出理想型的策略性願景。

#### (三) 實現階段

承擔個人風險與自我犧牲的行為、革命性的行為。

## 參、魅力領導的倫理本質

Kanungo 和 Mendonca 指出，魅力領導的倫理本質表現在領導者動機、影響策略與性格形式等三方面，見右頁表格。（引自蘇英芳、鄭國枝、黃賀，2004）

## 肆、學校領導者展現魅力領導的策略

### 一、訂定組織目標，實踐學校發展願景

學校領導者需規劃組織目標，勾勒出學校發展圖像，讓願景深入組織成員心理並成為其價值觀，方能讓願景展現效力。

### 二、善用影響力，展現專業領導魅力

走動管理並以身作則，以積極態度面對組織的問題與困難，帶領成員逐步化解困境、展現領導魅力。

### 三、形塑組織認同氣氛，打造具向心力之組織文化

制定良好友善制度，以人性化方式提供服務爭取成員認同，並聚焦學校發展特色與方向，引領全員同心齊力奉獻。

### 四、倡導關懷組織成員，引領組織成員自我實現

校長時時扮演協作、傾聽與關懷者的角色，以服務代替管理，引導成員自我實現。

## 魅力領導

### 魅力領導的倫理本質

| 領導者行爲 | 正面形式 | 負面形式 |
|---|---|---|
| 預設動機 | 利他的 | 自我主義的 |
| 顯示需求 | 同盟利益、機構權力、<br>社會成就、自律與自我發展 | 同盟保證、個人權力、<br>個人成就與自我膨脹 |
| 影響策略 | 賦權 | 控制 |
| 領導者對跟隨者行爲結果的期許 | 強調經由改變跟隨者的核心價值、態度、信念來內化願景 | 強調服從行為與認同領導者的行為 |
| 道德價值與影響 | 合倫理的 | 非倫理的 |

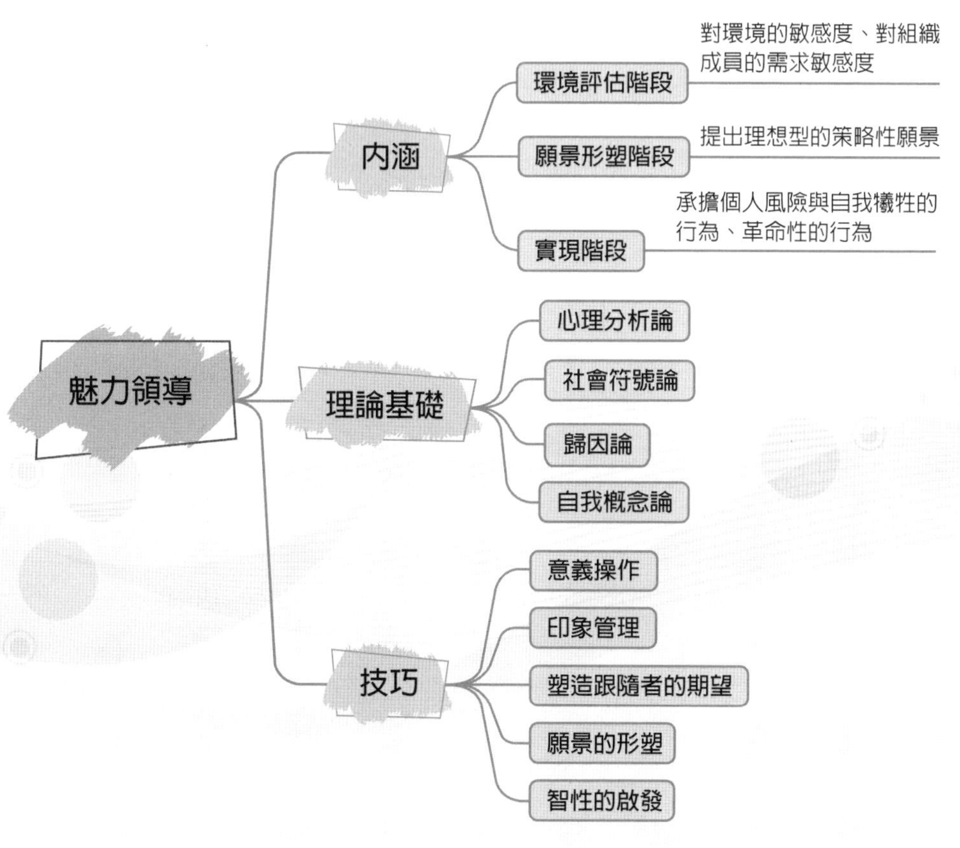

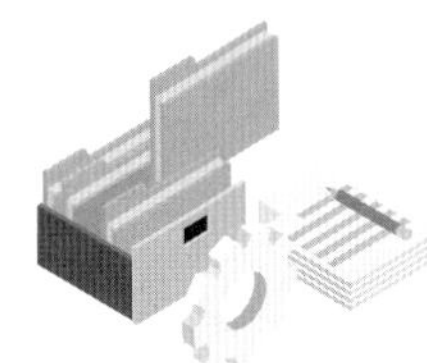

# Unit 3-28 學生申訴

## 壹、意涵

學生申訴可由狹義與廣義的方面來定義。從狹義面來看，指的是學校處分有關學生受教權益，學生認為有違法或不當而導致其權益損害者；從廣義面來看，學生申訴也包括學生對在校學習、生活有關事項感到委屈或陳述相關意見的組織及運作程序（吳淑萍，2010）。

## 貳、法源依據

**一、《教育基本法》第十五條**

教師專業自主權及學生學習權、受教育權、身體自主權及人格發展權遭受學校或主管教育行政機關不當或違法之侵害時，政府應依法令提供當事人或其法定代理人有效及公平救濟之管道。

**二、《國民教育法》第二十條之一第三項**

學校及直轄市、縣（市）主管機關應建立學生申訴制度。學校班級數在十二班以上者，應成立學生申訴評議委員會，其中家長代表不得少於五分之一；其相關規定，由學校所在地之直轄市、縣（市）主管機關定之。

**三、《學校訂定教師輔導與管教學生辦法注意事項》第四十四條**

學生對於教師或學校有關其個人之輔導與管教措施，認為違法或不當致損害其權益者，學生或其監護人、法定代理人，得依相關規定向學校提出申訴。

## 參、處理原則

理想的學生申訴制度至少要有以下的原則（林威志，1999）：

**一、實質面**

（一）明確的申訴範圍。
（二）超然的申訴處理機構。
（三）公平合理的審理程序。
（四）確實有效的申訴決定效力。
（五）避免報復的申訴保障。
（六）學生個人資料的保全及保密性。

**二、程序面**

（一）提起申訴之學生可以有專業人員或家長或監護人之協助。
（二）適當的聽審程序。
（三）審慎的證據採證程序。
（四）申訴人與關係人間之言詞辯論。
（五）迅速的處理流程。
（六）法定的處理期限。

## 肆、相關配套作為

一、營造友善校園環境。
二、強化公民法治教育。
三、增加學校溝通管道。
四、建立透明處理機制。
五、宣導相關學生權益。

# 學生申訴

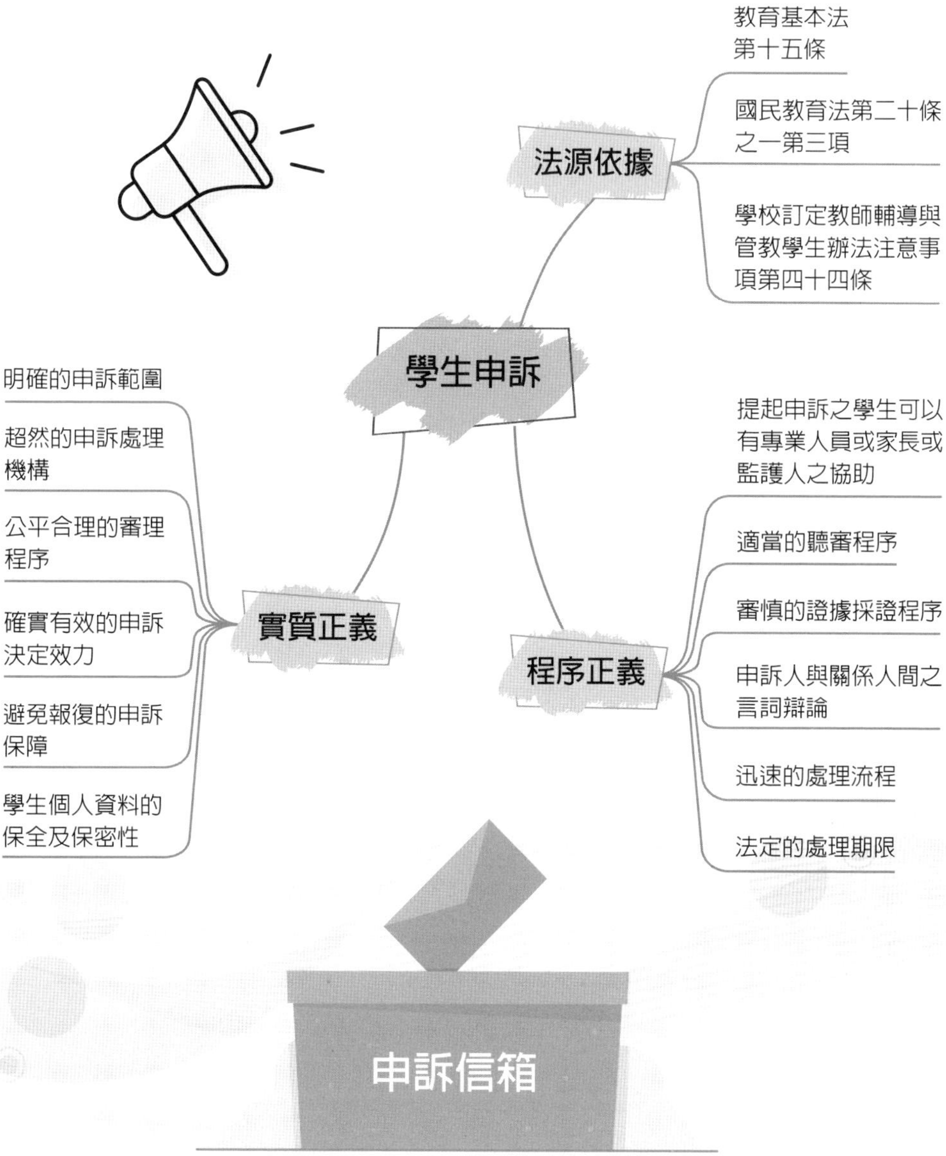

學生申訴

- 法源依據
  - 教育基本法第十五條
  - 國民教育法第二十條之一第三項
  - 學校訂定教師輔導與管教學生辦法注意事項第四十四條
- 實質正義
  - 明確的申訴範圍
  - 超然的申訴處理機構
  - 公平合理的審理程序
  - 確實有效的申訴決定效力
  - 避免報復的申訴保障
  - 學生個人資料的保全及保密性
- 程序正義
  - 提起申訴之學生可以有專業人員或家長或監護人之協助
  - 適當的聽審程序
  - 審慎的證據採證程序
  - 申訴人與關係人間之言詞辯論
  - 迅速的處理流程
  - 法定的處理期限

申訴信箱

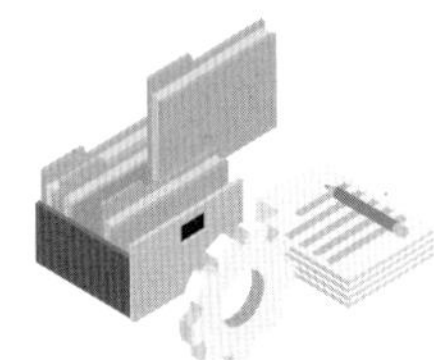

# Unit 3-29 學校疫情處理

## 壹、疫情發生

2020 年初爆發全球新冠肺炎疫情（COVID-19），染疫及死亡人數速增。2020 年 1 月 21 日臺灣也出現首例確診，而後世界衛生組織於 2020 年 1 月 30 日宣告 COVID-19 疫情為全球公衛緊急危機，校園面對此危機，為做好防疫工作、順利推動課程與教學、提供學生健康照護與維護學習權益，開啟了學校疫情處理新挑戰。

## 貳、疫情下學校面臨之困境

一、**防疫工作：**（一）疫情驟起數變，防疫規劃措施不及。（二）調查清檢工作，衛教環教急需落實。（三）學校活動規劃，隨政策指示常改變。（四）疫情險峻恐懼，安撫人心輔導不易。

二、**課程與教學：**（一）遠距線上授課，教師成為直播主。（二）評量彈性多元，成績採計失公允。（三）實體互動減少，課室運作待磨合。（四）教學品質不一，學習成效待檢核。

三、**健康照護與學習：**（一）體溫檢測隔離，洗手戴口罩成日常。（二）停課復課循環，學習機會減少中斷。（三）學習模式轉變，師生鷹架輔力減少。（四）弱勢家庭功能，科技資源助力不足。

## 參、面對疫情困境，可能產生的學校挑戰

一、疫情環繞學校四周，防疫抗戰需長期面對。

二、人員健康衛生安全，防疫工作需扎根落實。

三、線上數位學習需求，課程內容規劃待轉變。

四、遠距教學已成常態，科技融入新知需強化。

五、停課復課循環不斷，親師生溝通共學合作。

六、數位科技資源落差，弱勢學習成效需關注。

七、教學學習資源豐富，學生視力保健憂退化。

八、疫情侵入人人心慌，安撫人心輔導待給力。

## 肆、面對疫情之思維

一、**生命第一：**重視親師生生命健康。

二、**環境永續：**關心環境衛生及生態永續。

三、**科技融入：**善用遠距教學契機，活化創新課程與教學。

四、**公平正義：**關心弱勢學習，避免數位落差、學習 M 型化。

五、**全球公民：**重視公民責任，了解全球生命共同體。

## 伍、可有的教育作為

一、落實生活教育，做好防疫相關工作。二、營造健康環境，確實人境清消防護。三、重視生態環境，推動環境倫理教育。四、優化教學樣態，提升教師科技新知。五、強化親子共學，提供家長資源後盾。六、培養自學能力，引導素養導向學

習。七、重視公平正義，弭平數位學習落差。八、公私協力合作，豐富教學學習資源。九、強化休閒運動，優化視力促進健康。十、落實三級輔導，提供防疫心輔諮商。

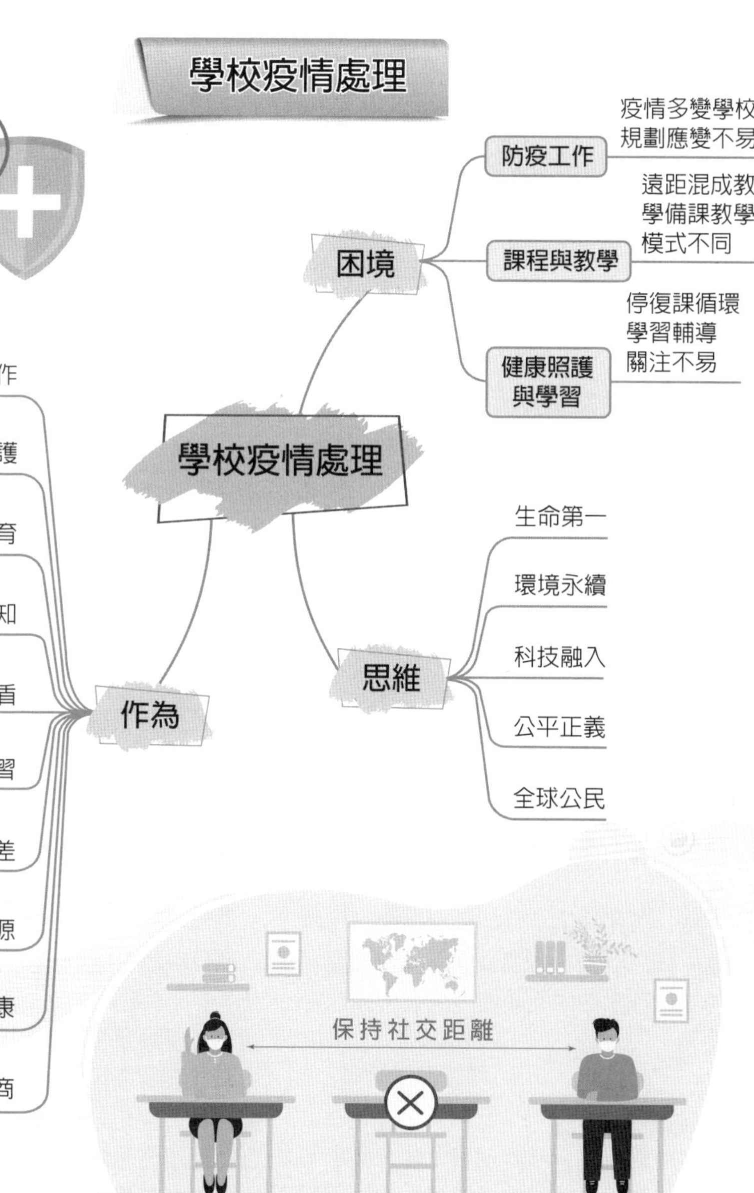

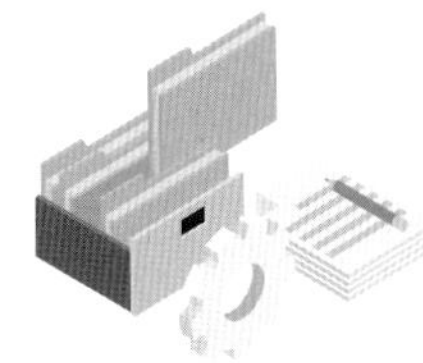

# Unit 3-30 學校採購

## 壹、精神

學校採購須依法行事，依據《政府採購法》第三條，政府機關、公立學校、公營事業辦理採購，依本法之規定；本法未規定者，適用其他法律之規定。學校依法進行採購，其精神為提升採購效率與功能，確保採購品質，依公平、公開之採購程序進行採購，以達學校辦學之教育目的。

## 貳、採購類型

依據《政府採購法》第七條，依採購的類型或性質可分為工程、財務與勞務採購：

一、**工程採購：**係指在地面上下新建、增建、改建、修建、拆除構造物與其所屬設備及改變自然環境之行為，包括建築、土木、水利、環境、交通、機械、電氣、化工及其他經主管機關認定之工程。

二、**財物採購：**係指各種物品（生鮮農漁產品除外）、材料、設備、機具與其他動產、不動產、權利及其他經主管機關認定之財物。

三、**勞務採購：**係指專業服務、技術服務、資訊服務、研究發展、營運管理、維修、訓練、勞力及其他經主管機關認定之勞務。

若採購兼有工程、財物、勞務二種以上性質，難以認定其歸屬者，按其性質所占預算金額比率最高者歸屬之。

## 參、採購之招標與決標

### 一、招標方式

依據《政府採購法》第十八條，採購之招標方式，分為公開招標、選擇性招標及限制性招標：

（一）**公開招標：**係指以公告方式邀請不特定廠商投標。

（二）**選擇性招標：**係指以公告方式預先依一定資格條件辦理廠商資格審查後，再行邀請符合資格之廠商投標。

（三）**限制性招標：**係指不經公告程序，邀請二家以上廠商比價或僅邀請一家廠商議價。

### 二、決標原則

依據《政府採購法》第五十二條，機關辦理採購之決標，應依下列原則之一辦理：

（一）訂有底價之採購，以合於招標文件規定，且在底價以內之最低標為得標廠商。

（二）未訂底價之採購，以合於招標文件規定，標價合理，且在預算數額以內之最低標為得標廠商。

（三）以合於招標文件規定之最有利標為得標廠商。

（四）採用複數決標之方式：機關得於招標文件中公告保留之採購項目或數量選擇之組合權利，但應合於最低價格或最有利標之競標精神。

## 肆、學校人員辦理採購可能面對的問題

一、採購爭議與訴訟，易生心理壓力。

二、外界政治力介入或關說，增加採購難度。

三、學校校長易有個人意志，影響採購專業。

四、採購人員更替頻繁，脫離教育專業本質且不諳採購相關規範，易犯採購錯誤樣態。

五、採購內容繁雜與採購立場衝突，不易留任優秀採購人員。

## 伍、學校採購可有的配套措施

一、善用法規資料庫，熟悉政府採購相關規定。

二、強化採購人員的教育與訓練，發展核心職能並儲備採購人才。

三、建立標準化作業程序，減少錯誤採購樣態。

四、成立任務型專案小組，分工合作化解本位主義之採購衝突。

五、設計鼓勵機制，提供採購人員合理之功獎與獎勵。

六、營造開放透明的組織氛圍，引導公開合法的採購作為。

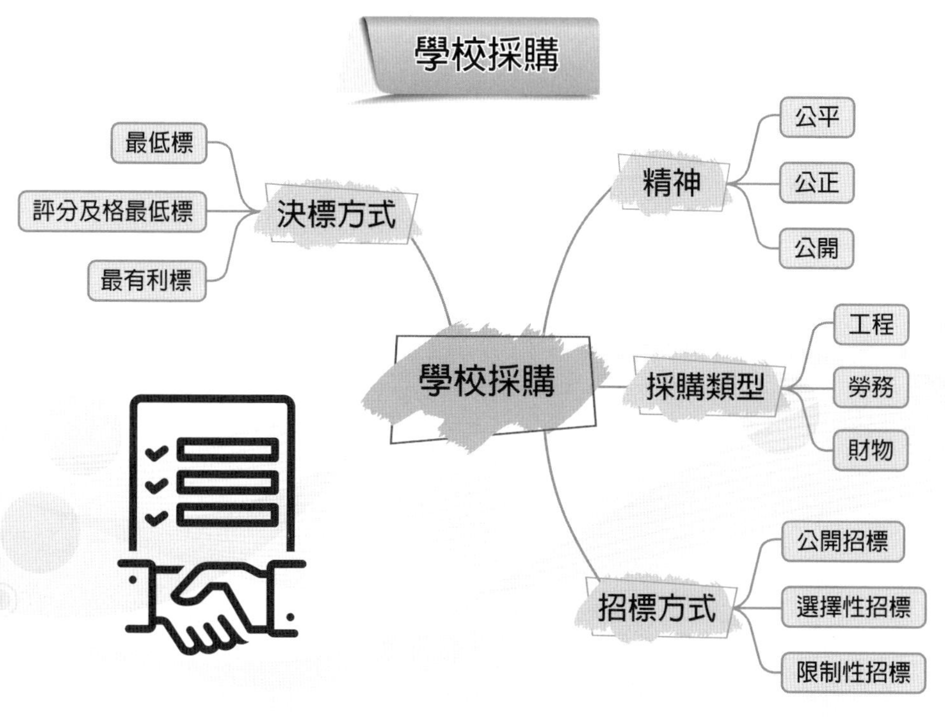

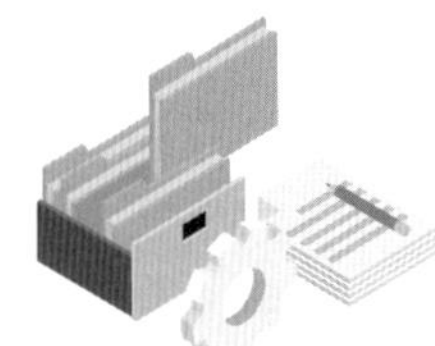

# Unit 3-31 學習扶助

## 壹、意義

學習扶助又稱補救教學，係為提供低成就學生額外的學習機會與資源，以及適當的學習內容和方法，以符應學生個別需求，增進學生學習效果，進而提升學生學習成就的一種教育作為（吳清山，2020）。

## 貳、法源及目的

### 一、法源

教育部《教育部國民及學前教育署補助辦理國民小學及國民中學學生學習扶助作業要點》及《教育部國民及學前教育署補助辦理國民小學及國民中學學生學習扶助作業注意事項》。

### 二、目的

（一）篩選國語文、數學、英語文三科目（領域）學習低成就學生，及早即時提供學習扶助，弭平學力落差。

（二）提升學生學習效能，確保學生基本學力。

（三）落實教育機會均等理想，實現社會公平正義。

## 參、政策內容

### 一、對象與學科課程

依據作業要點，學習扶助的對象是地方政府轄內公立國民小學及國民中學之學生。學習扶助的學科課程為國語文、數學或英語任一科目未通過測驗情形者。

### 二、師資與培訓

一般班級教學人員資格若具有高級中等以下學校合格教師證書者，應接受8小時學習扶助師資研習課程。未取得高級中等以下學校合格教師證書者，應符合下列資格之一且應接受18小時學習扶助師資研習課程。班級內若有身心障礙（包括疑似）學生，須具備前項資格，並得優先聘任持有特殊教育各該教育階段、科（類）合格教師證書或修畢特殊教育師資職前教育課程，取得修畢證明書者。

### 三、篩選與成長測驗

學習扶助重視篩選測驗及成長測驗，篩選測驗於每學年第二學期期末由學校依應提報比率，提報參加篩選測驗之學生名單及其測驗科目（領域）。成長測驗則於每學年第一學期期末，未結案之個案學生，均應參加成長測驗。

### 四、開班方式

開班人數每班以10人為原則，最多不得超過12人，最少不得低於6人。偏遠地區或具特殊原因有開班困難而人數未滿6人之學校，於報請地方政府同意後，依實際情形開班。開班期別分為暑假、第一學期、寒假、第二學期等四期，各校得視學生實際需求規劃辦理期數。

### 五、個案管理

學習扶助篩選測驗未通過或經學校學習輔導小組會議認定應接受學習扶助之學生，學校應於測驗結束三十日內於科技化評量系統「學生資料管理」功能建立個案管理學生名單。六年級未結案之個案學生須由其就讀學校於科技化評量系統完成異動轉銜之轉出作業，九年級之個案學生由其就讀學校將學生異動內容修正成「畢業」或「結業」。另轉學生應由其就讀學校於學生轉入後兩週內完成異動轉銜。

## 學習扶助

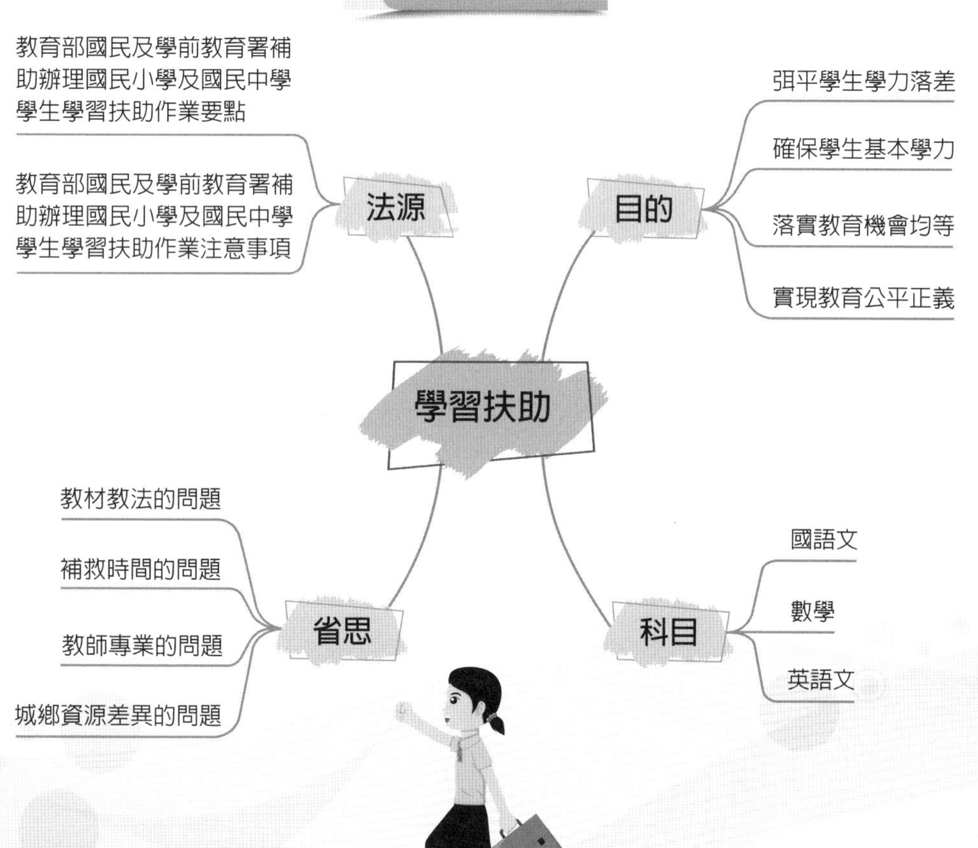

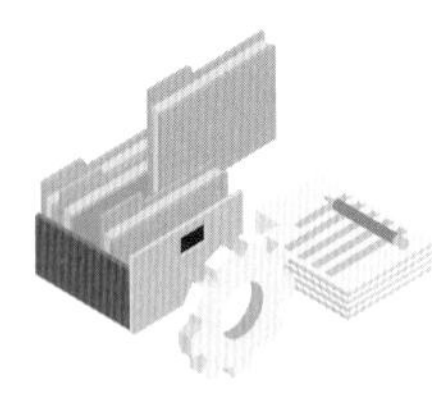

# Unit 3-32 翻轉教室

## 壹、源起

翻轉教室一詞源自於 2007 年科羅拉多州的高中化學教師 Jonathan Bergmann 和 Aaron Sams，兩位老師為解決學生缺課以致學科學習時間不足與進度落後情況，運用科技將課堂上的教材內容錄製成 PowerPoint 或影片，並將之上傳至 YouTube 網站，讓學生可以在家自行上網觀看學習。如此作法，讓教師可以在有限的課堂時間下，增加與學生的互動討論或是針對學生對教材內容不理解的地方進行教學，從此開啟翻轉教室這個概念（郭俊呈、侯雅雯，2017）。

## 貳、意涵

翻轉教室係以學生自主學習精神為主，教師的角色不全然是單一教學者，也扮演了輔助者的身分詮釋，這種翻轉改變教室的傳統風貌，扭轉課堂上「老師講、學生聽」的單向講演教學模式，把學習的主導權還給學生，啟發其學習動機，幫助其建構自主學習能力，擴大學生的學習與成就（黃政傑，2014）。

## 參、特性

一、從以教師為中心轉變為以學生為中心；二、課堂學習是一種預學、共學的歷程；三、融入科技促使改變師生互為主體的教與學風貌；四、強調教師課程規劃力與數位科技應用力的統整。

## 肆、精神

**一、師生互為主體**

課程內容由師生決定，教師是學習促進者。

**二、賦權增能教師**

為提升學生較高層次能力學習（如應用、分析、評鑑、創造），教師扮演學習過程中引導者和協助者的角色，以科技融入教學活動並驅動學習，更加強調教與學的彈性和動態性。

**三、展現課程自主意識**

強調教師課程規劃和組織的能力，以重視課堂中的討論對話活動。

## 伍、翻轉教室在臺灣的推動

**一、均一教育平臺**

利用大量的數據分析或功能開發，以提供有效能的個人化學習路徑，讓學習者能透過線上的學習資源來進行個人化的學習。

**二、學思達翻轉**

上課基本流程五步驟，即自學、思考、討論、表達、統整。

**三、MAPS 教學**

四個核心元素——心智繪圖、提問策略、口說發表、同儕鷹架。

**四、BTS 翻轉教學**

利用網站平臺予學生公告學習影片，並利用 Google 表單監控掌握學生的學習成效。

# 翻轉教室

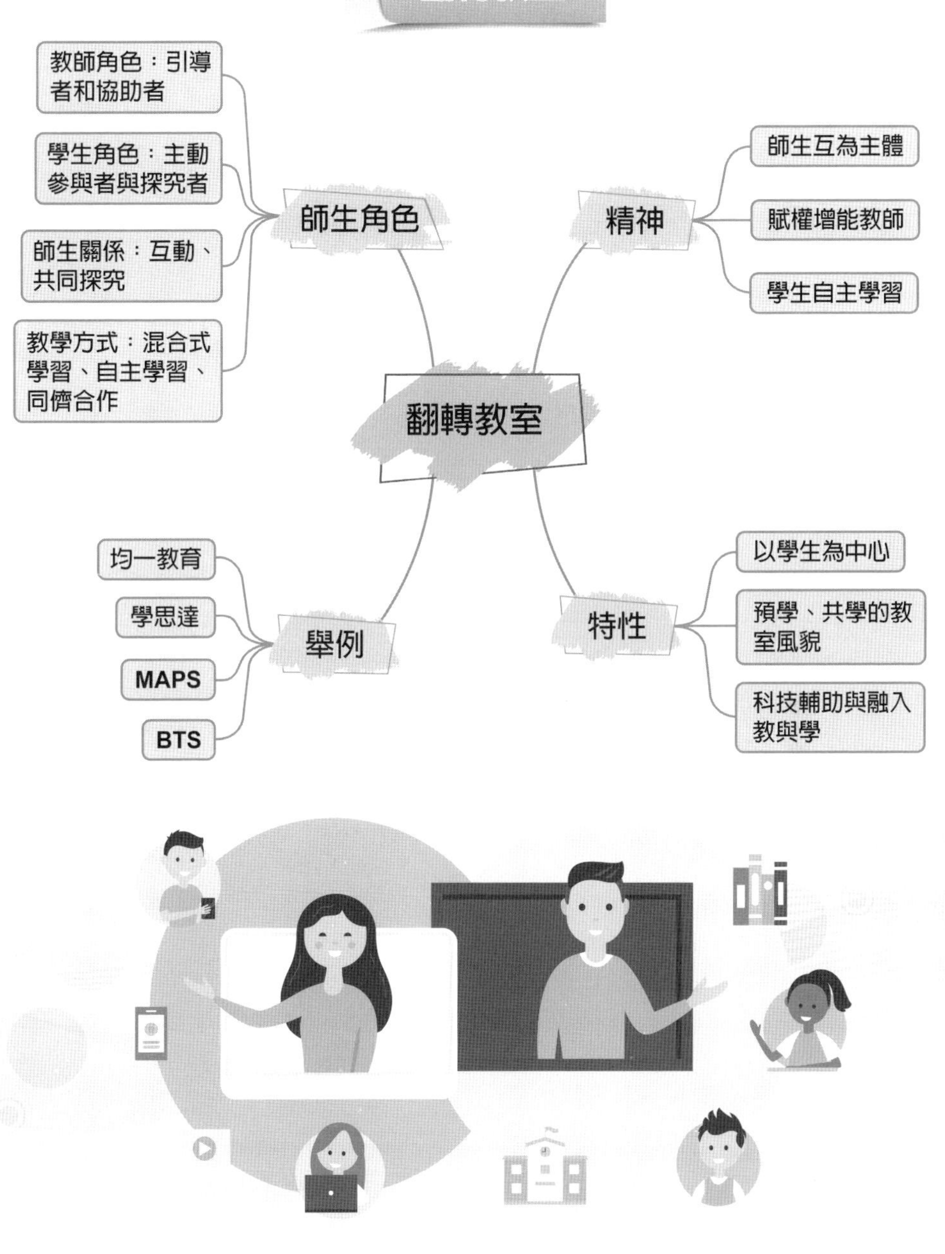
翻轉教室
師生角色
教師角色：引導者和協助者
學生角色：主動參與者與探究者
師生關係：互動、共同探究
教學方式：混合式學習、自主學習、同儕合作
精神
師生互為主體
賦權增能教師
學生自主學習
舉例
均一教育
學思達
MAPS
BTS
特性
以學生為中心
預學、共學的教室風貌
科技輔助與融入教與學

# Unit 3-33 藥物濫用

## 壹、意涵

一、**定義：**意指藥物的使用在未遵守正當醫療用途，或未經醫囑的情況下擅自過量使用或習慣性使用特定的藥物。

二、**基本概念：**包括耐受性（此指持續服用特定藥物，而增加對服用藥物的耐受性）、依賴性（個體必須服用藥物才能正常活動）與成癮性（無法控制自我，用藥行為已經成為不由自主）。

## 貳、成因

一、**個人因素：**包括生理與心理因素，生理因素如生理脆弱性、神經生理系統機制，以及藥物反應等。心理因素則可能是好奇、逃避現實生活的壓力。

二、**家庭因素：**如家庭結構不完整、家庭社經地位偏低、家庭氣氛低靡、親子溝通管道不良、親子共同休閒活動貧乏、父母身教功能不彰、父母採取權威型管教態度及父母不重視子女的隱私權等。

三、**學校因素：**如課業壓力大、同儕壓力不敢拒絕、對學習的適應能力不良、人際關係不佳、同儕間的孤立等。

四、**社會因素：**如接觸使用毒品的朋友圈、加入幫派及常進出不當場所、網路或交友軟體錯誤引導等。

## 參、藥物濫用之跡象

### 一、行爲異常

（一）容易疲勞或憂鬱；（二）食慾變差，體重變輕；（三）未患感冒卻常有吸鼻水情形；（四）常跑廁所，獨鎖房門。

### 二、喜好迥異

（一）懷有敵意；（二）喜怒無常；（三）對原本喜愛的活動與趣缺缺；（四）與家庭成員及朋友的關係惡化；（五）心不在焉。

### 三、慣性改變

（一）不修邊幅；（二）同儕團體改變；（三）學業表現下降；（四）逃學或蹺課；（五）飲食或睡眠習慣改變；（六）金錢花費大。

## 肆、防制藥物濫用的三級預防

一級預防：減少危險因子、增加保護因子。二級預防：進行高危險群篩檢，並實施介入方案。三級預防：結合醫療資源，協助戒治。

## 伍、防制策略

一、建構友善學習環境，建立正確價值判斷。二、加強全員防毒意識，正確認知法令規範。三、擴大拒毒措施宣導，提升毒品認識防範。四、綿密防制通報網絡，攜手外在機構共拒。五、做好清查篩檢工作，提供預防勝於治療。六、完善輔導諮商網絡，建立三級預防機制。七、強化轉介追蹤機制，提供生活改變機會。

# 藥物濫用

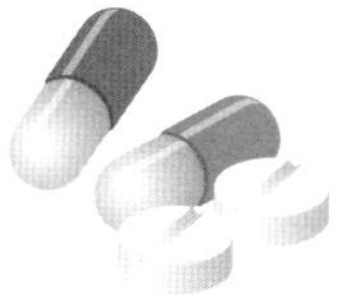

## 藥物濫用

### 常見藥物濫用種類

- 第一級毒品：海洛因、嗎啡、鴉片、古柯鹼
- 第二級毒品：安非他命、MDMA（搖頭丸、快樂丸）、大麻、LSD（搖腳丸、一粒沙）、西洛西賓（Psilocybine）
- 第三級毒品：FM2、小白板、丁基原啡因、Ketamine（K他命）、Nimetazepam（一粒眠、K5、紅豆）、Mephedrone（俗稱喵喵）、類大麻活性物質（俗稱K2）：如JWH-018、JWH-073、JWH-250、Hu-10、CP47,497
- 第四級毒品：Alprazolam（蝴蝶片）、Diazepam（安定、煩寧）Lorazepam、Tramadol（特拉嗎竇）、Zolpidem（佐沛眠）、5-MeO-DIPT（火狐狸）

### 成因

- 個人因素
  - 生理因素－如生理脆弱性、神經生理系統機制，以及藥物反應
  - 心理因素－好奇、逃避現實生活的壓力
- 家庭因素－如家庭結構不完整、家庭社經地位偏低、家庭氣氛低靡、親子溝通管道不良、親子共同休閒活動貧乏、父母身教功能不彰、父母採取權威型管教態度及父母不重視子女的隱私權等
- 學校因素－如課業壓力大、同儕壓力不敢拒絕、對學習的適應能力不良、人際關係不佳、同儕間的孤立等
- 社會因素－如接觸使用毒品的朋友圈、加入幫派及常進出不當場所、網路或交友軟體錯誤引導等

### 三級預防

- 一級預防：減少危險因子、增加保護因子
- 二級預防：進行高危險群篩檢，並實施介入方案
- 三級預防：結合醫療資源，協助戒治

### 跡象

- 行為異常
- 喜好迥異
- 慣性改變

# 參考書目





## 中文部分


108課綱資訊網（2022）。https://12basic.edu.tw/12about-3-2.php

王如哲（1999）。**教育行政學**。五南。

孔令文（2020）。Steam 體現於工藝教育。**中等教育，71**(1)，74-88。

江旻芳（2022）。**國小學童家長參與、同儕關係與幸福感之相關研究**（未發表的碩士論文）。彰化縣：大葉大學教育專業發展研究所。

江滿堂（2007）。邁向轉型的課程領導：課程領導的理念與實踐。**學校行政，**(49)，68-83。https://doi.org/10.6423/hhhc.200705.0068

吳怡靜（1998）。發動領導高能量：教導型組織。**天下雜誌，201**，114-117。

吳淑萍（2010）。**學生申訴在我國校園的發展與實踐：以成功大學學生申訴制度為例**。國立成功大學法律學系碩士論文，未出版，臺南市。

吳紹群（2020）。中小學教師參與博物館 steam 教育推廣活動之研究──以故宮 steam 教師工作坊為例。**博物館學季刊，34**(3)，83-105。

吳清山（2016）。教育名詞：混齡教學。**教育脈動，8**。

吳清山（2017）。教育名詞：系統領導。**國家教育研究院教育脈動電子期刊，10**。

吳清山（2020）。教育名詞：學習扶助。**教育研究月刊，310**，135-136。

吳清山、林天祐（2001）。教育名詞──課程領導。**教育資料與研究，38**，47。

吳清山、林天祐（2005）。友善校園。**教育資料與研究，62**，177。

吳清山、林天祐（2005）。**教育新辭書**。高等教育。

吳清山、林天祐（2010）。分布式領導。**教育資料與研究雙月刊，95**，149-150。

吳清山、高新建、楊坤祥、熊儒卿、黃政傑、黃馨誼（2019）。中小學校長公開授課。**臺灣教育，**(718)，1-22。

吳麗君（2017）。「公開課」需要更細緻的規畫與配套。**臺灣教育評論月刊，6**(1)，123-125。

李柏佳（2017）。處理不適任教師議題面面觀。**學校行政雙月刊，108**，1-27。

邱玉蟾（2011）。中小學國際教育與行動。**國民教育，53**(2)，64-71。

林志成、田耐青、林仁煥、田育昆（2011）。特色課程的涵義與理論。載於林志成（編），**特色學校理論、實務與案例**（120-128頁）。高等教育。

林威志（1999）。國民中小學學生申訴制度之探討：兼評析臺北市國民中小學學生申訴處理要點。**教育研究集刊，43**，185-211。

林晨華（2015）。從臺中市特殊教育評鑑探討iep之運作。**特殊教育季刊，**(136)，19-26。https://doi.org/10.6217/seq.2015.136.19-26

林朝陽（2011）。360度績效考評實施問題及對策探究。**柳州師專學報，26**(4)，34-37。

孟瑛如、吳東光、陳虹君、謝瓊慧（2014）。因應新修正特教法施行細則高中職以下教育階段電腦化iep之建置。**國立臺灣科技大學人文社會學報，10**(4)，281-306。

范士紅、熊梅（2021）。美國三種主要教師領導模型的分析與借鑒。**外國教育研究，**(05)，27-39。

洪榮志、蔡志豪（2011）。從行動者網絡理論看文創商品的展演：以安平劍獅的在地轉譯為例。**創業管理研究，6**(4)，105-122。

徐千惠、徐碧君、陳儒晰（2021）。幼兒家長對教師信任、親師溝通和家長參與態度的影響關係。**中華管理發展評論，10**(2)，53-70。https://doi.org/10.6631/jcmd.202112_10(2).0004

孫杰、程晉寬（2020）。共享、協作與重構：國外教師領導力研究新動向。**外國教育研究，**(01)，103-115。

孫效智（2009）。臺灣生命教育的挑戰與願景。**課程與教學，12**(3)，1-26。https://doi.org/10.6384/ciq.200907.0001

教育部（2002）。**媒體素養教育政策白皮書**。臺北市：教育部。

教育部（2017）。**教育部辦理十二年國教課綱——教師公開授課與教學精進研習手冊**。作者。

教育部（2020）。**十二年國民基本教育課程綱要——議題融入說明手冊**。臺北市：教育部。

張民杰、賴光真（2020）。校長以公開授課進行教學領導之探討。**臺灣教育評論月刊，9**(4)，64-74。

張淑美（2006a）。**死亡學與死亡教育：國中生之死亡概念、死亡態度、死亡教育態度及其相關因素之研究**。復文。

張淑美（2006b）。**生命教育研究、論述與實踐——以生死教育為取向**。復文。

張淑美（2019）。堅持與開創——賀高師大生命班「生如夏花，死如秋葉」電子期刊創刊。**生如夏花，死如秋葉，1**，4-7。

張淑美、唐欣薇、凃金堂（2017）。高雄市幼兒園家長生命教育態度與生命教育需求之研究。**高雄師大學報：教育與社會科學類，**(43)，1-30。

張新仁、張淑美、魏慧美、丘愛鈴（2006）。大專校院推動生命教育現況及特色之調查研究。**高雄師大學報：教育與社會科學類，**(21)，1-24。https://doi.org/10.7060/knuj-es.200612.0001

張德銳（1995）。**教育行政研究**。五南。

郭俊呈、侯雅雯（2017）。翻轉教室觀點融入偏鄉教育之省思。**師資培育與教師專業發展期刊，10**(1)，33-47。

陳淑瑜（2005）。融合教育的落實——以美國的改革理念作為典範。**國教新知，**

**52**(3)，20-25。https://doi.org/10.6701/teej.200509_52(3).0003

陳龍安、紀人豪、紀茂傑、簡漢良（2013）。**建立我國推動防災教育策略之研究**。內政部消防署委託研究報告。臺北市：內政部消防署。

鈕文英（2021）。**質性研究方法與論文寫作**（三版）。臺北：雙葉。

黃乃熒（1996）。從「教學領導」談學校教育革新。**中等教育，47**(6)，50-57。

黃怡雯（2007）。組織溝通在校長領導之應用。**學校行政，51**，19-34。

黃政傑（2014）。翻轉教室的理念、問題與展望。**臺灣教育評論月刊，3**(12)，161-186。

黃旐濤（1996）。**我國當前殘障福利政策之分析**。苗栗縣造橋鄉：中華民國肢體傷殘聯合總會。

黃毅志、林慧敏（2016）。教育、接觸和動員的社會資本與地位取得。**教育研究集刊，62**(2)，97-130。

楊弘任（2017）。「養水種電」的行動者網絡分析：地方政府，光電廠商與在地農漁民。**臺灣人類學刊，15**(2)，45-96。

楊振昇（1999）。我國國小校長從事教學領導概況、困境及其因應策略之分析研究。**暨大學報，3**(1)，183-236。

楊鶉禎、林信成、袁碧瑤、張佑安（2014）。繪本教學應用於幼兒「生命教育」課程之行動研究。**健康與照顧科學學刊，2**(1)，84-96。

劉世閔（2005）。**社會變遷與教育政策**。臺北：心理。

劉世閔（2007年5月）。**中等教育行政創新與學校潛在文化之初探**，載於張鈿富（主持人），2007教育品質確保與創新學術研討會。屏東教育大學國際會議廳，屏東。

劉世閔（2021）。NVivo R. 1.4.1代碼簿在整合型質性研究之運用。**臺灣教育研究期刊，2**(4)，331-353。

劉世閔（2021）。因應COVID-19後疫情時代學校遠距教學難題與爭議之文獻分析。**教育研究月刊，323**，92-112。

劉世閔、陳素貞（2010）。「明槍易躲，暗箭難防」：論校園網路霸凌。**國教新知，57**(4)，10-19。https://doi.org/10.6701/teej.201012_57(4).0002

劉世雄（2017）。臺灣國中教師對共同備課、公開觀課與集體議課的實施目的，關注內容以及專業成長知覺之研究。**當代教育研究，25**，43-76。

劉仲成（2003）。校長教學視導：提升教師有效教學的策略。**南投文教，18**，10-16。

劉錦昌、黃澤洋、孟瑛如（2020）。國小資源班教師執行iep個案管理調查研究。**特教論壇**，(28)，20-48。https://doi.org/10.6502/sef.202006_(28).0002

歐用生（1996）。當前小學教學視導的重點和策略。載於歐用生（著），**課程與教學革新**，201-213。臺北市：師大書苑。

歐用生（2017）。校長學習即領導——校長的學習與學習領導。載於中國教育學會（編），**教育新航向——校長領導與學校創新**（pp. 27-52）。臺北市：學富文化。

鄭如雯（2008）。360度領導者的挑戰及其對幼托機構主管領導的啟示。**學校行政**，(58)，119-132。https://doi.org/10.6423/hhhc.200811.0119。

賴翠媛（2003）。實施融合教育的困難與普通班教師的因應策略。**教師之友，44**(5)，2-7。

蕭奕志、陳漢陽（2004）。全面品質管理在提昇學校品質之應用策略。**中華技術學院學報，31**，29-37。

謝文全（2003）。**教育行政學**。臺北：高等教育。

謝秋珠（2003）。**國中中輟復學生需求與輔導策略之研究**。國立臺灣師範大學公民教育與活動領導學系在職進修碩士班碩士論文，臺北市。取自https://hdl.handle.net/11296/7r3235

謝雪蝶、李炳煌（2018）。Steam 教育視域下小學課程的教學設計——以製作紙船遊戲一課為例。**收藏，5**，30-36。

蘇英芳、鄭國枝、黃賀（2004）。使用幽默對魅力領導行為與效應的調節作用之研究：以高雄地區企業高階經理人為例。**中山管理評論，12**(2)，223-267。

## 英文部分


Aburizaizah, S., Kim, Y., & Fuller, B. (2016). Diverse schools and uneven principal leadership in Saudi Arabia. *International Journal of Educational Research, 80,* 37-48. https://doi.org/10.1016/j.ijer.2016.08.007

Adler-Nissen, R., Eggeling, K. A., & Wangen, P. (2021). Machine anthropology: A view of from international relations [Note]. *Big Data and Society, 8*(2). https://doi.org/10.1177/20539517211063690

Ahmad, R. (2010, 2010/03/01). AirAsia: Indeed the sky's the limit! *Asian Journal of Management Cases, 7*(1), 7-31. https://doi.org/10.1177/097282011000700103

Ail, N. M. B. M., Taib, M. R. b., Jaafar, H. b., Salleh, W. A. R. b. M., & Omar, M. N. b. (2015). Principals' instructional leadership and teachers' commitment in Three Mara Junior Science Colleges (Mjsc) in Pahang, Malaysia. *Procedia - Social and Behavioral Sciences, 191,* 1848-1853. https://doi.org/10.1016/j.sbspro.2015.04.512

Anderson, R., & Dexter, S. (2005). School technology leadership: An empirical investigation of prevalence and effect. *Educational Administration Quarterly, 41*(1), 49-82.

Ayman, R., & Hartman, E. (2004). Situational and contingency approaches to leadership. In G. R. Goethals, G. J. Sorenson & J. M. Burns (Eds.), *Encyclopedia of leadership* (Vol. 1, pp. 1430-1436). Thousand Oaks, CA: SAGE Publications, Inc. doi:10.4135/9781412952392.n327

Barbour, J. (2006). Management theories. In F. W. English (Ed.), *Encyclopedia of educational leadership and administration* (Vol. 1, pp. 636-639). Thousand Oaks, CA: SAGE Publications, Inc. doi: 10.4135/9781412939584.n358

Beard, L., Scarles, C., & Tribe, J. (2016). Mess and method: Using ANT in tourism research. *Annals of Tourism Research, 60,* 97-110. https://doi.org/10.1016/j.annals.2016.06.005

Bearman, M., & Ajjawi, R. (2018). Actor-network theory and the OSCE: Formulating a new research agenda for a post-psychometric era. *Advances in Health Sciences Education, 23*(5), 1037-1049. https://search.ebscohost.com/login.aspx?direct=true&db=eric&AN=EJ1196392&lang=zh-tw&site=ehost-live

Bendor, J., Moe, T., & Shotts, K. (2001). Recycling the Garbage Can: An assessment of the research program. *American Political Science Review,*

*95*(1), 169-190. doi:10.1017/S0003055401000041

Beniczky, S., Blümcke, I., Rampp, S., Shisler, P., Biesel, E., & Wiebe, S. (2020). E-learning comes of age: Web-based education provided by the International League Against Epilepsy. *Epileptic Disorders, 22*(3), 237-244. doi:10.1684/epd.2020.1157

Blount, J. (2006). Chaos theory. In F. W. English (Ed.), *Encyclopedia of educational leadership and administration* (Vol. 1, pp. 113-113). Thousand Oaks, CA: SAGE Publications, Inc. doi: 10.4135/9781412939584.n72

Boone, M. (2006). Decision making. In F. W. English (Ed.), *Encyclopedia of educational leadership and administration* (Vol. 1, pp. 272-273). Thousand Oaks, CA: SAGE Publications, Inc. doi: 10.4135/9781412939584.n161

Bornakke, T., & Due, B. L. (2018). Big-Thick Blending: A method for mixing analytical insights from big and thick data sources [Article]. *Big Data and Society, 5*(1). https://doi.org/10.1177/2053951718765026

Boyce, J., & Bowers, A. J. (2018). Toward an evolving conceptualization of instructional leadership as leadership for learning. *Journal of Educational Administration, 56*(2), 160-182. https://doi.org/10.1108/JEA-06-2016-0064

Breyer, C., Wilfling, K., Leitenbauer, C., & Gasteiger-Klicpera, B. (2020). The self-efficacy of learning and support assistants in the Austrian inclusive education context. *European Journal of Special Needs Education, 35*(4), 451-465. https://doi.org/10.1080/08856257.2019.1706255

Brown, C. (2004). Chaos theory. In M. S. Lewis-Beck, A. Bryman & T. F. Liao (Eds.), *The SAGE encyclopedia of social science research methods* (Vol. 1, pp. 121-121). Thousand Oaks, CA: SAGE Publications, Inc. doi: 10.4135/9781412950589.n114

Brown, J., & Isaacs, D. (2005). *The world café: Shaping our futures through conversations that matter.* Berrett-Koehler Publishers.

Busu, M. (2019). Applications of TQM processes to increase the management performance of enterprises in the Romanian renewable energy sector. *Processes, 7*(10), 685-701.

Busu, M., & Nedelcu, A. C. (2017). Sustainability and economic performance of the companies in the renewable energy sector in Romania. *Sustainability, 10*(1), 1-16.

Chang, I. H. (2012). The effect of principals' technological leadership on teachers' technological literacy and teaching effectiveness in Taiwanese elementary schools. *Educational Technology & Society, 15*(2), 328-340.

Chesters, G. (2005). Complexity theory. In G. Ritzer (Ed.), *Encyclopedia of social theory* (Vol. 1, pp. 126-127). Thousand Oaks, CA: SAGE Publications, Inc. doi:10.4135/9781412952552.n54

Chin, J. M. (2010). *Theory and application of educational leadership.* Wunan.

Chitanana, L. (2021). The role of Web 2.0 in collaborative design: An ANT perspective. *International Journal of Technology & Design Education, 31*(5), 965-980. https://doi.org/10.1007/s10798-020-09578-x

Cogan, M. L. (1973). *Clinical supervision.* Boston: Houghton Mifflin.

Cohen, M. V., March, J. G., & Olsen, J. P. (1972). A garbage can model of organizational choice. *Administrative Science Quarterly, 17*, 1-25.

Cologon, K. (2020). Is inclusive education really for everyone? Family stories of children and young people labelled with 'severe and multiple' or 'profound' 'disabilities'. *Research Papers in Education.* https://doi.org/10.1080/02671522.2020.1849372

Dauber, D., Fink, G., & Yolles, M. (2012). A configuration model of organizational culture. *SAGE Open, 2*(1). https://doi.org/10.1177/2158244012441482

Davids, N. (2020). Governance in South African schools: Democratic advancement or hindrance? *Educational Management Administration & Leadership, 50*(3), 436-451. https://doi.org/10.1177/1741143220937306

de Leeuw, R. R., de Boer, A., & Minnaert, A. (2020). What do Dutch general education teachers do to facilitate the social participation of students with SEBD? *International Journal of Inclusive Education, 24*(11), 1194-1217. https://doi.org/10.1080/13603116.2018.1514081

Deshpandé, R., & Webster, F. E. (1989). Organizational culture and marketing: Defining the research agenda. *Journal of Marketing, 53*(1), 3-15.

Dodek, P., Cahill, N. E., & Heyland, D. K. (2010). The relationship between organizational culture and implementation of clinical practice guidelines. *Journal of Parenteral and Enteral Nutrition, 34*(6), 669-674. https://doi.org/10.1177/0148607110361905

Doshier, L. J., Muzaffar, A. R., Deidrick, K. K. M., Rice, G. B. (2015). Analysis of individualized education programs to quantify long-term educational needs following surgical intervention for single-suture craniosynostosis. *Plastic Surgery, 23*(1), 31-34. https://doi.org/10.1177/229255031502300102

Duberstein, Z. (2021). *The role of vision in school leadership* (Order No. 28319019). Available from ProQuest Dissertations & Theses Global.

(2539219842). https://login.autorpa.lib.nccu.edu.tw/login?url=https://www.proquest.com/dissertations-theses/role-vision-school-leadership/docview/2539219842/se-2

du Preez, P. (2020). Ethical curriculum leadership and Alain Badiou's ethics. *Education as Change, 24,* Article 5633. https://doi.org/10.25159/1947-9417/5633

Encyclopedia Britannica (n.d.). *Organizational culture. Britannica Academic.* Retrieved July 2, 2022, from https://academic-eb-com.autorpa.lib.nccu.edu.tw/levels/collegiate/article/organizational-culture/600993

English, F. W. (2006). Parental involvement. *In Encyclopedia of educational leadership and administration* (Vol. 1, pp. 728-729). SAGE Publications, Inc., https://dx.doi.org/10.4135/9781412939584.n417

Ensley, M. D., Hmieleski, K. M., & Pearce, C. L. (2006). The importance of vertical and shared leadership within new venture top management teams: Implications for the performance of startups. *The Leadership Quarterly, 17*(3), 217-231. https://doi.org/https://doi.org/10.1016/j.leaqua.2006.02.002

Epstein E. H. (1994). *Comparative and international education: Overview and historical development*. In T. Husen & N. Postlethwaite (Eds), International encyclopedia of education (2nd ed.) (p. 918). Oxford, UK: Pergamon.

Eva, N., Robin, M., Sendjaya, S., van Dierendonck, D., & Liden, R. C. (2019). Servant leadership: A systematic review and call for future research. *The Leadership Quarterly, 30*(1), 111-132. https://doi.org/10.1016/j.leaqua.2018.07.004

Fernando, R. A. (2017). Strategic corporate sustainability – Key approaches for creating strategies for environmental sustainability. *Vision, 21*(2), vii-ix. doi:10.1177/0972262917700969

Fiedler, F. E. (1978). The contingency model and the dynamics of the leadership process. In L. Berkowitz (Ed.), *Advances in experimental social psychology* (Vol. 11, pp. 59-112). Academic Press. https://doi.org/10.1016/S0065-2601(08)60005-2

Freeman, M. (2005). Chaos theory. In S. Mathison (Ed.), *Encyclopedia of evaluation* (pp. 53-54). Thousand Oaks, CA: SAGE Publications, Inc. doi: 10.4135/9781412950558.n78

Fullan, M. G., & Stiegelbauer, S. (1991). *The new meaning of educational change* (2nd ed.). New York: Teachers College press.

Gardner, W. L., & Cleavenger, D. (1998). The impression management strategies associated with transformational leadership at the world-class level: A psychohistorical assessment. *Management Communication Quarterly, 12*(1), 3-41.https://doi-org.proxyone.lib.nccu.edu.tw:8443/10.1177/0893318998121001

Geertz, C. (2008). Thick description: Towards an interpretive theory of culture. In C. Geertz (Ed.), *The Interpretation of Cultures*(pp. 41-51). Routledge.

Ghavifekr, S., & Wong, S. Y. (2022). Technology Leadership in Malaysian Schools: The Way Forward to Education 4.0 – ICT Utilization and Digital Transformation. *International Journal of Asian Business and Information Management (IJABIM), 13*(2), 1-18. http://doi.org/10.4018/IJABIM.20220701.oa3

Gibson, I. (2002). *PT3 and T3L – Teaching tomorrow's technology leaders: Preparing school leaders to use technology.* Society for Information Technology & Teacher Education International Conference 2002, Nashville, Tennessee, USA. https://www.learntechlib.org/p/10828

Green, C., & John, L. (2020). Should nursing be considered a STEM profession? *Nursing Forum, 55*(2), 205-210. https://doi.org/10.1111/nuf.12417

Greenleaf, R. K. (1977). *Servant leadership: A journey into the nature of legitimate power and greatness*. Paulist Press.

Hallinger, P. (2005). Instructional leadership and the school principal: A passing fancy that refuses to fade away. *Leadership and Policy in Schools, 4*(3), 221-239. https://doi.org/10.1080/15700760500244793

Hands, C. M. (2010). Why collaborate? The differing reasons for secondary school educators' establishment of school community partnership. *School Effectiveness and School Improvement, 21*, 189-207. doi:10.1080/09243450903553993

Harris, C. L. (1998). Cultural domination: The key to market oriented culture? *European Journal of Marketing, 32*, 354-373.

Hassan, D. K. (2019). Potentiating the innovation capacity of brainstorming testing approaches in architecture education medium. *International Journal of Technology and Design Education, 29*(3), 583-602.

Henderson, J. G. (2010). Curriculum leadership. In C. Kridel, (Ed.). *Curriculum leadership. In Encyclopedia of curriculum studies* (Vol. 1, pp. 221-224). SAGE Publications, Inc., https://www-doi-org.nthuliboc.nthu.edu.tw/10.4135/9781412958806.n125

Herr, C. (2005). Individualized education program (iep). In M. Hersen, J. Rosqvist, & A. M. Gross (Eds.), *Encyclopedia of behavior modification and cognitive behavior therapy* (pp. 1364-1367). SAGE Publications, Inc., https://dx.doi.org/10.4135/9781412950534.n3076

Islam, J. U., & Rahman, Z. (2016). ZEE Zindagi: Offering value through distinct approach. *South Asian Journal of Business and Management Cases, 5*(2), 155-161.

Januszewski, A., & Molenda, M. (2008). Definition. In A. Januszewski & M. Molenda (Eds.), *Educational technology: A definition with commentary* (1st. ed.). pp. 195-211. New York, US. Lawrence Earlbaum Associates.

Joseph, O. O., & Kibera, F. (2019). Organizational culture and performance: Evidence from microfinance institutions in Kenya. *SAGE Open, 9*(1). https://doi-org.proxyone.lib.nccu.edu.tw:8443/10.1177/2158244019835934

Judkins, B. (2006). Chaos theory. In H. J. Birx (Ed.), *Encyclopedia of anthropology* (pp. 481-481). Thousand Oaks, CA: SAGE Publications, Inc. doi: 10.4135/9781412952453.n161

Killen, R. (2005). *Programming and assessment for quality teaching and learning.* Cengage Learning Australia.

Kim, W. C. (2005a). Blue ocean strategy: From theory to practice. *California Management Review, 47*(3), 105-121.

Kim, W. C., & Mauborgne, R. (2005). Blue ocean strategy: How to create uncontested market space and make the competition irrelevant. Harvard Business Review Press.

King, M. (2016). Spatial analysis for urban economic development: An office market analysis.In *SAGE Research Methods Cases.* https://www.doi.org/10.4135/978144627305015597690

Knapp, M. (2020). Between legal requirements and local traditions in school improvement reform in Austria: School leaders as gap managers. *European Journal of Education, 55*(2), 169-182. https://doi.org/10.1111/ejed.12390

Kozinets, R. (Academic). (2019). *Using netnography to investigate "food porn" on social media* [Video]. SAGE Research Methods. https://dx.doi.org/10.4135/9781526493262

Lareau, A. (2011). *Unequal childhoods: Class, race, and family life*. University of California Press.

Latour, B. (1992). Where are the missing masses? The sociology of a few mundane artifacts. In W. Bijker, & J. Law (Eds.), *Shaping technology-building society: Studies in sociotechnical change* (pp. 225-259). MIT Press.

Law, J. (2008). Actor network theory and material semiotics. In B. S. Turner (Ed.), *The new blackwell companion to social theory* (pp. 141-158). Wiley-Blackwell. https://doi.org/10.1002/9781444304992.ch7

Lee, C. K., & Dimmock, C. (1999). Curriculum leadership and management in secondary schools: A Hong Kong case study. *School Leadership & Management, 19*, 455-481. https://doi.org/10.1080/13632439968970

Lewin, K. (1946). Action research and minority problems. *Journal of Social Issues, 2*(4), 34-46.

Liao, C., Lee, H. W., Johnson, R. E., & Lin, S.-H. (2020). Serving you depletes me? A leader-centric examination of servant leadership behaviors. *Journal of Management, 47*(5), 1185-1218. https://doi.org/10.1177/0149206320906883

Liden, R. C., Wayne, S. J., Zhao, H., & Henderson, D. (2008). Servant leadership: Development of a multidimensional measure and multi-level assessment. *The Leadership Quarterly, 19*(2), 161-177. https://doi.org/https://doi.org/10.1016/j.leaqua.2008.01.006

Lin, C.-C., Han, C.-Y., & Pan, I. J. (2015). A qualitative approach of psychosocial adaptation process in patients undergoing long-term hemodialysis. *Asian Nursing Research, 9*(1), 35-41.

Lunde, C. E., Fisher, E., Donovan, E., Serbic, D., & Sieberg, C. B. (2021). Cutting the cord? Parenting emerging adults with chronic pain. *Paediatric and Neonatal Pain, n/a*(n/a). https://doi.org/10.1002/pne2.12072

Mabey, C., Conroy, M., Blakeley, K., & de Marco, S. (2017). Having burned the straw man of Christian spiritual leadership, what can we learn from Jesus about leading ethically? *Journal of Business Ethics, 145*(4), 757-769. https://doi.org/10.1007/s10551-016-3054-5

Majzub, R. M., & Salim, E. J. H. (2011). Parental involvement in selected private preschools in Tangerang, Indonesia. *Procedia - Social and Behavioral Sciences, 15,* 4033-4039. https://doi.org/10.1016/j.sbspro.2011.04.409

Marmoah, S., & Poerwanti, S. J. I. S. (2022). Literacy culture management of elementary school in Indonesia. *Heliyon, 8*(4), e09315. https://doi.

org/10.1016/j.heliyon.2022.e09315

Maxwell, J. C. (2006). *The 360° leader: Developing your influence from anywhere in the organization.* Tennessee: Thomas Nelson.

McKie, D. (2005). Chaos and complexity theory. In R. L. Heath (Ed.), *Encyclopedia of public relations* (Vol. 1, pp. 121-122). Thousand Oaks, CA: SAGE Publications, Inc. doi: 10.4135/9781412952545.n58

Meisner, N. R. (2021). *Policy in action in standards-based assessment reform: An exploratory case study using actor network theory* (Order No. 28860442). Available from ProQuest Dissertations & Theses Global. (2612416708). Retrieved from https://login.autorpa.lib.nccu.edu.tw/login?url=https://www.proquest.com/dissertations-theses/policy-action-standards-based-assessment-reform/docview/2612416708/se-2

Mejias, S., Thompson, N., Sedas, R. M., Rosin, M., Soep, E., Peppler, K., Roche, J., Wong, J., Hurley, M., Bell, P., & Bevan, B. (2021). The trouble with STEAM and why we use it anyway. *Science Education, 105*(2), 209-231. https://doi.org/10.1002/sce.21605

Messner, M., Clegg, S., & Kornberger, M. (2008). Critical practices in organizations. *Journal of Management Inquiry, 17*(2), 68-82. https://doi.org/10.1177/1056492607305898

Michael Crossley & Keith Watson (2003). *Comparative and international research in education: Globalization, context, and difference.* UK: Routledge Falmer.

Miller, B., Vehar, J., Firestien, R., Thurber, S., & Nielsen, D. (2011). *Creativity unbound: An introduction to creative problem solving.* Williamsville, NY: Innovation Systems Group.

Mittal, R., & Dorfman, P. W. (2012). Servant leadership across cultures. *Journal of World Business, 47*(4), 555-570. http://dx.doi.org/10.1016/j.jwb.2012.01.009

Moore, P. (2016). Big Data and structural organisation in major arts bodies: An evolving ethnographic method [Article]. *Cultural Trends, 25*(2), 104-115. https://doi.org/10.1080/09548963.2016.1170945

Morrell, J. (2005). Complex adaptive systems. In S. Mathison (Ed.), *Encyclopedia of evaluation* (pp. 72-72). Thousand Oaks, CA: SAGE Publications, Inc. doi: 10.4135/9781412950558.n92

Nanus, B. (1992). *Visionary leadership: Creating a compelling sense of direction for your organization.* Jossey-Bass.

Nilholm, C. (2021). Research about inclusive education in 2020-How can we improve our theories in order to change practice? *European Journal of Special Needs Education, 36*(3), 358-370. https://doi.org/10.1080/08856257.2020.1754547

Nitta, K. (2007). Decision making. In M. Bevir (Ed.), *Encyclopedia of governance* (Vol. 1, pp. 200-203). SAGE Publications, Inc., https://www.doi.org/10.4135/9781412952613.n124

Noor, S., Omar, M. N., & Raman, A. (2021). The authority of principals' technology leadership in empowering teachers' self-efficacy towards ICT use. *International Journal of Evaluation and Research in Education (IJERE)*, 10, 878-885. https://doi.org/10.11591/ijere.v10i3.21816

O'Connor, B. N., Bronner, M., & Delaney, D. (1996). *South-western training for organizations.* Cincinnati, OH: South-western Educational Publishing.

Opitz, E. M., Schnepel, S., Krähenmann, H., Jandl, S., Felder, F., & Dessemontet, R. S. (2020). The impact of special education resources and the general and the special education teacher's competence on pupil mathematical achievement gain in inclusive classrooms. *International Journal of Inclusive Education.* https://doi.org/10.1080/13603116.2020.1821451

O'Reilly, C., Caldwell, D., Chatman, J., & Doerr, B. (2014). The promise and problems of organizational culture: CEO personality, culture, and firm performance. *Group & Organization Management, 39,* 595-625. https://doi.org/10.1177/1059601114550713

Osborn, A. F. (1953). *Applied imagination: Principles and procedures of creative problem solving.* New York, NY: Charles Scribner's.

Osborn, A. F. (1963). *Applied imagination.* New York: Scribner.

Pak, K., Polikoff, M. S., Desimone, L. M., & Garcia, E. S. (2020). The Adaptive Challenges of Curriculum Implementation: Insights for Educational Leaders Driving Standards-Based Reform. *Aera Open, 6*(2). https://doi.org/10.1177/2332858420932828

Perignat, E., & Katz-Buonincontro, J. (2019). STEAM in practice and research: An integrative literature review. *Thinking Skills and Creativity, 31,* 31-43. https://doi.org/10.1016/j.tsc.2018.10.002

Permoser, J. M., & Stoeckl, K. (2021). Reframing human rights: The global network of moral conservative homeschooling activists. *Global Networks, 21*(4), 681-702. https://doi.org/10.1111/glob.12299

Posner, B. (2014). John R. Wooden, Stephen R. Covey and servant leadership. *International Journal of Sports Science and Coaching, 9,* 29-30. https://doi.org/10.1260/1747-9541.9.1.29

Purdham Jr., A. E. (2008). The 360 degree leader: Developing your influence from anywhere in the organization [Book Review]. *Air & Space Power Journal, 22*(3), 109-110. https://search.ebscohost.com/login.aspx?direct=true&db=aph&AN=34409698&lang=zh-tw&site=ehost-live

Raman, A., & Thannimalai, R. (2019). Importance of technology leadership for technology integration: Gender and professional development perspective [Article]. *SAGE Open, 9*(4). https://doi.org/10.1177/2158244019893707

Raman, A., Thannimalai, R., & Ismail, S. N. (2019). Principals' technology leadership and its effect on teachers' technology integration in 21st century classrooms. *International Journal of Instruction, 12*(4), 423-442. https://doi.org/10.29333/iji.2019.12428a

Rasmussen, M. B., & Hansen, A. W. (2015). Big data is only half the data marketers need [Article]. *Harvard Business Review Digital Articles,* 2-5. https://search.ebscohost.com/login.aspx?direct=true&db=bth&AN=118667571&lang=zh-tw&site=ehost-live

Renzulli, L. A., Werum, R. E., & Kronberg, A. K. (2020). The rise of homeschooling regulation in the era of school choice: Legislative and judicial trends, 1972-2009 [Article]. *Sociological Forum, 35*(2), 297-322. https://doi.org/10.1111/socf.12582

Robbins, S. P. (1998). *Organizational behavior: Concepts, controversies, applications.* Upper Saddle, New Jersey: Prentice-Hall.

Rogelberg, S. G. (2007). *Creativity at work. In Encyclopedia of industrial and organizational psychology* (Vol. 1, pp. 127-129). SAGE Publications, Inc., https://www-doi-org.nthulib-oc.nthu.edu.tw/10.4135/9781412952651.n52

Rubenstein, H. (2005). The evolution of leadership in the workplace. *Vision, 9*(2), 41-49. https://doi.org/10.1177/097226290500900206

Sawaragi, T., Fujii, K., Horiguchi, Y., & Nakanishi, H. (2016). Analysis of team situation awareness using serious game and constructive model-based simulation. *IFAC-PapersOnLine, 49*(19), 537-542. https://doi.org/10.1016/j.ifacol.2016.10.617

Schein, E. H. (1985). How culture forms, develops and changes. In R. H. Kilmann, M. J. Saxton, & R. Serpa (Eds.). *Gaining control of the corporate culture* (pp. 17-43). San Francisco: Jossey Bass.

Schein, E. H. (2004). *Organizational culture and leadership.* Jossey-Bass.

Schriesheim, C., & Neider, L. (2007). Least preferred coworker theory. In S. G. Rogelberg (Ed.), *Encyclopedia of industrial and organizational psychology* (Vol. 1, pp. 451-452). Thousand Oaks, CA: SAGE Publications, Inc. doi: 10.4135/9781412952651.n171

Seki, Y., Kakinuma, A., Kuchii, T., & Ohira, K. (2017). Why chronically ill children face challenges in regular classrooms: Perspectives from nursing teachers in Japan [Article]. *Child: Care, Health & Development, 43*(2), 281-288. https://doi.org/10.1111/cch.12423

Senge, P. M. (1990). *The fifth discipline: The art and practice of the learning organization*. Random House.

Sergiovanni, T. J. (1990). *Value-added leadership: How to get extraordinary performance in schools.* New York, NY: Harcourt Brace Jovanovich.

Silins, H., & Mulford, B. (2004). Schools as learning organizations: Effects on teacher leadership and student outcomes. *School Effectiveness and School Improvement, 15*, 443-466. doi:10.1080/09243450512331383272

Sosik, J. J. (2001). Self-other agreement on charismatic leadership: Relationships with work attitudes and managerial performance. *Group & Organization Management, 26*(4), 484-511. https://doi.org/10.1177/1059601101264005

Sovacool, B. K., & Hess, D. J. (2017). Ordering theories: Typologies and conceptual frameworks for sociotechnical change [Review]. *Social Studies of Science, 47*(5), 703-750. https://doi.org/10.1177/0306312717709363

Spears, L. C. (2010). Character and servant leadership: Ten characteristics of effective, caring leaders. *The Journal of Virtues & Leadership, 1*(1), 25-30.

Stahl, M. J. (2004). Swot (strength-weakness-opportunity-threat) analysis. In *Encyclopedia of health care management* (Vol. 1, pp. 546-547). SAGE Publications, Inc., https://www.doi.org/10.4135/9781412950602.n791

Sturdy, A. (2018). Promoting solutions and co-constructing problems – management consultancy and instrument constituencies. *Policy and Society, 37*(1), 74-89. https://doi.org/10.1080/14494035.2017.1375247

Testoni, I., Palazzo, L., Ronconi, L., Donna, S., Cottone, P. F., & Wieser, M. A. (2021). The hospice as a learning space: A death education intervention with a group of adolescents [Article]. *Bmc Palliative Care, 20*(1), 11, Article 54. https://doi.org/10.1186/s12904-021-00747-w

Thomas, K. W. (1992). Conflict and negotiation process in organizations. In M. D. Dunnette, & L. M. Hough (Eds.), *Handbook of industrial and organizational psychology 3* (pp. 651-717). Palo Alto, CA: Consulting Psychologists Press.

Torres, F. (2016). Servant and spiritual leadership theories: Are they two different notions? *Journal of Human Values, 22*(3). https://doi.org/10.1177/0971685816650578

United Nations (2006). Convention on the Rights of Persons with Disabilities and Optional Protocol. http://www.un.org/disabilities/documents/convention/convoptprot-e.pdf

UNESCO (1994). Salamanca statement and framework for action on special needs education. Salamanca: UNESCO.

van Dierendonck, D. (2010). Servant leadership: A review and synthesis. *Journal of Management, 37*(4), 1228-1261. https://doi.org/10.1177/0149206310380462

Wachira, P., & Keengwe, J. (2011). Technology integration barriers: Urban school mathematics teachers perspectives. *Journal of Science Education and Technology, 20*(1), 17-25. doi:10.1007/s10956-010-9230-y

Wan, S. W. Y., Tse, Y. S., Tsang, W. K., Lee, T. W. K., Wong, Y. Y., Wan, A. W. T., & Wan, W. P. E. (2020). 'Who can support me?' : Studying teacher leadership in a Hong Kong primary school. *Educational Management Administration & Leadership, 48*(1), 133-163. https://doi.org/10.1177/1741143218792910

Maxwell, J. C. (2006). *The 360° leader: Developing your influence from anywhere in the organization.* Tennessee: Thomas Nelson.

Wilhelm, A. G., Woods, D., & Kara, Y. (2021). Supporting change in novice alternative certification teachers' efficacy. *Psychology in the Schools, 58*(10), 1902-1918. https://doi.org/10.1002/pits.22539

Williams, A., Walters, M. E., Dobson, P., (1993). *Changing culture: New organizational approaches*. Manage.

Wolfengagen, V. E., Ismailova, L. Y., & Kosikov, S. (2016). Concordance in the crowdsourcing activity. *Procedia Computer Science, 88,* 353-358. https://doi.org/10.1016/j.procs.2016.07.448

Xu, H., Wu, Y., & Hamari, J. (2022). What determines the successfulness of a crowdsourcing campaign: A study on the relationships between indicators of trustworthiness, popularity, and success. *Journal of Business Research, 139*, 484-495. https://doi.org/10.1016/j.jbusres.2021.09.032

Ylimaki, R. M. (2012). Curriculum leadership in a conservative era. *Educational Administration Quarterly, 48*(2), 304-346. https://doi-org.proxyone.lib.nccu.edu.tw:8443/10.1177/0013161X11427393

Young, G., de Lugt, J., Penney, S., & Specht, J. (2019). Exceptionality education international: Responding to change and promoting dialogue on inclusive education for all [Article]. *Scholarly & Research Communication, 10*(2), 1-8. https://doi.org/10.22230/src.2019v10n2a307

國家圖書館出版品預行編目(CIP)資料

圖解學校行政/劉世閔, 焦熙昌, 余豪傑著.
--初版. --臺北市：五南圖書出版股份有限公司, 2023.04
面；公分
ISBN 978-626-343-762-3 (平裝)
1. CST: 學校行政
526　　112000721

1I7K

# 圖解學校行政

主　　編 - 劉世閔
作　　者 - 劉世閔、焦熙昌、余豪傑
發 行 人 - 楊榮川
總 經 理 - 楊士清
總 編 輯 - 楊秀麗
副總編輯 - 黃文瓊
責任編輯 - 陳俐君、李敏華
封面設計 - 王麗娟
出 版 者 - 五南圖書出版股份有限公司
地　　址：106臺北市大安區和平東路二段339號4樓
電　　話：(02) 2705-5066　傳　　真：(02) 2706-6100
網　　址：https://www.wunan.com.tw
電子郵件：wunan@wunan.com.tw
劃撥帳號：01068953
戶　　名：五南圖書出版股份有限公司

法律顧問　林勝安律師

出版日期　2023年4月初版一刷
定　　價　新臺幣320元